新质生产力赋能热区数字乡村理论与实践

◎ 黄家健 张 娟 王玲玲 仲天娇 孙旭东 等 著

中国农业科学技术出版社

图书在版编目(CIP)数据

新质生产力赋能热区数字乡村理论与实践 / 黄家健等著．--北京：中国农业科学技术出版社，2024.10.

ISBN 978-7-5116-7132-5

Ⅰ.F320.3-39

中国国家版本馆 CIP 数据核字第 2024GC7360 号

责任编辑	史咏竹
责任校对	马广洋
责任印制	姜义伟　王思文

出 版 者	中国农业科学技术出版社
	北京市中关村南大街 12 号　　邮编：100081
电　　话	(010) 82105169 (编辑室)　　(010) 82106624 (发行部)
	(010) 82109709 (读者服务部)
网　　址	https://castp.caas.cn
经 销 者	各地新华书店
印 刷 者	北京建宏印刷有限公司
开　　本	185 mm×260 mm　1/16
印　　张	15
字　　数	323 千字
版　　次	2024 年 10 月第 1 版　2024 年 10 月第 1 次印刷
定　　价	69.00 元

◀── 版权所有·翻印必究 ──▶

《新质生产力赋能热区数字乡村理论与实践》
著作委员会

主　著　黄家健　张　娟　王玲玲　仲天娇　孙旭东
副主著　魏　艳　吴　湾　林川翔　王成丽　黄　洪
　　　　　何国燕　黄　敞　王泽宇
著　者（按姓氏拼音排序）
　　　　　范武波　郭小燕　何安琪　黄雅静　黎土煜
　　　　　李汉棠　梁淑云　刘吉邦　马艺文　庞凤玉
　　　　　王　伟　王其勉　杨　丹　郑　勇　朱勇学

资助与支持

中央级公益性科研院所基本科研业务费专项
热区乡村生态宜居与数字乡村（项目编号：1630072022003）
热区乡村振兴理论与实践创新研究（项目编号：1630072022001）
热区乡村治理及乡村建设（项目编号：1630072022002）

海南省自然科学基金
海南休闲农业空间分布特征及驱动机制研究（项目编号：424QN336）
"三生"协同视角下海口火山地貌乡村景观生态评价及优化研究（项目编号：423QN301）
天然橡胶智能化采收"探—策—控"关键技术问题研究（项目编号：522RC788）

海南省哲学社会科学规划课题
新时代海南生态特色农业与观光休闲农业协同发展策略研究［项目编号：HNSK(YB)21-21］
基于供给侧视角的海南农业社会化服务创新研究［项目编号：HNSK(ZC)23-156］
海南脱贫户返贫风险因素分析及监测帮扶研究［项目编号：HNSK(QN)24-20］

海南省农垦设计院有限公司专项课题
国土空间规划背景下数智赋能海南农垦农业产业高质量发展研究

海南省热带作物信息技术应用研究重点实验室

前　言

全面建设社会主义现代化国家，最艰巨、最繁重的任务仍然在农村。推进乡村全面振兴、加快建设农业强国，是中共中央立足全面建设社会主义现代化国家作出的重大决策部署。数字乡村是乡村振兴的战略方向，也是以信息化驱动中国式现代化的具体行动，发展新质生产力是推动高质量发展的内在要求和重要着力点，强化新质生产力赋能数字乡村，为推动乡村高质量发展、推进中国式现代化持续注入了强劲动力。

"中国热区小，世界热区大"。全球热区约5 360万千米^2，我国约占1%。我国热区陆地范围包括海南省和台湾地区全域，广东省大部、广西壮族自治区中南部、云南省南部与西南部、福建省南部，以及四川省西南部、贵州省西南部、湖南省中南部、江西省南部、西藏自治区南部等部分"热区飞地"区域，主要包括11个省份的464个县，面积约54万千米^2，约占中国国土面积的5.6%；我国热区人口约2.1亿人，其中，农业人口约1.3亿人。因研究篇幅所限，本研究所指我国热区，主要包括海南省、云南省、广东省、广西壮族自治区、福建省、贵州省、四川省、江西省和湖南省9个主要热区省份，研究的热带农业主要是天然橡胶等典型的热带作物种植业。应该说，我国热带地区是国家乡村振兴战略的重点区域，热带农业既是国家农业的重要组成部分，也是服务国家外交战略的重要内容，热区乡村还是建设美丽中国的重要展示窗口。

我国热区乡村和热带农业是实施数字乡村战略的重要平台和生动范例，面对数字乡村发展的新形势和新要求，要抓住以新一代信息技术为特征的科技革命和产业变革机遇，以数字技术服务人民美好生活为根本遵循，以智慧赋能热带农业高质量发展为主要目标，以发展新质生产力提升农业全要素生产率为主攻方向，在我国热区乡村和热带农业高质量发展的进程中探索出数字乡村的生动实践范例具有重要意义。

本研究团队紧密围绕乡村振兴和数字乡村战略部署要求，把握新质生产力智慧赋能的战略背景与重要机遇，抓住"智慧赋能（AI）产业升级"和"数字孪生（DT）城乡融合"两条研究主线，按照"宜业、宜游、宜居、宜发展"的思路，做好"产业发展数智化、乡村旅游智慧化、乡村建设信息化、国土空间治理现代化"四篇创新文章，构建"智慧中枢、支撑体系、保障机制"三大基座支撑，创新提出了热区数字乡村"2+4+3"学科研究架构，旨在丰富热区数字乡村研究的理论与实践，为推进热区数字乡村建设与发展提供参考。

本书由七章组成，各章主要内容如下。

第一章，背景与机遇。由黄家健、仲天娇、王玲玲等主笔完成。系统总结了数字乡村的研究背景，凝练了新质生产力赋能数字乡村的战略意义，分析了热区数字乡村的重要意义，提出了热区数字乡村研究的逻辑框架，为开展热区数字乡村研究厘清思路、划定框架。

第二章，发展与成效。由黄家健、吴湾、何国燕、黄洪等主笔完成。围绕数字乡村战略部署，系统梳理了数字乡村的发展脉络，凝练了其基本内涵和时代性补充，总结了数字乡村建设成效，结合国家数字乡村试点情况，研究分析了热区省份试点典型案例，为开展热区数字乡村研究找准工作重点、提供借鉴参考。

第三章，宜业：产业发展数智化。由王玲玲、魏艳、王成丽、黄敞等主笔完成。围绕数智农业开展研究，在梳理热带农业科技发展和智慧热带农业发展情况的基础上，主要分析了数智赋能热带农业转型升级、主要热带作物（天然橡胶）数智化生产关键技术以及数字化赋能农业社会化服务等数智农业关键领域，研析了数智农业场景案例，提出了数智农业的发展思考，为热区数字乡村强化了产业支撑，促进热带农业高质量转型升级。

第四章，宜游：乡村旅游智慧化。由张娟、吴湾、黄洪、何国燕等主笔完成。围绕乡村旅游开展研究，在梳理智慧乡村旅游的内涵、国内外研究现状和发展趋势的基础上，主要分析了乡村旅游智慧升级、数字化乡村旅游和植物园内涵提升等乡村旅游代表性领域，研析了乡村旅游场景案例，提出了乡村旅游智慧化发展路径，丰富了热区乡村旅游的新业态、新内涵，注入了数字乡村活力。

第五章，宜居：乡村建设信息化。由仲天娇、张娟、林川翔、王泽宇等主笔完成。围绕乡村建设开展研究，在梳理乡村建设信息化的内涵、现状和发展趋势的基础上，主要分析了乡村数字基础设施建设、数字化技术辅助乡村景观设计、乡村信息化人才引进与培育以及乡村数字治理等乡村建设代表性领域，研析了乡村建设场景案例，提出了乡村建设信息化发展路径，为热区数字乡村塑造了乡村建设的重要窗口，提升乡村治理水平。

第六章，宜发展：国土空间治理现代化。由孙旭东、林川翔、黄家健、郭小燕等主笔完成。围绕国土空间治理开展研究，在梳理国土空间治理现代化的内涵、成效和发展趋势的基础上，主要分析了国土空间智慧规划、全域土地综合整治、城乡与垦地协调发展等国土空间治理关键领域，以海南农垦为例提出了国土空间治理体系发展思考，为热区数字乡村强化了在国土空间上的落地基石，夯实了数字乡村建设与发展的条件支撑和技术支持。

第七章，总结与展望。由黄家健、张娟、仲天娇、王玲玲等主笔完成。在总结前序研究的基础上，从夯基础、强进程、促转型、善治理、提技能、构体系等方面展望了数字乡村发展，以期丰富新质生产力赋能热区数字乡村的理论与实践，推进热区数字乡村发展。

本研究团队来自中国热带农业科学院科技信息研究所、中国热带农业科学院橡胶研究所、海南省农垦设计院有限公司等单位，研究过程中得到了海南省农业农村厅、中国热带农业科学院、海南农垦科技集团有限公司等单位有关领导及专家的指导和帮助，研究中参考了已列出的和未能一一列出的参考文献及有关材料，在此表示感谢。本研究得到了中央级公益性科研院所基本科研业务费专项、海南省自然科学基金、海南省哲学社会科学规划课题、海南省农垦设计院有限公司专项课题、海南省热带作物信息技术应用研究重点实验室等项目资助与支持。

数字乡村涉及领域多、行业交叉程度深、专业性强，各地仍在积极试点探索和循序推进，新质生产力的发展正处于加速赋能发力期，加之热区乡村地域特性，因此，本研究部分内容是总结性的梳理阐述，一些理论是探索性的创新凝练，一些研究领域还需要进一步拓展深化。由于专业跨度和时间所限，加之著者的研究和写作水平有限，本书尚有不足之处，敬请同行专家批评指正，共同助力新质生产力赋能热区数字乡村高质量发展。

著 者

2024 年 9 月

目　录

第一章　背景与机遇 ··· 1
　第一节　数字乡村的研究背景 ································· 1
　第二节　新质生产力赋能的战略意义 ························· 3
　第三节　热区数字乡村研究的意义与框架 ···················· 7
　参考文献 ·· 12

第二章　发展与成效 ·· 13
　第一节　数字乡村发展历程 ···································· 13
　第二节　中国数字乡村建设成效 ······························ 21
　第三节　国家数字乡村试点情况 ······························ 24
　第四节　热区省份试点典型案例 ······························ 29
　参考文献 ·· 38

第三章　宜业：产业发展数智化 ······························ 42
　第一节　产业发展数智化的内涵 ······························ 42
　第二节　数智赋能热带农业转型升级 ························· 53
　第三节　主要热带作物（天然橡胶）数智化生产关键技术 ···· 67
　第四节　数字化赋能农业社会化服务 ························· 86
　参考文献 ·· 95

第四章　宜游：乡村旅游智慧化 ····························· 102
　第一节　乡村旅游智慧化的内涵 ····························· 102
　第二节　国内外智慧乡村旅游研究现状 ····················· 106
　第三节　乡村旅游智慧化发展趋势 ·························· 109
　第四节　代表性领域及案例 ·································· 117
　参考文献 ··· 132

第五章 宜居：乡村建设信息化 ············ 135
第一节 乡村建设信息化的内涵 ············ 135
第二节 中国热区乡村建设信息化概况 ············ 146
第三节 乡村建设信息化趋势 ············ 152
第四节 代表性领域及案例 ············ 155
参考文献 ············ 177

第六章 宜发展：国土空间治理现代化 ············ 180
第一节 国土空间治理的内涵 ············ 180
第二节 国土空间治理的现状 ············ 185
第三节 现代化国土空间治理发展趋势 ············ 192
第四节 重点领域及案例 ············ 196
第五节 海南农垦国土空间治理体系发展思考 ············ 210
参考文献 ············ 215

第七章 总结与展望 ············ 218
第一节 研究总结 ············ 218
第二节 热区数字乡村发展展望 ············ 221
参考文献 ············ 226

第一章 背景与机遇

第一节 数字乡村的研究背景

全面建设社会主义现代化国家,最艰巨、最繁重的任务仍然在农村。2022 年,以习近平同志为核心的党中央作出重大决策部署——启动实施乡村振兴战略,党的二十大报告中强调要"加快建设农业强国"。数字乡村是乡村振兴的战略方向,也是以信息化驱动中国式现代化的具体行动。高度重视和建设好数字乡村,是加快推进数字中国促进数字经济发展的重要抓手,是因地制宜加快发展新质生产力实现城乡高质量协调发展的现实需要,也是融汇"千万工程"经验建设宜居宜业和美乡村的样板探索。

一、乡村振兴战略指明了数字乡村的发展方向

新一代数字技术深度影响着农村社会经济发展、农业现代化关键"卡脖子"环节和农民现代生产经营技能水平提高,我国"三农"工作重心历史性转向全面推进乡村振兴,数字乡村是乡村振兴的战略方向,需要从促进产业数字化转型升级、繁荣乡村数字文化、培养数字化人才、促进管理服务数字化转型、加快建设智慧绿色乡村 5 个方面发挥数字化对乡村振兴的驱动效能和引领作用。

一是促进产业数字化转型升级,紧抓信息技术的快速迭代发展机遇,加强乡村特色农业的数字化生产,在传统产业上创新培育形成新的产业、新的业态及新的模式,大力发展农村数字经济,增强乡村振兴发展动力。二是繁荣乡村数字文化,推进乡村优秀文化资源数字化,以数字化手段促进乡村文化传播,加强农村优秀传统文化的保护与传承,增厚乡村振兴内在底蕴,依靠数字平台开发乡村文化创意产品,打造乡村文化品牌。三是培养数字化人才,打造数字化农民队伍,通过提升全民数字素养与技能,加大对新型职业农民、农村信息员、基层农技人员的培养力度,培养既懂理论又懂实践的复合型人才,激发乡村振兴发展活力。四是促进管理服务数字化转型,推动"互联网+社区"等现代服务模式向广大农村地区延伸,提高细化到村一级的信息化综合服务,提升乡村规划的"机器管规划"水平,提高农村社会综合治理精细化、现代化水平,实

现乡村的数字化治理。五是加快建设智慧绿色乡村，提升数字化生态条件，建立农村人居环境智能监测体系，综合运用新一代信息技术和智能设备，统筹山水林田湖草等数字化治理，加强对农村生态系统脆弱区和敏感区重点监测，促进农民积极参与农村人居环境整治工作，全面提升美丽乡村建设水平。

二、数字中国战略奠定了数字乡村的发展基调

"数字中国"的理论与实践源于新一代信息技术革命的大背景，立足中国特色社会主义进入新时代，主动顺应和引领全球新一轮大数据和信息技术革命。从2000年前瞻性和创造性地提出"数字福建"，到2003年"数字浙江"，再到2015年面向全球正式提出推进"数字中国"建设的倡议，是习近平总书记立足国情主动顺应和引领全球新一轮大数据及信息技术革命而作出的重要战略部署。数字乡村的发展基调需要从打造数字经济新优势、加快数字社会建设步伐、打造数字化政府、营造数字生态环境4个方面把握，是"数字中国"建设的重要内容。

一是打造数字经济新优势。数字经济是经济发展新的形态，是构建现代化经济体系的重要支撑，将通过"数字产业化"和"产业数字化"来实现，数字产业化是通过现代信息技术的市场化应用，在乡村热土上衍生出各种新兴产业类型，推动形成数字产业；产业数字化是通过新一代现代信息技术和数字化服务对乡村传统农业产业的数字化改造提升，促进传统产业的重大产业变革。二是加快数字社会建设步伐。社会建设关乎民生、关乎国家长治久安，是中国特色社会主义"五位一体"总体布局的重要组成部分，在"四个全面"战略布局中具有举足轻重的地位和作用，"数字中国"包含智慧城市和数字乡村两个主要方向，创新城乡协调发展和数字治理模式，构建完善的综合信息服务体系，扩大智慧便捷的公共服务资源对农村基层、边远及欠发达地区的辐射覆盖，缩小城乡间的"数字鸿沟"。三是打造数字化政府。打通多部门公共数据开放共享"堵点"，加强农业农村基础信息资源共享利用以及高价值数据集向社会开放，加快构建数字技术辅助政府决策机制，强化数字技术在农业农村发展的科学决策支撑，以及农产品安全等社会舆论热点事件的预警及应急处置能力。四是营造数字生态环境。构建开放、健康、安全的数字生态规则，让广袤的农业农村能享受到数字开放与共享带来的红利。

三、数字经济战略释放了数字乡村的发展潜力

数字经济是继农业经济、工业经济之后的主要经济形态，数据要素是数字经济深化发展的核心引擎，需要从优化升级数字基础设施和公共服务数字化、构建数字城乡融合发展格局、发展农村数字经济、开展信息支农惠农服务、提升脱贫地区可持续发展能力5个方面释放数字经济在乡村的发展潜力，激发要素资源、经济结构和竞争格局的重构，增强乡村的发展活力。

一是优化升级数字基础设施和公共服务数字化，要加快建设信息网络基础设施，有序推进基础设施智能升级，要提升社会服务数字化普惠水平，提升教育、医疗、社保、对口帮扶等服务内容在农村及偏远地区的覆盖水平，助力基本公共服务均等化。二是构建数字城乡融合发展格局，加快城市智能设施向乡村延伸覆盖，形成以城带乡、共建共享的数字城乡融合发展格局，加强农村地区新一代信息基础设施建设，以数字化、智能化管理技术对水、电、路等农村公共基础设施和农业生产设施进行改造提升，加快推进数字化农田改造及建设，促进乡村智慧物流发展。三是发展农村数字经济，加快发展智慧农业，推动新一代信息技术和先进适用智能农机装备广泛应用于农业生产经营各环节各领域；完善农业基础数据资源体系，建立农业农村大数据"一张图"；促进"互联网+"农产品出村进城和"数商兴农"。四是信息支农惠农服务，线上与线下有机结合，构建完善的乡村信息服务体系，积极推进乡村教育信息化建设、"互联网+医疗健康"发展、乡村优秀文化资源数字化等工作。五是提升脱贫地区可持续发展能力，推动网络扶贫行动与数字乡村战略无缝衔接，健全防止返贫大数据监测平台，支持脱贫地区纳入国家数字乡村试点。

四、中国式现代化注入了数字乡村的新发展动能

强国必先强农，农强方能国强。党的二十大对农业农村工作进行了总体部署，首次提出加快建设农业强国，这是以习近平同志为核心的党中央着眼全面建成社会主义现代化强国作出的战略部署。习近平总书记在对"三农"工作作出的重要指示中强调，"要锚定建设农业强国目标，把推进乡村全面振兴作为新时代新征程'三农'工作的总抓手，学习运用'千万工程'经验""有力有效推进乡村全面振兴，以加快农业农村现代化更好推进中国式现代化建设"。在2023年第6期《求是》杂志中发表了习近平总书记的重要文章《加快建设农业强国 推进农业农村现代化》，文章中提出要"依靠科技和改革双轮驱动加快建设农业强国"；2023年7月，习近平总书记在全国生态环境保护大会上强调"深化人工智能等数字技术应用，构建美丽中国数字化治理体系，建设绿色智慧的数字生态文明"。乡村数字基础设施的补齐完善将为农业生产数字化转型升级奠定坚实的基础，依托数字技术发展智慧农业将有效提高全要素生产效率，数字乡村建设可以推动农业生产社会化服务和农村基层治理与服务的现代化，数字乡村建设是新发展阶段推动全面推进农业农村现代化发展的重要抓手和新动能，是实现农业强国的必然选择。

第二节 新质生产力赋能的战略意义

2023年7月以来，习近平总书记在四川、黑龙江、浙江、广西等地考察调研时，

提出要整合科技创新资源，引领发展战略性新兴产业和未来产业，加快形成新质生产力；在2023年年底召开的中央经济工作会议上提出，要以科技创新推动产业创新，特别是以颠覆性技术和前沿技术催生新产业、新模式、新动能，发展新质生产力。对于如何定义新质生产力的科学内涵、如何更加科学推进发展新质生产力，习近平总书记对此概括为：新质生产力对创新起主导作用，具有高科技、高效能、高质量特征，是符合新发展理念的先进生产力质态；是由技术革命性突破、生产要素创新性配置、产业深度转型升级而催生，以劳动者、劳动资料、劳动对象及其优化组合的跃升为基本内涵，以全要素生产率大幅提升为核心标志，特点是创新，关键在质优，本质是先进生产力。可以看出，在经济新常态背景下，与传统生产力相比，新质生产力作为新一轮科技革命和产业变革而演进出的生产力质态，其以科技创新为内核，以高质量发展为落脚点，为产业转型升级和满足人民群众对美好生活的需要注入了核心动力。

我国农村发展进入新的阶段，发展新质生产力是推动高质量发展的内在要求和重要着力点，新质生产力赋能数字乡村建设意味着数字作为重要的生产力，成为激发农业农村新发展活力的新动能，将农业农村的发展推上新台阶并实现弯道超车。将新质生产力引入数字乡村建设，通过促进农业科技创新、农业产业模式转变、数字化基础设施建设、汇聚或培育专业人才等多种路径，推动产业升级、农村发展和农民进步，对贯彻落实乡村振兴战略的部署要求和推进中国式现代化都具有重要意义。因此，应抓住农业数字化转型的窗口期，精准引入新质生产力赋能数字乡村建设，开创数字乡村建设新局面，推进农业农村现代化新发展格局的形成。

一、新质生产力推动产业升级，形成农业科技创新的战略引领力

纵观近年来全球经济增长规律，新技术、新产业越来越成为经济增长的新引擎。每一次科技变革都会带来农业领域的革新，推动农业方式转型和产业结构升级。当前，以基因技术、量子信息技术、新材料新能源技术、虚拟现实等为代表的第四次科技和产业革命已经到来。农业科技革新催生了现代农业产业变革，农业发展呈现出了一二三产业融合的特征，产业链条持续延伸。我国正加快转变经济发展方式，与新一轮的科技革命和产业变革形成历史性交汇，要想抢占发展制高点，必须下好培育竞争新优势的"先手棋"。党的二十届三中全会通过的《进一步全面深化改革 推进中国式现代化的决定》明确指出，要推进高水平科技自立自强，健全因地制宜发展新质生产力体制机制，完善推动新一代信息技术、人工智能等战略性产业发展政策和治理体系，支持企业用数智技术、绿色技术改造提升传统产业。

新质生产力推动热带农业数字化生产，引领从传统农业向现代化、智能化的方向转型升级，壮大乡村数字产业，为乡村振兴提供新的动力。一是新质生产力推动生产技术的革命性突破，通过农业技术的科技革新颠覆传统农业耕作模式，将农业生产带入新的发展阶段，使其在作物育种、市场需求预测、农产品追溯、环境监控、农业生产链串联

等环节更具有科学性，产业格局面临重新洗牌。二是新质生产力推动农业生产要素向数据化、信息化、智能化转变，助推农业数据成为重要的生产要素，构建以农业数据为关键要素的智慧农业新业态。这一过程中要求对农业生产过程中的数据进行科学管理，充分挖掘和释放农业数据的价值，发挥农业数据的基础资源和创新引擎作用。三是新质生产力激发产业融合营造新业态。新质生产力发展加快推动了新型生产方式和生产关系，有效促进了各类先进生产要素在农业领域优化组合、协同互促，在产业间、城乡间顺畅流动，构建了多元化的复合应用场景和产业生态系统，促进产业数字化、数字产业化，一二三产业间不再是分离状态或简单的上下游协作，而是乡村多种生产要素和产业链条交叉融合形成的新产业、新业态和新模式，产业深度融合激发了产业新活力。四是新质生产力催生农业生产新的劳动对象。生物育种、智能装备、数字技术等生产技术的突破，大大降低了农业生产对土地等自然资源的依赖，拓展了农业生产空间和技术边界，也打破了地域性、季节性和周期性的限制，农业生产不再是"面朝黄土背朝天"，现代农业的劳动对象发生了变化。

二、新质生产力丰富乡村建设内涵，形成农村数字化转型的重要支撑力

数字乡村是数字中国的重要建设内容，是农业农村现代化转型的重要手段。在这一过程中，农业农村经济和社会高质量发展对信息化技术需求旺盛，网络化、信息化、数字化的应用场景不断丰富，农民的现代信息技能也在不断提高。从本质看，数字乡村不仅是指数字技术在"三农"领域的简单应用和叠加，而是利用数字经济理念，依托信息通信基础设施以及云计算、物联网、大数据等数字技术，驱动农业农村发展质量变革、效率变革、动力变革，打通"三农"领域的信息壁垒，以信息流带动生产流、商流、物流、资金流、人才流、技术流，重构乡村经济社会发展结构，激发乡村活力，从而推动乡村智能化、精准化、绿色化，促进农业全面升级、农村全面进步、农民全面发展。

新质生产力改变了传统农村发展模式，并从数字生产、数字治理、数字服务等多维度赋能乡村建设，使得数字乡村建设内涵不断丰富。一是加快乡村智能化基础设施建设，是突破乡村建设与数字技术融合困境的关键。乡村数字基础设施不足是制约数字乡村建设的主要因素之一，城乡"数字鸿沟"明显存在。提升乡村数字设施覆盖率是新质生产力赋能数字乡村建设的前提，可以保障乡村在数字技术上的吸纳与应用。其中，农业软硬件设施的智能化改造，既能提高农业生产效率，又能推动现代农业绿色可持续发展，保护和改善农村生态环境，实现乡村"生态美、产业兴、百姓富"的有机统一；智能化的生活和服务设施的引入，为乡村居民生活打造更加智能、便捷的环境，提升生活品质。二是加快乡村资源开发与利用，推动农村衍生新兴产业链发展，为乡村发展注入新的活力。通过引入现代化的理念，推动农业与文化、旅游等产业相融合，同时利用科技手段提高基础设施和服务水平，提高产品竞争力，为乡村发展注入新的活力。三是

提升乡村建设和空间资源优化配置水平，乡村具有空间资源、生产要素和经济社会等内涵属性，是城乡区域协调发展、资源要素优化配置和满足人民美好生活需要的关键抓手，乡村空间是资源环境协调、城乡生产要素双向流动和社会经济活动的载体，空间格局的科学性、资源效率的充分性、驱动机制的可持续性已成为衡量一个地区乡村空间规划、建设与发展水平的重要标志之一，充分发挥数字化技术在乡村建设和资源优化配置的优势，数字赋能提升乡村建设水平。

三、新质生产力引导农民进步，形成乡村人才全面发展的核心驱动力

生产力指物质获得的具体方式和生产方法，它阐述的是人与自然的关系，从某种意义上讲，农民素养的高低，直接影响了新质生产力的赋能效果。新质生产力是符合新发展理念的先进生产力质态，新质生产力赋能数字乡村建设，必然会对农民的发展提出更高的要求。只有解决好了人的问题，真正做到农民全面发展，数字乡村建设才能有效运转。新质生产力的引入直接改变了农民传统的生产生活方式，新模式、新业态的不断涌现，需要高素质农民和高端科技人才参与其中。一是强化新发展理念，加速高素质农民的培养。高素质农民指的是能创新、敢创业、有技术的新型农民，是建设数字乡村、推广数字农业的基础，与传统农民相比，他们更关注现代化农业生产方式的应用以及农村统筹发展。二是吸引数字乡村专业人才汇集，激发乡村人才活力。人才是科技创新的源泉和动力，新质生产力推进劳动者、劳动资料、劳动对象及其优化组合的跃升，改变人才对于在农村就业创业的刻板印象，有助于吸引更多人才回归参与到数字乡村建设中，扎根乡村振兴建设。三是培育一流科技领军人才，壮大复合型乡土科技人才队伍。培养一批扎根乡村和农业发展的具有原创精神、掌握前沿科技的创新型人才，围绕农业产业发展现实需求，培养一批具有超前部署眼光、市场开拓精神、管理创新能力的经营管理人才，以及掌握现代生产技术和线上线下融合销售技术的专业性人才队伍，利用数字化先进技术集成应用发挥引领作用。

四、新质生产力转变乡村治理模式，形成乡村数字治理的关键牵引力

与城市相比，乡村治理的难度较高，因此长久以来，我国乡村地区的社会治理一直处于相对落后的水平。新质生产力将信息技术等数字化手段引入乡村治理中，提高治理效率，大大提高了乡村治理的科学性和有效性，为构建乡村数字治理新格局作出巨大贡献。数字化治理手段是基层乡村治理与数字技术的融合，它的引入可以实现乡村治理的转型升级，是提升乡村治理能力和治理水平的必然要求。现代信息技术在乡村治理中的应用，可以创新乡村治理方式方法，解决乡村治理难点痛点问题，推进乡村治理体系和治理能力现代化。在新质生产力的加持下，数字乡村治理新格局将呈现以下特点。一是信息处理手段更加高效。对于乡村治理数据的处理和分析的速度不断加快，乡村数字治

理决策的科学性和精准性将进一步提升。二是沟通手段更加便捷。新质生产力的引入，可以更好地实现管理者和村民、社会之间的信息共享和协同合作。三是决策的精准性更高。新质生产力对治理数据的自动分析及预测，可以为乡村治理决策提供科学支撑，提高决策的科学性。四是乡村治理模式呈现多样性。新质生产力为乡村数字治理模式的不断创新和改进提供动力，丰富创新手段，以适应不同地区的发展需求。

第三节　热区数字乡村研究的意义与框架

一、我国热区和热带农业是数字乡村的实践平台

我国热带地区是实施区域协调发展战略、优化区域开放布局的重要区域，粤港澳大湾区、海南自由贸易港是我国推进高水平对外开放的重要部署，是实践数字乡村的重要平台。

（一）热带地区是国家乡村振兴战略的重点区域

中共中央高度重视我国热区省份乡村振兴，习近平总书记高度关注特色产业发展，每次考察，他必去乡村，每次去乡村，他必看乡村产业，为乡村振兴深远谋划，强力部署。一是在海南，2013年4月，习近平总书记在三亚博后村考察亚龙湾兰德玫瑰风情产业园时提出了"小康不小康，关键看老乡"，肯定了"农业+民宿"模式；2018年4月在海口市秀英区石山镇施茶村调研了石斛特色产业，肯定了"农业+文化+旅游"模式；2022年4月，在五指山市水满乡毛纳村考察时强调，乡村振兴要在产业生态化和生态产业化上下功夫，继续做强做大乡村旅游、休闲农业等产业，推动巩固拓展脱贫攻坚成果同乡村全面振兴有效衔接；此外，习近平总书记提出"做强做优热带特色高效农业"系列重要指示，热带农业发展开启了新纪元。二是在广东，2023年4月，习近平总书记在广东省茂名高州市考察，调研了柏桥村荔枝种植园，指出要把荔枝特色产业和特色文化旅游发展得更好，强调要推进中国式现代化，必须全面推进乡村振兴，解决好城乡区域发展不平衡问题；在海水养殖种子工程南方基地调研时指出，要树立大食物观，解决好吃饭问题、保障粮食安全，种业是现代农业基础，要把这项工作做精做好，要推动向信息化、智能化、现代化转型升级。三是在广西，2023年12月，习近平总书记在来宾市考察，调研了国家现代农业产业园黄安优质"双高"糖料蔗基地、来宾东糖凤凰有限公司，指出广西是我国蔗糖主产区，要把这一特色优势产业做强做大，要积极培育和推广良种、提高机械化作业水平，建设好现代农业产业园；要按照高端化、智能化、绿色化要求，加大科技创新力度，延伸产业链、提高附加值，不断提质、降本、增效，推动高质量发展。

（二）热带农业是国家农业的重要组成部分

中国热带地区人口约2.1亿人，其中农业人口约1.3亿人，热区农民约50%的收入

来源于热带经济作物，热带农业对热区农民增收的贡献率超过30%。粮食安全是关系国运民生的"压舱石"，在树立"大食物观"构建多元化食物供给体系进程中，热区是发展热带农业的主要区域，作为全国重要的"果盘子"和冬季"菜篮子"，是国家粮食安全和民生福祉的重要保障；天然橡胶和糖料蔗是我国重要农产品，需要统筹提升安全稳定供应保障能力；我国热带水果种类、货架期等综合权重占全国水果的70%。我国热带农业的数字化转型升级成效明显，热区先后有72家单位入选全国农业农村信息化示范基地，有国家数字农业建设试点项目11个，天然橡胶、糖料蔗两种主要热带作物入选农业农村部全产业链大数据试点建设项目；39个县（市、区）入选首批国家数字乡村试点地区，占全国总数的1/3。

面对热带农业生产日益明显受到农产品价格"天花板"压顶和生产成本"地板"抬升的双重制约，农业科技自立自强是实现农业强国、科技强国的必由之路，以培育发展农业新质生产力为主要抓手，全面提升热带农业生产效率，以高水平科技创新塑造热带农业高质量发展新动能新优势，将有力支撑农业产业提质增效和农民持续增收。在稳定热带农业生产面积空间的基础上，更需要通过信息技术等新一代热带农业科技引领和支撑，促进大面积提单产实现增产能、现代设施生产实现提效能、精准测报管理实现降风险，构建更有效率、更有效益、更可持续的热带农产品生产体系。

（三）热带农业是服务国家外交战略的重要内容

热带农业是我国与东南亚、非洲、拉丁美洲等地区开展合作交流的重要组成部分，也是提升我国地缘政治影响力的重点领域和优势资源。"中国热区小，世界热区大。"我国热区陆地面积约54万千米^2，占中国国土面积的5.6%；全球热区约5 360万千米^2，我国约占1%。全球约有8亿人处在贫困饥饿状态，其中，超过5亿人分布在热带地区；2021年，世界主要热带作物收获面积占世界作物收获面积的13.0%、产量的32.9%，区域农业产值占世界总量的68.97%，农产品贸易额占世界总量的31.29%。中国已经成为世界热带作物生产大国，我国多种热带作物的生产水平在世界的排名位居前列，尤其在可以反映作物综合生产能力的单产指标上具有突出优势。热带农业在热区国家国民经济中占有重要地位，发展中国家迫切希望中国加大热带农业国际合作。热带作物是联合国粮食及农业组织（FAO）"一国一品"全球行动计划的重要产业，香蕉、木薯、面包果、菠萝蜜、椰枣等热带作物是广大热带地区的重要粮食作物，其中香蕉在120多个国家和地区广泛种植，木薯在100多个国家和地区种植。通过数字科技赋能大力发展热带作物，为全球热带农业转型升级提供中国智慧和中国经验，对推动世界粮食安全和减贫进程、实现联合国可持续发展目标具有重要意义。

（四）热区乡村是建设美丽中国的重要展示窗口

建设美丽中国被摆在强国建设、民族复兴的突出位置，乡村建设已成为美丽中国的基本底色。总体来看，热区乡村建设展现出市场牵引、政策驱动和资源聚集的一般性规律，但由于其热带资源禀赋和独特热带乡村聚集形态，呈现出城乡分布格局不够合理、空间资源利用不充分、基础设施建设水平不高等问题，尤其是数字化短板和瓶颈突出。乡村空间是资源环境协调、城乡生产要素双向流动和社会经济活动的载体，热区省份是我国推进高水平开放战略、区域协调发展战略和乡村振兴战略的重要区域。当下，应抓住粤港澳大湾区、海南自由贸易港等战略机遇，充分发挥数字化技术在推进热区乡村生态环境治理体系和治理能力现代化的优势，以数字赋能提升热区乡村建设水平，打造美丽中国的重要展示窗口。

总体上看，当前我国热带农业仍存在数字化水平不高、数据要素流动与共享不足、农业农村智慧化管理手段不够等短板，热区乡村也面临着乡村旅游质效低、乡村建设智慧化水平不高以及国土空间治理对乡村建设支撑不够到位等问题。面对数字乡村发展的新形势，要抓住新一代信息技术为特征的科技革命和产业变革机遇，强化推进新质生产力赋能，在我国热区和热带农业高质量发展的进程中，探索出数字乡村的生动实践范例具有重要意义。

二、热区数字乡村研究的逻辑框架

全面贯彻推进乡村振兴和数字乡村战略部署要求，深刻把握新质生产力赋能的战略背景与重要机遇，抓住"智慧赋能（AI）：产业升级"和"数字孪生（DT）：城乡融合"两条研究主线，按照"宜业、宜游、宜居、宜发展"的思路，做好"产业发展数智化、乡村旅游智慧化、乡村建设信息化、国土空间治理现代化"四篇创新文章，构建"智慧中枢、支撑体系、保障机制"三大基座，形成热区数字乡村"2+4+3"学科研究架构（图1-1），按照"理论创新—技术突破—场景搭建"的逻辑，创新推进热区数字乡村发展。以数字技术服务人民美好生活为根本遵循，以智慧赋能热带农业高质量发展为主要目标，以发展新质生产力提升农业全要素生产率为主攻方向，在我国热区乡村和热带农业高质量发展的进程中探索出数字乡村的生动实践范例，为推进中国式现代化持续注入强劲动力。

（一）抓住两条主线

1. 智慧赋能（Artificial Intelligence，AI）：产业升级

把握新质生产力科学内涵，以数字科技创新驱动先进生产要素为目标，聚焦热带特色高效农业高质量发展，促进提升全产业链先进生产力，通过智慧赋能（AI）热带农业产业，实现智慧农业升级。

2. 数字孪生（Digital Twin，DT）：城乡融合

用好用活"千万工程"经验，以建设宜居宜业和美乡村为总抓手，以数字信息化技术助力优化村庄布局、整治人居环境、完善基础设施、强化公共服务、健全乡村治理，实现城乡高质量协调发展。

图 1-1　热区数字乡村 "2+4+3" 学科研究架构

（二）做好四篇文章

1. 宜业——产业发展数智化

围绕数智农业开展研究，聚焦数智技术赋能热带农业转型升级、主要热带作物数智生产关键技术创新、数字化赋能农业社会化服务等创新领域，主要形成数字（智慧）热带特色农业产业集群、现代产业园、产业强镇、国家数字农业创新中心体系及数字化平台等创新应用场景。

产业发展数智化是数字乡村的重要支撑，要紧抓新一代信息技术为特征的农业科技革命和产业变革机遇，以智慧赋能热带农业高质量发展为主要目标，以发展新质生产力提升农业全要素生产率为主攻方向，全方位培育壮大智慧热带农业产业。主要是推进热带农业生产智慧化发展，促进热带农业全产业链数字化转型，加强关键技术装备集成创新，提升农业社会化服务信息化水平，推进典型应用场景应用示范，强化热区数字乡村的产业支撑，促进热带农业高质量转型升级。

2. 宜游——乡村旅游智慧化

围绕乡村旅游开展研究，聚焦乡村旅游智慧升级、数字化乡村旅游、热带植物园内涵提升等创新领域，主要形成乡村农旅休闲、乡村农旅融合发展、旅游公共服务提升、"三生"（生产、生活、生态）协调、热带植物园体系完善建设等创新应用场景。

乡村旅游智慧化是数字乡村的活力源泉，农文旅产业融合发展是乡村内涵的重要补充，盘活和提升乡村资源的价值，拓展乡村的产业发展空间，促进智慧技术融入乡村旅游中，整合农旅融合产业链，推进乡村融入区域旅游发展，推动乡村智慧景区建设，数字赋能乡村农文旅产业高质量发展，丰富了热区数字乡村的新业态、新内涵，注入了乡村活力的源泉。

3. 宜居——乡村建设信息化

围绕乡村建设开展研究，聚焦乡村数字基础设施建设、数字化技术辅助乡村景观设计、乡村信息化人才、乡村数字治理等创新领域，主要形成信息化美丽乡村建设、生态景观提升、乡村环境建设、乡村信息化人才引进与培育、乡村数字化治理等创新应用场景。

乡村建设信息化是数字乡村的重要窗口，乡村建设关系到安居乐业美丽家园建设，乡村治理信息化和居民生活信息化是其中重要内容，要促进农村全面发展，必须筑牢数字乡村信息底座，弥合城乡"数字鸿沟"，促进信息资源公平化，加强信息使用综合化，支撑内容和应用场景的多元化，数字赋能提升基层管理水平，促进乡村治理提质增效。

4. 宜发展——国土空间治理现代化

围绕国土空间治理开展研究，聚焦国土空间智慧规划、全域土地综合整治、城乡及垦区一体化协调发展等创新领域，主要形成现代化智慧国土空间的规划体系、全域土地治理的新模式、以人为本的新型城镇化战略与工农城乡关系、城乡区域协调发展与垦地一体化协调发展的新格局等创新应用场景。

国土空间治理现代化是数字乡村的落地基石，国土空间数字化治理是智慧国土建设的重要内容，也是空间治理能力现代化的重要标志。国土空间治理现代化为数字乡村的落地提供了重要的条件支撑和技术支持，加快国土空间智慧规划，深化推进全域土地综合整治，促进城乡与垦地协调发展，深入实施国土空间的数字化规划、监测、管理服务，提升国土空间治理的数字化水平，从而提高乡村建设与治理的效率和效果。

（三）构建三大基座

1. 智慧中枢

构建支撑数字乡村研究的决策支撑系统、数据共享平台、数字技术赋能等智慧中枢底座，支撑开展热带农业产业发展智慧管理与决策支撑，促进农业农村资源汇集和挖掘利用，加快推动智慧农业核心技术创新。

2. 支撑体系

构建支撑数字乡村研究的科创引领体系、成果转化体系、产业互促体系等支撑体系底座，支撑开展智慧农业与农村信息化建设相关科技创新，加速先进适用技术成果转化应用，促进农业全产业链及多产业业态间融合互促。

3. 保障机制

构建支撑数字乡村研究的统筹推进机制、共建共享机制、循序渐进机制等保障机制底座，形成开展热区数字乡村工作的多部门统筹协调机制，促进行业主体间的共商共建共享，形成因地制宜、分阶段推进的工作机制。

参考文献

本报评论员，2024. 筑基新质生产力 促进可持续发展［N］. 中国质量报，2024-05-20（001）.

曹得宝，2024. 数字生态文明的理论意涵、现实困境与推进路径［J］. 中华环境（6）：44-46.

崔鹏伟，朱安红，2020. 新时期我国热带农业发展战略研究［J］. 热带作物学报，41（10）：1949-1953.

郭红东，曾亿武，曲江，2023. 数字乡村建设：理论与实践［M］. 杭州：浙江大学出版社.

侯媛媛，金丹，赵松林，等，2022. 热区乡村振兴研究（2021）［M］. 北京：中国农业科学技术出版社.

胡雯，2018. 中国数字经济发展回顾与展望［J］. 网信军民融合（6）：18-22.

李光辉，李玉萍，曾小红，等，2023. 全球热带作物产业发展现状及策略研究［J/OL］. 热带农业科学.（2023-11-28）［2024-08-20］. http：//kns. cnki. net/kcms/detail/46. 1038. S. 20231128. 1533. 002. html.

李玉萍，李光辉，叶露，等，2024. 中国热带作物产业发展现状及策略研究［J］. 热带农业科学，44（5）：105-114.

刘志彪，2024. 新质生产力的产业特征与驱动机制［J］. 探索与争鸣（3）：23-26，177.

平新乔，2024. 新旧动能转换与高质量发展［J］. 人民论坛（2）：14-18.

尚鹏，2024. 以绿色智能赋能企业高质量发展的探索与实践［J］. 中国煤炭工业（3）：78-79.

唐珂，2023. 智慧农业与数字乡村的中国实践［M］. 北京：人民出版社.

王政武，杨俏丽，陈春潮，2024. 科技创新赋能新质生产力发展：作用机理、现实困境与政策优化［J］. 企业科技与发展（3）：6-12，19.

徐旭初，吴彬，金建东，2022. 数字赋能乡村：数字乡村的理论与实践［M］. 杭州：浙江大学出版社.

张晓晨，周罗乐，2024. 链上发力促产业升级汇聚合力助产业发展［N］. 广西政协报，2024-07-30（001）.

张震宇，2024. 新质生产力赋能数字乡村建设：转型逻辑与实施路径［J］. 学术交流（1）：93-107.

赵京鹤，吴传强，徐可，2021. 数字乡村：深化乡村振兴战略助力农业农村现代化［J］. 中国自动识别技术（3）：54-57.

第二章 发展与成效

第一节 数字乡村发展历程

数字乡村是乡村振兴的战略方向,自 2018 年被首次写入中央一号文件以来,已连续 7 年在中央一号文件中进行了工作部署,已成为推进"三农"工作的重要抓手。数字乡村战略部署具有清晰紧密的发展脉络,目标任务、政策举措不断细化,其内涵不断融入时代性的补充和完善,在全面现代化背景下具有重要的战略意义。

一、具有清晰紧密的发展脉络

数字乡村有着清晰紧密的发展历程脉络和点线面政策体系结构,重要时间节点清晰,政策轴线连贯深化,体系覆盖面融合紧密,已成为"十四五"期间"三农"工作的重要抓手。自 2018 年"数字乡村"被首次写入中央一号文件起,中央一号文件已连续 7 年从不同角度对其进行了工作部署,充分突出了每年度数字乡村发展的重点:2018 年要求实施数字乡村战略,做好整体规划设计,弥合城乡"数字鸿沟";2019 年提出将乡村的数字化发展与乡村产业的发展壮大紧密联系起来;2020 年明确提出要开展国家数字乡村试点工作;2021 年提出要实施数字乡村建设发展工程,加强乡村公共基础设施建设;2022 年单列"大力推进数字乡村建设"专节,要求进一步发展智慧农业,促进数字技术赋能;2023 年提出深入实施数字乡村发展行动,推动数字化应用场景研发推广;2024 年提出持续实施数字乡村发展行动,发展智慧农业,缩小城乡"数字鸿沟"。

2018 年中央一号文件《关于实施乡村振兴战略的意见》中关于"提高农村民生保障水平,塑造美丽乡村新风貌"重点工作的"推动农村基础设施提档升级"一节,首次提出数字乡村战略。要求实施数字乡村战略,做好整体规划设计,加快通信网络覆盖,加强适应"三农"的应用普及,弥合城乡"数字鸿沟"。

2019 年中央一号文件《关于坚持农业农村优先发展做好"三农"工作的若干意见》,在"发展壮大乡村产业,拓宽农民增收渠道"重点工作中单列一节部署实施数字乡村战略。明确提出将乡村的数字化发展与乡村产业的发展壮大紧密联系起来，并作为拓宽农民增收渠道的重要途径和抓手。部署了"互联网+农业"、农业物联网、重要农产品全产业链大数据、电子商务进农村、农产品出村进城、信息进村入户等方面的重点工作。

2020年中央一号文件《关于抓好"三农"领域重点工作确保如期实现全面小康的意见》，在"保障重要农产品有效供给和促进农民持续增收"重点工作的"加强现代农业设施建设"一节中，明确提出要开展国家数字乡村试点。根据意见要求，国家数字乡村试点在各省铺开。

2021年中央一号文件《关于全面推进乡村振兴加快农业农村现代化的意见》，单列"大力实施乡村建设行动"作为重点工作，包括加快推进村庄规划工作、加强乡村公共基础设施建设、实施农村人居环境整治提升五年行动、提升农村基本公共服务水平、全面促进农村消费、加快县域内城乡融合发展、强化农业农村优先发展投入保障、深入推进农村改革8项具体工作。其中，在"加强乡村公共基础设施建设"一节中，明确提出要实施数字乡村建设发展工程，具体包括加强乡村公共服务、社会治理等数字化智能化建设以及发展农村数字普惠金融等重点工作内容。

2022年中央一号文件《关于做好2022年全面推进乡村振兴重点工作的意见》，进一步对数字乡村建设进行了统筹部署，将"扎实稳妥推进乡村建设"作为重点工作，并单列了"大力推进数字乡村建设"一节内容。提出要进一步发展智慧农业，通过加强培训提升农民数字素养与技能；在乡村公共服务方面加强数字技术赋能，推动覆盖乡村的"互联网+政务服务"等乡村治理新模式，加快推动数字乡村标准化建设，持续开展数字乡村试点，大力推进数字乡村建设。

2023年中央一号文件《关于做好2023年全面推进乡村振兴重点工作的意见》，在"扎实推进宜居宜业和美乡村建设"重点工作的"持续加强乡村基础设施建设"一节中，明确提出要深入实施数字乡村发展行动，推动数字化应用场景研发推广，加快农业农村大数据应用，推进智慧农业发展。

2024年中央一号文件《关于学习运用"千村示范、万村整治"工程经验有力有效推进乡村全面振兴的意见》，在"提升乡村建设水平"重点工作的"推进农村基础设施补短板"一节中，明确提出要持续实施数字乡村发展行动，发展智慧农业，缩小城乡"数字鸿沟"，实施智慧广电乡村工程。

二、不断融入时代性发展内涵

2019年5月，中共中央办公厅、国务院办公厅印发了《数字乡村发展战略纲要》，对数字乡村给予了基本定义；2022年1月，中央网信办、农业农村部、国家发展改革委等10部门联合印发《数字乡村发展行动计划（2022—2025年）》赋予了数字乡村新内涵。综合有关文件和研究，数字乡村的概念可定义为：数字乡村是伴随网络化、信息化和数字化在农业农村经济社会发展中的应用,以及农民现代信息技能的提高而内生的农业农村现代化发展和转型进程,解放和发展数字生产力、激发乡村振兴内生动力是立足"十四五"时期和面向"十五五"时期的主攻方向。

(一)《数字乡村发展战略纲要》

《数字乡村发展战略纲要》是对数字乡村作出的宏观战略决策部署,《数字乡村发展战略纲要》中提出了基础设施建设、数字经济、科技创新供给、智慧绿色乡村、乡村网络文化、治理能力、信息惠民服务、内生动力、网络扶贫、城乡信息化融合发展10个方面的重点任务(图2-1)。《数字乡村发展战略纲要》对乡村振兴战略与数字乡村建设的关系作出了明确的阐释,提出"数字乡村是乡村振兴的战略方向",体现了数

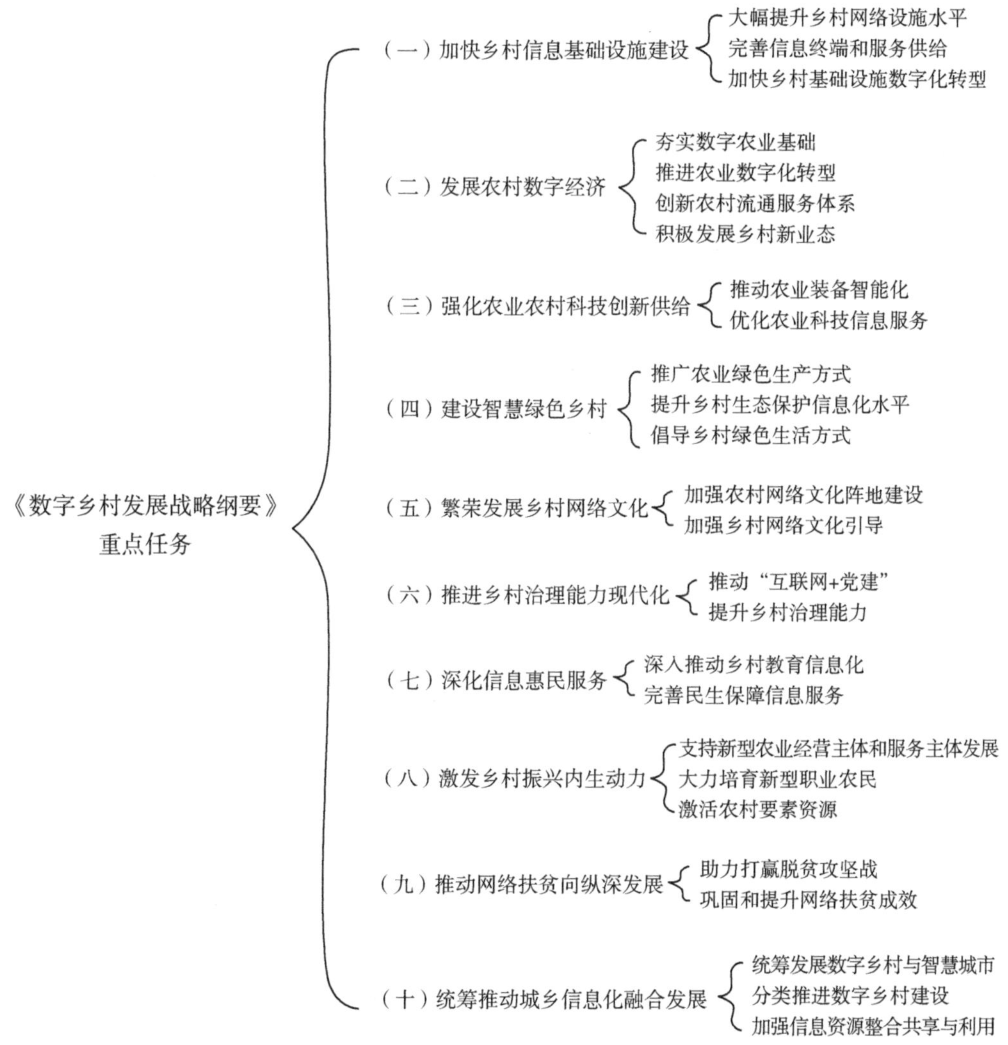

《数字乡村发展战略纲要》重点任务:

(一)加快乡村信息基础设施建设
- 大幅提升乡村网络设施水平
- 完善信息终端和服务供给
- 加快乡村基础设施数字化转型

(二)发展农村数字经济
- 夯实数字农业基础
- 推进农业数字化转型
- 创新农村流通服务体系
- 积极发展乡村新业态

(三)强化农业农村科技创新供给
- 推动农业装备智能化
- 优化农业科技信息服务

(四)建设智慧绿色乡村
- 推广农业绿色生产方式
- 提升乡村生态保护信息化水平
- 倡导乡村绿色生活方式

(五)繁荣发展乡村网络文化
- 加强农村网络文化阵地建设
- 加强乡村网络文化引导

(六)推进乡村治理能力现代化
- 推动"互联网+党建"
- 提升乡村治理能力

(七)深化信息惠民服务
- 深入推动乡村教育信息化
- 完善民生保障信息服务

(八)激发乡村振兴内生动力
- 支持新型农业经营主体和服务主体发展
- 大力培育新型职业农民
- 激活农村要素资源

(九)推动网络扶贫向纵深发展
- 助力打赢脱贫攻坚战
- 巩固和提升网络扶贫成效

(十)统筹推动城乡信息化融合发展
- 统筹发展数字乡村与智慧城市
- 分类推进数字乡村建设
- 加强信息资源整合共享与利用

图2-1 《数字乡村发展战略纲要》重点任务结构

字乡村与乡村振兴战略在 3 个方面的有机融合，一是体现在贯彻新发展理念上，把"五大新发展理念"作为数字乡村的基本遵循；二是体现在落实重大部署上，围绕乡村振兴的"五个振兴"战略部署，从产业数字化、农民数字技能提升、智慧社会等方面找到切入点和落脚点，发挥信息化的先导力量作用；三是体现在农业农村优先发展上，要求加强统筹谋划，配套完善相关支持政策，促进乡村资源要素优化配置，明确提出要在项目资金投入上优先保障，在公共服务上优先安排，着力补齐短板。

（二）《数字乡村发展行动计划（2022—2025 年）》

《数字乡村发展行动计划（2022—2025 年）》从规划背景上是面向了我国"三农"工作重心历史性转向全面推进乡村振兴的新发展环境和新发展要求，对"十四五"时期数字乡村的内涵进行了时代性的补充丰富和完善，要求坚持稳中求进的工作总基调，并将数字乡村的主攻方向明确为解放和发展数字生产力、激发乡村振兴内生动力，针对主要抓手和切入点提出了"四个着力"，也就是乡村数字经济、农民数字素养与技能、乡村网络文化、乡村数字化治理效能，从支撑和推动乡村振兴、农业农村现代化、数字中国建设 3 个方面定位了数字乡村发展的总体目标成效。《数字乡村发展行动计划（2022—2025 年）》从 8 个方面部署了 26 项重点任务，提出了数字基础设施升级、智慧农业创新发展、新业态新模式发展、数字治理能力提升、乡村网络文化振兴、智慧绿色乡村打造、公共服务效能提升、网络帮扶拓展深化 8 个方面的重点任务和行动计划（图 2-2）。对比《数字乡村发展行动计划（2022—2025 年）》中提出的 2023 年和 2025 年目标，数字乡村建设从宽度、广度和深度进一步强化，更加强调了数字应用、生产经营数字化转型、智慧农业等领域。

（三）《"十四五"全国农业农村信息化发展规划》

2022 年 2 月，农业农村部印发《"十四五"全国农业农村信息化发展规划》，对"十四五"时期农业农村信息化高质量发展作出系统部署，将数字乡村作为其中重要内容。提出要统筹推进智慧农业和数字乡村建设，在发展目标中提出到 2025 年数字乡村建设要取得重要进展，数字化成为完善乡村治理的重要手段，农民数字化素养大幅提升。规划中单列"建设数字乡村，缩小城乡数字鸿沟"专节，安排了强化乡村信息基础设施、推进乡村治理数字化、发展乡村信息服务、培育乡村数字经济 4 个方面的主要任务，部署了城乡信息基础设施互联互通、信息化与乡村治理深度融合、建立健全线上线下相结合的农村信息服务体系、推进城乡要素双向自由流动等方面的重点工作。

三、全面现代化导向更加明确

近年来，中央网信办、农业农村部等有关部委围绕年度数字乡村工作重点，连续发布《数字乡村发展工作要点》，深入贯彻落实习近平总书记关于乡村振兴的重要指示批示精神、中央经济工作会议与中央农村工作会议精神，认真落实中央一号文件部署要

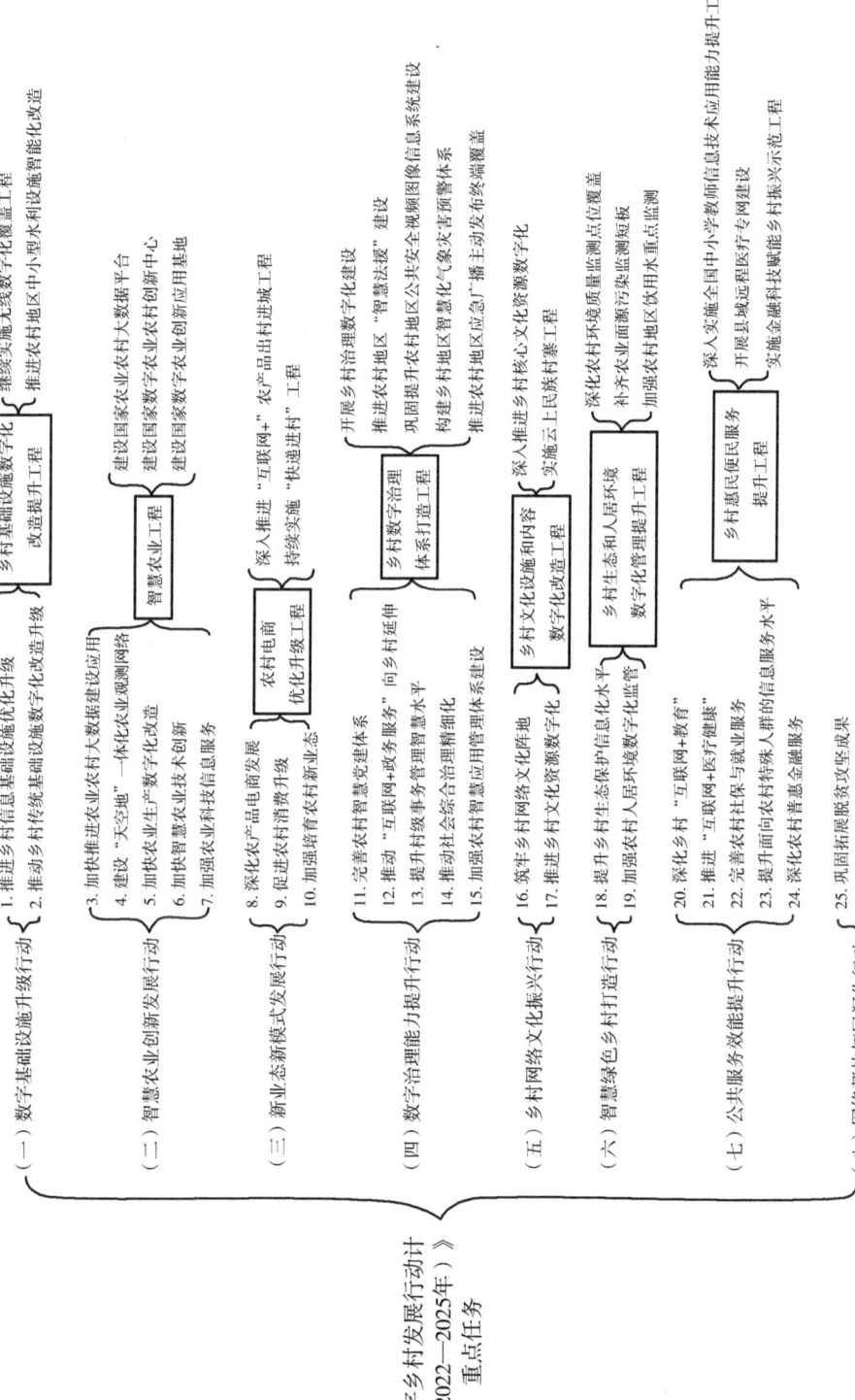

图2-2 《数字乡村发展行动计划（2022—2025年）》重点任务结构

求，明确了年度工作目标，部署了年度重点任务。此外，配套出台系列《数字乡村建设指南》，更好地指导数字乡村建设。

（一）《数字乡村发展工作要点》

2022年，中央网信办、农业农村部、国家发展改革委、工业和信息化部、国家乡村振兴局联合印发《2022年数字乡村发展工作要点》，提出到2022年年底，数字乡村建设取得新的更大进展，部署了构筑粮食安全数字化屏障、持续巩固提升网络帮扶成效、加快补齐数字基础设施短板、大力推进智慧农业建设、培育乡村数字经济新业态、繁荣发展乡村数字文化、提升乡村数字化治理效能、拓展数字惠民服务空间、加快建设智慧绿色乡村、统筹推进数字乡村建设10个方面30项重点任务，要求充分发挥信息化对乡村振兴的驱动赋能作用，加快构建引领乡村产业振兴的数字经济体系，构建适应城乡融合发展的数字治理体系，不断推动乡村振兴取得新进展，推动数字中国建设迈出新步伐。

2023年，中央网信办、农业农村部、国家发展改革委、工业和信息化部、国家乡村振兴局联合印发《2023年数字乡村发展工作要点》，提出到2023年年底，数字乡村发展取得阶段性进展，部署了夯实乡村数字化发展基础、强化粮食安全数字化保障、提升网络帮扶成色成效、因地制宜发展智慧农业、多措并举发展县域数字经济、创新发展乡村数字文化、提升乡村治理数字化水平、深化乡村数字普惠服务、加快建设智慧绿色乡村、保障数字乡村高质量发展10个方面26项重点任务，要求以数字化赋能乡村产业发展、乡村建设和乡村治理，整体带动农业农村现代化发展、促进农村农民共同富裕，推动农业强国建设取得新进展、数字中国建设迈上新台阶。

2024年，中央网信办、农业农村部、国家发展改革委、工业和信息化部联合印发《2024年数字乡村发展工作要点》，提出到2024年年底，数字乡村建设取得实质性进展，部署了筑牢数字乡村发展底座、以数字化守牢"两条底线"、大力推进智慧农业发展、激发县域数字经济新活力、推动乡村数字文化振兴、健全乡村数字治理体系、深化乡村数字普惠服务、加快建设智慧美丽乡村、统筹推进数字乡村建设9个方面28项重点任务，要求以信息化驱动引领农业农村现代化，促进农业高质高效、乡村宜居宜业、农民富裕富足，为加快建设网络强国、农业强国提供坚实支撑。

（二）《数字乡村建设指南》

为指导各地推进数字乡村建设工作，2021年7月，中央网信办、农业农村部等七部门办公厅联合发布《数字乡村建设指南1.0》，首次提出数字乡村建设总体参考架构和若干应用场景，以建设指南指导性文件的形式，对以县域为基本单元的数字乡村建设进行指导，具体包括信息基础设施和公共支撑平台的搭建，从乡村数字经济、智慧绿色乡村、乡村网络文化、乡村数字治理、信息惠民服务等方面，提出适用于不同场景、各具特色的数字应用场景、建设运营管理的发展与应用，强化保障体系建设等内容（图

2-3)。其中提出:信息基础设施是数字乡村建设的数字底座,侧重于网络基础设施、信息服务基础设施等的建设;公共支撑平台是实现各类数字乡村应用的系统基础,侧重于建设公共数据平台和各类应用支撑平台等基础平台的建设;数字应用场景描述了农业农村生产生活各个领域的实际需求,与数字化信息化融合形成的各类适用情景,各地区应结合资源禀赋因地制宜选择合适的应用场景;在建设运营管理方面为数字乡村工作推进主体提供了在规划设计、组织实施、技术标准、网络安全和评价考核等工作的过程管理标准,提供了相应建设运营模式;在保障体系建设方面围绕更好地推进实施数字乡村,提出从组织、机制、政策、人才、氛围5个侧重点为数字乡村建设的顺利实施提供

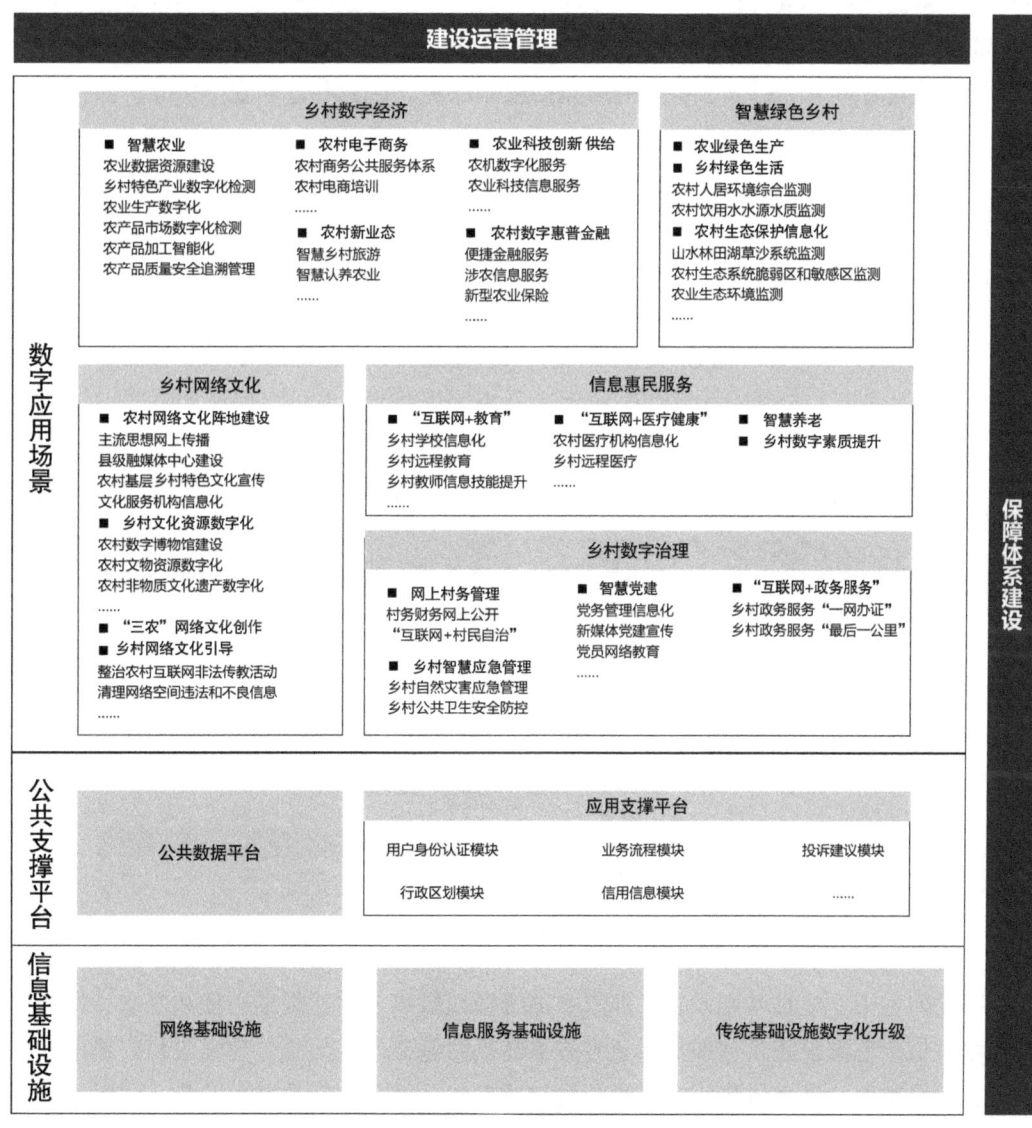

图 2-3 《数字乡村建设指南 1.0》总体构架

保障。

随着全国各地积极推进数字乡村逐步进入深入探索的新阶段，在各地实践应用《数字乡村建设指南1.0》取得的经验基础上，为进一步指导全国各省级、市级、县级有关部门更好地应对数字乡村建设进入新阶段后遇到的实践中的新问题和新挑战，2024年4月，中央网信办、农业农村部等六部门联合印发《数字乡村建设指南2.0》，指导数字乡村建设、运营和管理。《数字乡村建设指南2.0》按照"建什么、怎么建、谁来建"的思路展开，从建设内容、建设方法和保障机制3个方面构建了面向新阶段的数字乡村建设框架。其中，建设内容包括乡村数字基础设施、涉农数据资源、智慧农业、乡村数字富民产业、乡村数字文化、乡村数字治理、乡村数字惠民服务和智慧美丽乡村8个部分；建设方法和保障措施贯穿数字乡村建设全过程，建设方法包括规划设计、投资建设和运营管理3个部分，保障措施包括组织保障、多元共建、安全保障、深化试点探索、营造氛围5个部分（图2-4）。

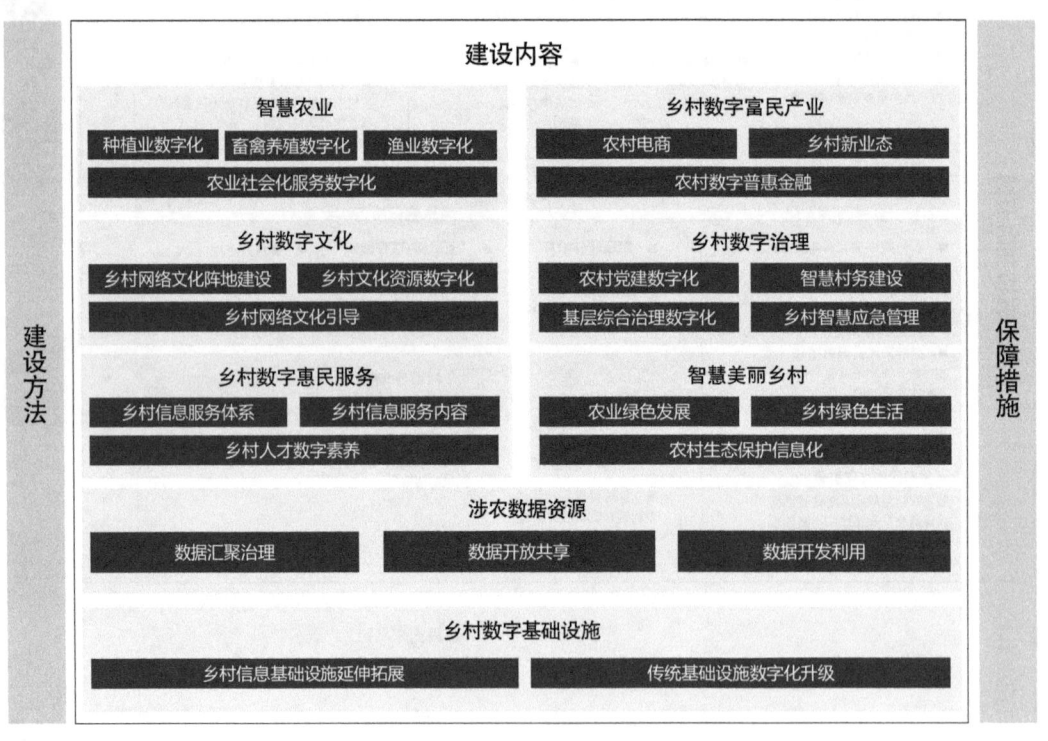

图2-4 《数字乡村建设指南2.0》建设构架

建设内容中，信息基础设施、涉农数据资源是数字乡村建设的前提和基础，提出要加快乡村信息基础设施延伸拓展，要补齐乡村网络基础设施短板，建强农村广播电视基础设施；提出要协同推进传统基础设施数字化升级，涵盖农村公路数字化、农村水利数字化、农田建设数字化、农村电网数字化、农产品冷链物流数字化、产地农产品追溯数字化。涉农数据资源中，提出要加强数据汇聚治理、促进数据开放共享和强化数据开发利用。

智慧农业是数字乡村建设的重要内容，提出要大力推进种植业数字化，加快数字技术在大田作物上的推广应用，加快发展数字化现代设施种植，加快推进果茶桑胶等经济作物种植数字化；提出要持续提升规模化畜禽养殖数字化水平，加快推进渔业数字化；提出要加快提高农业社会化服务数字化水平，尤其是要提升社会化服务主体数字化服务能力和创新农事数字化服务模式。

乡村数字富民产业是数字乡村建设的重要产业支柱，提出要促进农村电商高质量发展，培育壮大乡村新业态，尤其是开展乡村旅游数字提升行动，鼓励休闲农业园、农家乐、民宿等景点设施数字化升级，推动数字技术、数据服务赋能农特品牌网络运营和特色产业转型升级。

乡村数字文化、乡村数字治理和乡村数字惠民服务丰富了数字乡村的内涵。乡村数字文化中提出要加强乡村网络文化、乡村文化资源数字化、网络文化引导；乡村数字治理中提出要推进农村党建数字化、智慧村务、基层数字化综合治理体系、乡村智慧应急管理；乡村数字惠民服务中提出要建立健全乡村信息服务体系、拓展乡村信息服务内容、提升乡村人才数字素养，尤其是要加强基层干部信息化培训，提升新型农业经营主体数字化技能，提高农民数字素养。

智慧美丽乡村是数字乡村建设的重要展示窗口和农民安居乐业的美丽家园，提出要深入推进农业绿色发展，创新乡村绿色生活方式，分类推进农村生态保护信息化，实现城乡融合发展，打造和美乡村，让农民群众有更多的获得感、幸福感、安全感。

《数字乡村建设指南2.0》与《数字乡村建设指南1.0》相比较，主要优化完善了5个方面：一是将原"公共支撑平台"内容纳入"涉农数据资源"板块进行布局，通过平台建设更好地发挥农业农村数据要素的有效价值；二是将"智慧农业"从"乡村数字经济"中单独成章，这是基于各地在推进智慧农业进程中遇到的新机遇和新挑战作出的调整，可以更好地指导各地智慧农业发展，避免各地弱化了对"投入大、见效慢"的农业产业的数字化布局，进一步强化智慧农业对乡村特色农业的支撑和引领作用；三是将"建设发展模式"和"建设过程管理"整合优化为"建设方法"，进一步突出各地在实施指南过程中的可操作性；四是细化保障措施，补充市级层面工作任务，进一步明确了省、市、县三级任务分工，形成分工不分家、凝聚合力的效果；五是完善典型案例，结合近几年各地区推进数字乡村取得的经验和创新实践成果，对案例进行了优化完善，鼓励各地区立足当地实际，因地制宜积极开拓创新，提升指南的指导意义和参考作用。

第二节　中国数字乡村建设成效

随着推进数字乡村战略得到社会广泛共识和高度重视，全国各地贯彻落实中共中央、国务院关于实施数字乡村发展战略的决策部署，积极出台配套政策措施，制定完善实施方案，国家级试点和省级试点加快落地实施，在数字乡村各相关领域不断深化应用现代数字化技术，全方位推进数字乡村建设，取得了良好成效。

一、统筹协调机制基本形成

中央网信办、国家网信办牵头促进完善数字乡村发展统筹协调机制，统筹协调部署开展国家数字乡村试点工作，确保数字乡村建设各项工作落到实处，数字乡村发展工作体系基本建立。一是统筹协调机制不断强化，2021年，中央网信办会同农业农村部、国家发展改革委、工业和信息化部等43个部门（单位），建立了数字乡村发展统筹协调机制，全国县级农业农村部门内设信息化机构覆盖率达92.6%，充分利用数字乡村建设的统筹协调机制，在政策协同、资源整合等方面作出了更多的努力，把工作责任落到实处。二是强化政策引导，充分利用已有的涉农政策与资金渠道，引导财政、社会资本加大投资力度，发挥市场决定性作用，更好地发挥政府作用，积极引入社会资本投资建设数字乡村，继续做好数字乡村的宣传与报道工作，营造良好氛围。三是做好制度衔接，围绕《数字乡村发展行动计划（2022—2025年）》等顶层设计，各省（区、市）相继出台了配套规划和实施方案，进一步细化数字乡村建设的目标任务、政策举措，推进数字乡村建设的政策制度体系有效衔接并不断完善。

二、数字基础设施实现跨越式发展

农村地区数字基础设施建设取得显著进展，城乡"数字鸿沟"进一步缩小弥合。至2023年我国互联网普及率已达77.5%，其中，农村地区互联网普及率为66.5%，较2022年提升4.6个百分点；城乡互联网普及率差异为16.8%，较2022年底缩小4.4个百分点，较"十三五"初期缩小15个百分点；网民的数量已经攀升至10.92亿人，其中，农村网民规模达3.26亿人。我国深入实施了"宽带中国"战略，建成全球范围内最大的光纤、移动宽带网络，光缆总里程数由2012年的1 479万千米增至2023年的6 432万千米，增加了3.35倍，信息通信网络建设规模在全球居全域性领先地位。网络基础资源不断优化，截至2023年年底，互联网宽带接入端口数量达11.36亿个，较2022年年底增加6 486万个，全国范围内行政村中，已建成并开通的5G基站累计337.7万个，已有超过80%的地级市城区、县城城区实现了5G网络覆盖。信息通信服务能力大幅提升，从"3G时代"的跟随、到"4G时代"的同步、再到"5G时代""6G时代"的引领，我国移动通信行业实现了质的跨越。

三、农业农村资源数据进一步汇集

数据作为一种全新生产资料被引入生产力要素体系，释放了巨大的发展潜力，大数据、人工智能、物联网等新一代数字技术在农业生产中得到了广泛运用，主要涵盖了种植业、养殖业、农机作业服务、农机装备等方面，以及生产、流通、监测等各个环节，数字技术为智慧农业的发展提供了便利。基本建立了新型农业经营主体信息直报系统、农产品市场信息平台、农药基础数据平台、兽药基础数据平台、国家农产品质量安全追溯管理信息平台、农田建设"一张图"等数字乡村相关平台和系统。积极推进实现农村数据采集"天空地"一体化应用，重点开展了油料、天然橡胶、糖料蔗、棉花、苹果、大豆、生猪等8个重要农产品单品种全产业链数据应用体系建设。农业农村部正在积极建设国家农业农村大数据平台，不断拓展遥感、物联网、互联网等数据采集渠道，广泛汇集各方面数据资源，积极推动与地方农业农村部门协同推广应用公共平台，推进了农业农村用地"一张图"、乡村发展动态数据库和移动应用端，结合各地区实际开发大数据应用软件和模型，打造具有实施成效的典型应用场景，促进农业农村资源数据平台的互联互通、数据的共享共用、业务的协作协同。

四、乡村产业数字化转型提档加速

信息化技术全面赋能农业生产转型升级。2023年，我国农业生产信息化率为27.6%，植保无人机保有量超过20万架、年作业面积约21.3亿亩[①]次。从行业细分看，畜禽养殖行业的信息化程度相对较高，达到了34%，大田种植和设施栽培分别以26.4%和25.3%的信息化程度紧随其后，水产养殖信息化程度则为16.6%。数字技术广泛应用于种植养殖生产、农产品加工流通、线上线下营销等领域，尤其在农业生产监管、动植物病虫害预测防控等方面取得了显著的成效。通过数字农业试点项目、全国农业农村信息化示范基地，加快推广应用农业物联网成果和模式，带动物联网、大数据、人工智能、卫星遥感等新一代信息技术在农业生产经营各领域各环节融合应用，逐步构建起"智慧农田+智慧农艺+智能农机+智慧农事"的现代生产方式；智能农机装备研发应用不断突破，目前已有超过60万台拖拉机及联合收割机配置了基于北斗定位的作业监测和智能控制终端；数字育种加速发展，生物育种与现代信息技术加速融合，正在成为辅助育种、提高育种效率的重要手段。

五、乡村数字经济新业态新模式蓬勃兴起

农村电商保持良好的发展态势，工业产品下乡、农产品进城的双向流通模式被充分巩固，新的模式（如电商直播、社区电商等）开始兴起，农村电子商务成为农村数字经济的重要组成部分，对促进农民增收、拓宽乡村振兴资金来源渠道、保障农产品有效供给等起到了突出作用。据商务大数据监测，2023年全国农村网络零售额达2.5万亿元，比2014年增长近13倍；2023年全国农产品网络零售额达5 870.3亿元，比2022年

---

① 1亩≈667米^2，全书同。

增长12.5%，连续多年保持较快增长，约为2014年的5倍。快递服务不断向乡村基层延伸，"快递进村"成为重要途径，覆盖比例超过80%，农村寄递物流体系不断完善，农村电商继续保持乡村数字经济"领头羊"地位。随着乡村互联网覆盖范围的扩大和支撑条件强化提升，有力支撑起农业各类新业态新模式的蓬勃发展，以数字化信息技术为支撑的乡村休闲旅游、民宿经济、农旅融合休闲农业等新经济业态得到了快速发展，农村成了休闲旅游的"网红打卡地"。2023年我国农村地区网络支付用户规模达到2.27亿户，普惠金融数字化发展迅猛，农业领域普惠金融服务的覆盖面、便利性和可靠性明显提高，金融机构也在持续围绕农业农村推进农业金融业务模式的创新，为小农户和新型农业生产经营主体提供了更加多元、高效的数字金融服务场景。

六、乡村治理数字化水平持续提升

随着数字乡村试点工作不断推进，数字化乡村治理模式的革新已经初见成效。"互联网+政务服务"加快向乡村延伸覆盖，乡村数字化治理模式不断涌现，各地都在不断推进农村"三务"（党务、村务、财务）数字化，切实保障农民群众的知情权、决策权、参与权和监督权，全国"三务"网上公开行政村覆盖率达78.4%，县域涉农政务服务在线办事率达68.2%，其中，东部地区和中部地区稍高，超过了70%，西部地区也超过了60%。随着全国农村集体资产监管平台上线运行的深入推进，业务覆盖了农村土地、集体土地和集体经济组织等农业农村基础数据。数字化政务服务系统继续向乡村扩展，全国一体化的乡村政务服务平台服务效率得到了进一步提升，国家电子政务外网在县级范围内全部覆盖。与广大农民息息相关的业务逐步转向在线办理，全国各县社会保险业务和新型农村合作医疗业务在线办理超过85%，劳动就业业务在线办理超过70%。

第三节 国家数字乡村试点情况

一、首批国家数字乡村试点地区

2020年7月，中央网信办等七部门联合印发《关于开展国家数字乡村试点工作的通知》，部署开展首批国家数字乡村试点工作；同年10月，公布确定了117个县（市、区）成为首批国家数字乡村试点地区（表2-1）。该通知要求试点地区要做到"四个坚持"：坚持统筹推进，注重协同联动；坚持问题导向，深化改革创新；坚持激发活力，倡导多方参与；坚持因地制宜，注重分类指导。该通知要求，各试点地区重点开展数字乡村的7项重点工作：一是开展数字乡村整体规划设计，结合实际、因地制宜地编制县域数字乡村建设规划，统筹推进数字乡村；二是完善乡村新一代信息基础设施，加强基础设施共建共享，推进传统基础设施的数字化、智能化转型；三是探索乡村数字经济新业态，强化农业农村科技创新供给，培育农村电商品牌，因地制宜培育乡村新业态；四是探索乡村数字治理新模式，提升乡村治理智能化、精细化、专业化水平，推动"互联网+政务服务"向乡村延伸覆盖；五是完善"三农"信息服务体系，依托信息化推动基本公共服务向农村下沉，深化信息惠民服务；六是完善设施资源整合共享机制，推进涉农政务信息资源共享开放、有效整合，整合利用资源要素；七是探索数字乡村可持续发展机制，推动产学研用合作，培育数字乡村发展良好生态，激发乡村自我发展动力和活力。

表 2-1 首批国家数字乡村试点地区

省份	试点地区	数量（个）
北京市	房山区、平谷区	2
天津市	西青区、津南区	2
河北省	廊坊市永清县、沧州市肃宁县、邢台市南和区、辛集市	4
山西省	临汾市隰县、临汾市洪洞县、大同市云州区、晋城市高平市	4
内蒙古自治区	呼和浩特市托克托县、鄂尔多斯市鄂托克前旗、兴安盟扎赉特旗	3
辽宁省	沈阳市辽中区、朝阳市凌源市、本溪市桓仁满族自治县、营口市老边区	4
吉林省	四平市梨树县、吉林市龙潭区、延边州和龙市、辽源市东辽县	4
黑龙江省	佳木斯市桦南县、绥化市望奎县、齐齐哈尔市依安县、牡丹江市西安区	4
上海市	浦东新区、奉贤区	2
江苏省	徐州市丰县、苏州市张家港市、南京市浦口区、连云港市东海县	4
浙江省	湖州市德清县、嘉兴市平湖市、宁波市慈溪市、杭州市临安区	4
安徽省	合肥市长丰县、宿州市砀山县、黄山市歙县、六安市金寨县	4
福建省	宁德市寿宁县、南平市武夷山市、三明市大田县、龙岩市上杭县	4
江西省	赣州市安远县、南昌市进贤县、吉安市井冈山市、上饶市玉山县	4
山东省	淄博市高青县、泰安市肥城市、滨州市惠民县、烟台市海阳市	4
河南省	三门峡市灵宝市、鹤壁市淇滨区、南阳市西峡县、漯河市临颍县	4
湖北省	宜昌市秭归县、武汉市江夏区、鄂州市华容区、襄阳市宜城市	4
湖南省	湘西自治州花垣县、邵阳市大祥区、永州市双牌县、湘潭市韶山市	4
广东省	韶关市南雄市、阳江市阳西县、茂名市高州市	3
广西壮族自治区	南宁市横县、桂林市恭城瑶族自治县、贺州市富川瑶族自治县、百色市平果市	4

(续表)

省份	试点地区	数量（个）
海南省	琼海市、澄迈县、昌江黎族自治县、三亚市海棠区	4
重庆市	垫江县、大足区、渝北区、荣昌区、巴南区	5
四川省	内江市隆昌市、成都市大邑县、宜宾市兴文县、泸州市纳溪区	4
贵州省	贵阳市息烽县、毕节市黔西市、毕节市金沙县、遵义市余庆县	4
云南省	昆明市石林彝族自治县、楚雄彝族自治州楚雄市、红河哈尼族彝族自治州开远市	3
西藏自治区	林芝市米林县（今米林市）、拉萨市曲水县、山南市乃东区、日喀则市白朗县	4
陕西省	渭南市大荔县、杨凌示范区杨陵区、商洛市柞水县、汉中市佛坪县	4
甘肃省	酒泉市玉门市、张掖市高台县、兰州市皋兰县	3
青海省	海南藏族自治州贵南县、海东市互助土族自治县、果洛藏族自治州玛多县、西宁市湟源县	4
宁夏回族自治区	吴忠市盐池县、石嘴山市平罗县、吴忠市利通区、银川市西夏区	4
新疆维吾尔自治区	巴音郭楞蒙古自治州库尔勒市、阿勒泰地区吉木乃县	2
新疆生产建设兵团	第一师阿拉尔市十一团、第八师石河子市一五〇团、第十师北屯市一八八团、第三师图木舒克市四十一团	4
合计		117

2023年，中央网信办等七部门组织专家对首批国家数字乡村试点完成情况开展终期评估，利用同一指标体系折合分数的方法对首批国家数字乡村试点的数字乡村发展水平进行评价和综合排名，对各试点地区数字乡村建设成效、特色亮点及经验做法做了总结分析。评估体系分为组织实施、进展成效、典型经验和群众评价4个方面，其中，进展成效评估体系分为乡村数字基础设施、乡村产业数字化（智慧农业）、乡村产业数字化（乡村新业态）、乡村治理数字化、乡村数字惠民服务五个方面。

从评估分值可以看出，上述5个方面进展成效不够均衡，乡村治理数字化、乡村数字惠民服务建设成效较好，全国平均值均超过70分，分别达到了74.0分和73.0分；乡村数字基础设施、智慧农业、乡村新业态还需要加快推进完善，全国平均值均低于70分，分别为57.8分、63.7分和66.6分（表2-2）。总体来看，通用性强的基层治理便民服务数字化平台、软件、客户终端等数字乡村"软条件"更受到基层政府的关注，而定制性和专业性强、投入周期长的智慧农业、乡村新业态还需要更多关注以及进一步推进，抓住数字化技术对农业产业变革的引领促进作用，提升新质生产力高质量发展乡村特色产业是数字乡村下一阶段工作重点。

表2-2　首批国家数字乡村试点地区进展成效评估分值

项目	乡村数字基础设施	智慧农业	乡村新业态	乡村治理数字化	乡村数字惠民服务
全国最大值	88.7	87.0	83.3	98.1	95.8
全国平均值	57.8	63.7	66.6	74.0	73.0
东部地区平均值	63.2	68.0	70.5	78.8	77.0

二、第二批国家数字乡村试点地区

2024年3月，中央网信办等11部门联合印发《关于开展第二批国家数字乡村试点工作的通知》，部署开展第二批国家数字乡村试点工作。同年7月，公布确定了35个县（市、区）成为第二批国家数字乡村试点地区（表2-3）。该通知强调，要按照推进乡村全面振兴、加快建设农业强国的部署要求，以学习运用"千万工程"经验为引领，以信息化驱动农业农村现代化为主线，探索形成数字乡村可持续发展模式，不断增强乡村振兴内生动力。该通知要求：一要加强组织领导、统筹推进，建立健全跨部门协调机制和跨层级联动机制，做好数字乡村建设整体规划设计；二要深化政府引导、多方参与，充分发挥市场机制作用和政府引导作用，形成推进合力，探索形成数字乡村的社会多元共建局面；三要加强问题导向、创新驱动，加快制度、机制、模式和技术创新，结合资源禀赋，因地制宜搭建数字化应用场景，探索具有区域特色的模式做法。该通知明确了到2026年年底工作目标：试点地区数字乡村建设取得显著成效，乡村信息化发展基础更加夯实，城乡"数字鸿沟"加快弥合，涉农数据资源实现共享互通，乡村数字化应用场景持续涌现，数字经济促进共同富裕作用凸显，乡村振兴内生动力不断增强。

表2-3　第二批国家数字乡村试点地区

试点类型	试点方向	试点地区	数量（个）
领域特色型	智慧农业	江苏省盐城市射阳县、重庆市长寿区、广西壮族自治区南宁市马山县、北大荒集团黑龙江七星农场有限公司、新疆维吾尔自治区昌吉回族自治州玛纳斯县、辽宁省大连市金普新区	6
	乡村数字富民产业	江苏省南京市高淳区、江西省抚州市广昌县、四川省绵阳市安州区	3
	乡村数字治理	浙江省嘉兴市桐乡市、福建省泉州市石狮市、陕西省安康市汉阴县	3
	乡村数字文化	贵州省贵阳市观山湖区、黑龙江省牡丹江市穆棱市	2
	乡村数字惠民服务	安徽省安庆市桐城市、河北省唐山市乐亭县、陕西省延安市吴起县	3
	智慧美丽乡村	浙江省台州市仙居县、河南省洛阳市栾川县	2

(续表)

试点类型	试点方向	试点地区	数量（个）
区域综合型	东部地区	山东省济南市、福建省福州市	2
	中部地区	山西省晋城市、安徽省铜陵市	2
	西部地区	重庆市潼南区、新疆生产建设兵团第十师北屯市	2
	东北地区	黑龙江省佳木斯市、吉林省长春市	2
机制共建型	城乡融合发展	湖北省宜昌市宜都市、河南省开封市兰考县	2
	东西部协作	山东省济宁市、重庆市万州区、浙江省杭州市、四川省甘孜藏族自治州、江苏省南通市海安市、陕西省汉中市略阳县	6

第二批国家数字乡村试点工作以市或县为单位，按照不同试点类型方向分类开展，分为领域特色型、区域综合型、机制共建型3个试点类型。

领域特色型 包括智慧农业、乡村数字富民产业、乡村数字治理、乡村数字文化、乡村数字惠民服务、智慧美丽乡村6个方向，第二批试点中共有19个地区为领域特色型，其中，智慧农业试点6个、乡村数字富民产业试点3个、乡村数字治理试点3个、乡村数字文化试点2个、乡村数字惠民服务试点3个、智慧美丽乡村试点2个。《关于开展第二批国家数字乡村试点工作的通知》指出领域特色型试点，重点是建设一批智慧农（林、牧、渔）场，推动智能感知、智能分析、智能控制技术与装备在农业生产经营中的集成应用。上述6个方向对数字乡村建设的不同环节各有侧重：一是智慧农业方向要进一步深入实施"互联网+"农产品出村进城工程和"数商兴农"，推动生产、加工、流通、销售各环节数字化转型；二是乡村数字富民产业方向要构建农文旅融合的现代产业体系，培育依托互联网的农文旅新业态新模式；三是乡村数字治理方向要坚持和发展新时代"枫桥经验"，推进数字技术与乡村治理深度融合，打造一批集约、高效、精准的数字化应用场景；四是乡村数字文化方向要深入实施国家文化数字化战略，运用数字技术加强对传统村落、农耕文化、非物质文化遗产等文化资源的挖掘活化和保护利用；五是乡村数字惠民服务方向要构建线上线下相结合的农村信息服务体系，提升乡村公共服务数字化智能化水平；六是智慧美丽乡村方向要践行"绿水青山就是金山银山"理念，运用数字技术推进农业绿色发展，创新塑造乡村绿色生活。试点地区结合自身需求和特色优势，聚焦某一领域方向开展试点，集中力量打造一批典型样板。

区域综合型 分别以东部、中部、西部、东北4个片区开展综合型试点。第二批试点中共有8个地区为区域综合型，其中，东部、中部、西部、东北综合型试点各2个。《关于开展第二批国家数字乡村试点工作的通知》指出区域综合型试点地区要立足区位特点、资源禀赋、经济水平等基础条件，从智慧农业、乡村数字富民产业、乡村数字治理、乡村数字文化、乡村数字惠民服务、智慧美丽乡村等领域中，选择至少3个作为试点主攻方向，探索具有区域特色的路径模式。

机制共建型 包括城乡融合发展、东西部协作2个方向。第二批试点中共有8个地区为机制共建型，其中，城乡融合发展试点2个、东西部协作6个。《关于开展第二批国家数字乡村试点工作的通知》指出城乡融合发展方向，以县域为基本单元，重点是以畅通城乡要素双向流动为关键，统筹推进智慧城市与数字乡村建设，推动城乡数字基础设施互联互通、数据资源整合共享、产业生态相互促进、数字治理一体推进、公共服务共建共享，有效释放数字化发展红利、弥合城乡"数字鸿沟"。《关于开展第二批国家数字乡村试点工作的通知》指出东西部协作方向，围绕数字乡村建设重点领域，重点是探索东西部以信息流带动技术流、资金流、人才流、物资流的协作模式，促进资源优化配置，助力区域协调发展。

第四节 热区省份试点典型案例

国家数字乡村试点工作稳步推进，热区省份各数字乡村试点立足当地实际，积极开拓创新，探索具有区域特色的数字乡村建设新模式、新路径，涌现出一批具备复制推广价值的应用场景和典型案例，推动数字乡村建设取得积极成效。

一、海南省澄迈县"数字+品牌兴农"典型案例

澄迈县以数字乡村为发展契机，以"长寿""富硒""绿色"三大特色品牌为先导，积极推进农业品牌战略，积极运用互联网思维，拓宽多元化的营销渠道，探索出一条农业品牌化发展之路，助力乡村振兴。2022年，全县农业种植规模达16.56万亩，产值突破11.26亿元。

在推进"数字+品牌效应"方面，澄迈县深挖品牌价值，打造"6+2"品牌矩阵，其中"6"是澄迈福橙、福山咖啡、桥头地瓜、澄迈山柚油、无核荔枝、无籽蜜柚，"2"是澄迈凤梨、大丰妃子笑，实施"商标富农"计划。建设福山农产品分拣集散中心，引进数字化智能分选生产线，根据糖度、大小、重量、瑕疵等指标对澄迈福橙进行精准分类；建设集现货交易、电子商务运营、网上支付、仓储物流、溯源、农产品检测、策划包装服务于一体的互联网产业园及互联网小镇，如澄迈农业互联网产业园、福山互联网农业小镇、大丰互联网农业小镇等。加强宣传引导和案例推广，新华社、人民日报等多家媒体对澄迈县的农业品牌、桥头地瓜、福橙等进行了报道，扩大影响促进品牌兴农。

在推进"数字+销售端"方面，创建"国家电子商务进农村综合示范县"，积极探索电商消费富农之路。鼓励企业、合作社和农户开办各种网上商店，依托网络拓展销售

渠道，建成并运营 1 个县级公共运营服务中心，1 个县级仓储中心，1 个县级冷链中心，1 个农产品集配中心，1 个线下农产品展示体验馆，12 个镇级电商服务站，13 个村级电商服务站，开发完成 1 个农产品溯源系统，村邮站覆盖 163 个行政村，覆盖率达到100%，已经实现"村村通邮"。福山互联网农业小镇小程序接入浙江省在线农博平台，打开了农产品进入长江三角洲市场的新局面。其中，通过线上体系，澄迈县的农产品品牌知名度、"长寿之乡"的美誉度进一步提升；通过线下体系，澄迈县继续推动一二三产业的深度融合，拓展农业新功能，探索出适宜澄迈县发展的"互联网+特色品牌+乡村旅游"新模式。

二、云南省楚雄彝族自治州楚雄市庄甸社区"5G+数字大数据平台"典型案例

楚雄彝族自治州楚雄市作为国家数字乡村试点，在乡村数字化"智理"环节进行了积极探索。楚雄市东瓜镇庄甸社区打造了"5G+数字庄甸大数据平台"，平台总体结构包括 3 个板块：综合治理、积分银行、视频墙。综合治理板块可以受理居民上报的问题（如机动车违规停放、垃圾乱丢等），全面展现庄甸社区的总体面貌；通过 22 台中国 5G-AI 智能云监控、3 套云广播等智能装置，村民可以利用手机 App、定点麦克风实现实时广播、循环广播、文本转语音等功能，有效破解传统乡村治理中存在的宣传覆盖范围不广、应急响应时间过长等问题。

在数字农业生产方面，数字庄甸大数据平台以 5G 物联网感知技术为核心支撑，融合了大数据分析和区块链技术，实现了对气象变化、土壤墒情、温湿度感知等关键农业生产要素的不间断监测，这些数据通过平台被实时收集、传输并进行深入分析，从而为养殖业、种植业等农业生产经营管理提供强有力的数据支持和精准决策。

在数字治理方面，数字庄甸大数据平台融合了"千里眼综合安防""云广播""数字管家"等多种信息系统，已发布 22 个主题的 1 400 多个事项，网络摄像头实现了远程监控、智能预警、应急指挥调度等功能，尤其在面对突发情况时，可以精准施策，织密乡村治安防控网，为乡村治安防控提供完善的数字化保障。同时，平台还将三治合一、积分银行、美丽乡村等功能进行了整合，让乡村的管理更加精细化。其中，积分银行的建立，激励了村民们积极参与乡村治理，利用"庄甸小管家"等小程序，村民可以通过参与志愿服务、参加美丽庭院随手拍活动、事项上报等方式获得积分，积分可以用来兑换洗衣粉、洗洁精、食用油等日用品。

在数字服务方面，数字庄甸大数据平台联通各级政府与群众，对接政府现有的一部手机治理通、应急广播、智慧出行等服务类平台，村民利用移动软件一键查询，预约办事，一部手机就能办结 95% 以上的政务业务，70 多个乡镇能做到即时办结，还能为农村特产、旅游、电商等产业提供支撑。目前，政务大数据平台显示累计办件量已超 317 万件。

三、广东省阳江市阳西县"三个数字化"典型案例

广东省阳江市阳西县作为国家级、省级数字乡村建设试点县,以及全国首个数字农业示范县,聚焦"产、供、销"三个环节,通过"三端"数字化推动乡村特色产业的发展,探索了可复制可推广的"阳西模式"。

在推进生产端数字化方面,阳西县以"一馆、一云、四园"为农业生产数字化的核心,将数字农业展厅和数字农业云应用进行了构建,并将其作为基础与整合,在园区建设上,打造了荔枝、程村蚝、罗非鱼、东水山茶4类特色数字农业产业园。阳西县围绕上述4类特色产业,打造了30个县级数字农业产业园,推广应用数字化技术和装备,促进了乡村特色产业的数字化转型升级。例如,在阳西县西荔王果蔬专业合作社的荔枝产业园,园区基地内建设有智能气象监测站、土壤监测站以及视频监控等设施装备,构建了"天空地"一体化生产服务平台,可以实时将荔枝园内的生产环境情况和实时监控画面回传,方便管理人员实时掌握荔枝生长情况。在广东顺欣海洋渔业集团有限公司的罗非鱼数字农业产业园,通过监测以及智能视频监控设备,可以将监测数据实时传输到罗非鱼生产管理系统,实现了电费、饲料、死亡率等生产环节成本分别降低10%、5%和8%,销售额增长5%。在东水山茶数字农业产业园,园内安装的气象站、土壤监测站和智能视频监控,茶园管理人员可以实时看到茶园的空气湿度、土壤酸碱度、土壤含水量等数据。这些生产环境的实时监测数据,可以为种养户科学生产提供决策服务。

在推进供应端数字化方面,阳西县借助数字农业的发展机遇,完善"产、供、销"一体化的市场流通体系,扶持本地农业龙头企业延伸生产、分拣、存储到消费市场的流通体系建设,并积极使用溯源系统,对流通进行全程留痕,提高流通渠道把控能力,打响阳西县地域品牌。例如,实施合作社、阳西荔枝龙眼协会等一批经营主体的一体化经营模式,在西荔王合作社形成"合作社+生产基地+保鲜冷库+超市+国内外市场"的供应体系,荔枝采摘后经过智能分选机,按照甜度等指标进行分类包装,贴上标牌,再经过冷链物流进入超市以及终端消费市场。顺欣集团采取"公司+基地+保鲜冷库+加工厂+国内外市场"模式,完善了产业链后端的冷链加工、仓储、物流服务体系。

在推进销售端数字化方面,构建"短视频+网红直播带货"的数字化农产品营销新模式,是阳西县推动农产品销售端数字化、开辟线上营销新路径的成功举措。阳西县充分发挥全省"一村一品",先试先行打造"短视频矩阵",获评广东十大最具潜力农业农村改革案例之一,形成了"一村一品、一镇一业"短视频矩阵全覆盖,举办了具有特色的"我在阳西有棵荔枝树"云定制、程村蚝云展会、"短视频+网红直播带货"等20多场线上线下活动。

四、广西壮族自治区贺州市富川瑶族自治县"数字电商"典型案例

贺州市富川瑶族自治县(以下简称富川)位于广西东北部,地处湘、桂、粤三省

（区）交界的黄金地带，水富土沃，这片古称"山国"的富庶之地，孕育出丰饶的物产，被誉为"中国脐橙之乡"，是享誉世界的"国际慢城"。富川依托优越的自然资源，发展特色农业产业优势集群，被列为中国特色农业百强示范县、国家生态文明先行示范县、首批国家农产品质量安全示范县、全国电商进农村综合示范县。根据国家和广西壮族自治区关于大力发展农村电子商务的政策，富川结合特色农业基础和旅游资源，制定"互联网+电商"工作实施方案，深入实施富川电商产业发展三年行动计划，大力发展电商产业，加快推进电商应用普及，做大做强富川生态循环产业。当前，富川建立了县、乡、村三级电商综合服务系统，拥有县级电子商务公共服务中心1个，镇级电商服务站12个，村级电商服务站100个。

在数字电商营销模式方面，一是建立了县级农产品电商产业园，富川县累计投入资金2.5亿元，建成桂北最大的农业服务综合产业园，占地280亩，并成立了富川电子商务发展中心，专门指导、统筹、服务电商产业发展；二是城乡快递物流提速升级，富川县通过整合"三通一达"及中国邮政等物流企业入驻电商产业园，建成县级快递集配中心，日加工能力达10万件，覆盖12个乡镇85个行政村，物流成本从原来的每5千克10元左右下降到6元左右，降幅超40%，打通了电商惠农"最后一公里"；三是培育数字电商人才，富川建立电商孵化中心、直播基地，开展农产品直播带货实训等活动，培育了一批懂技术、善经营、会推广的带货主播，近年来，富川开展线上线下电商技能培训200多场次，培训数字人才18 000多人次，孵化电商企业56家，新增开设1 800个抖音账号，带动电商从业人员2万多人。

在数字电商新业态方面，富川整合了全域旅游优势资源，打造以"村播+"为主要形式的新业态，精心打造生态农业观光游、长寿养生健康游等六大精品旅游线路，提高旅游品牌知名度，推广岔山村"古村+美食+电商+旅游"村播一条街运营模式。例如，将单一的农产品销售转化为"风景、文化、民俗"销售组合拳，以挖掘潇贺古道文化为切入点，创新探索"互联网+村落+美食+旅游"的发展模式；对富川岔山村的潇贺古道文化、古村落、生态资源，以及岔山当地的瑶族特色饮食、特色民宿进行了整合，主打新型休闲乡村旅游，依托"村播+"模式，岔山村年接待游客80万人次，打响了"潇贺古道入桂第一村"网红乡村旅游品牌。同时，富川县还建立了旅游标识系统，搭建智慧旅游综合服务平台，依托互联网大数据、视频直播，宣传富川美景和美食，并积极培育"春芋夏梨秋薯冬橙"系列电商产品；依靠本土网红主播，探索"村播+"电商营销体系，重构"互联网+农业+旅游+文化"的融合发展模式。

五、福建省龙岩市上杭县"互联网+政务服务"典型案例

龙岩市上杭县先后被列为国家级、省级数字乡村试点县。上杭县依托省、市平台资源，深化"互联网+政务服务"平台，以"为民、便民、惠民"为立足点和出发点，围绕"为什么建、怎么建、谁来建、建成什么样"的工作思路，构建县、乡、村三级数

字化治理体系，为推进乡村振兴注入新动能、增添新活力，走出了一条特色"数字乡村建设的上杭之路"。

在数据共享方面，上杭县以政务数据的汇聚、整合、共享、应用需求为导向，充分运用云计算、大数据等技术，依托省、市数据资源平台的成果和机制，建设上杭县政务数据汇聚资源中心。采用软件接口访问、前置系统抽取、Excel 文件上传、FTP 上传、人工录入等多种访问方法，实现了数据的融合。当前，全平台共汇聚 39 个部门，包含医疗、社保、公积金、教育、农业等 448 项政务服务，约 1 亿条数据，生成电子证照约 64 万条。上杭县与福建省公共数据汇聚共享平台、龙岩市政务数据汇聚共享平台对接，利用平台进行数据的共享和交换，降低了各系统用户之间的重复输入，实现了省、市、县数据的共享及应用。当前，数据共享交换平台为"杭好办""一品一码"大数据平台、全县中小学网上报名、不动产全程网办登记系统、健康证等业务系统提供了数据共享和接口调用共 4 744 万次。

在行政服务方面，上杭县深化"放管服"改革，推行"互联网+政务服务"模式，开发了"杭好办"小程序并入驻闽政通 App 政务服务平台，强化便民应用的聚合，打造高效社会治理、网上政务服务的基础数据平台，构建政务服务应用"统一入口"。"杭好办"小程序以建设"权威信息公开平台、便捷网上办事窗口、有效政民沟通桥梁"为目标，推出资讯、服务和互动三大功能，通过外链或应用接口整合网上办事、公积金、医社保、民情办理、有事找代表、挂号预约、智慧停车等 60 余项政务服务。

在社会治理方面，推广"互联网+基层党建+乡村治理"数字治理模式，推动党务、村务、社会治理数字化。整合 12345、随手拍、有事找代表、政企直通车、在线访谈、民情反映等省、市、县多项互动应用。依托"杭好办"政务服务平台建立县、乡镇（部门）、村（社区）三级上下衔接、纵横畅通的"立交桥"式民情反映机制，建设通用任务、自定义表单、工作流等基础模块，实现民情受理、交办、督办等网上全流程办理，做到件件有落实。当前，共收集 1 338 件各类民情信息，其中 836 件村级（现场）解决，146 件本乡镇（单位）处理，356 件转县级处理，1 326 件已办结反馈，办结反馈率 99%，群众评价满意率 95%。

六、贵州省贵阳市息烽县"四个一"典型案例

贵阳市息烽县按照"基础建设、资源整合、数字赋能、示范带动、便民惠民"的要求，以高质量和高标准编制了数字乡村的总体发展规划，统筹数字乡村建设、"区块链+数字乡村"场景运用、农村宅基地制度改革等试点工作，探索出工作机制联动化、建设模式多元化、平台建设集约化、产业升级数字化、服务治理精细化"五化"工作模式。息烽县数字乡村试点工作取得阶段性成果，已形成"四个一"的典型案例，探索了可借鉴可推广的"息烽模式"。

在平台建设数字化方面，形成主题数据库"一基座"。主题数据库作为数字乡村建

设的"基座",是息烽县解决数据割裂、弥合城乡数据"鸿沟"、实现县域数据"聚通用"的重要成果。息烽县在"肉鸡产业主题库""教育主题库""基层治理主题库"3个方面进行了深入探索,建立了一个数据整合平台,并将数据共享的门户对外开放,助推乡村振兴。

在数字运用场景化方面,形成农产品溯源"一张图"。农产品溯源是息烽区块链试点的重要内容之一。通过对产品信息进行区块链存证,溯源生产、加工、制作、销售各环节,实现消费者可溯源、监管部门可监督、生产企业可追溯的目标。息烽县围绕"产业数字化、数字产业化",立足"3+2+N"农业产业布局,通过数字赋能特色产业发展,开发多个数字化场景,提升肉鸡、猕猴桃等产业链,推动园区管理、产品质量、品牌塑造等提档升级,促进农村电商、智慧农业、智慧旅游等新业态发展。以肉鸡为例,对肉鸡进行区块链存证以后,消费者只需扫描溯源码,就能了解肉鸡养殖环境、生长状况、疫苗接种、出栏销售、加工制作等全过程,一目了然,既让消费者放心消费,又保护了知识产权。2020—2022年,全县农业经营主体由403个增加到2 780个,带动农村就业21 040人,农村人均可支配收入达2万元。

在数字赋能新业态方面,形成动物防疫"一张网"。息烽县以省级动物防疫模式改革创新试点县为契机,采取"财政投入+社会投资"方式,构建拥有自主知识产权的畜牧业大数据平台("防控管家"),以移动终端为载体,通过平台实时收集数据,整合动物免疫、产地检疫、保险、免疫调查、流行病学调查等信息,在线分级审核评估有关数据,实现疫情全过程的动态监控和管理。通过"防控管家"平台,借助第三方服务力量,实现用人管理方式、管理机制"两个转变"以及数据精准度、免疫到位率、管理科学水平"三个提高",构建起了动物防疫社会化服务管理"一张网"。当前,"防疫管家"已覆盖省内外35个县601个乡镇5 000余个行政村的70余万户农户。

在乡村治理精准化方面,形成农村宅基地信息管理"一条链"。息烽县按照"政府主导、市场主投、村级主体、群众主角"的原则,优先在全市建成县级宅基地信息管理系统,实现农村宅基地数字化管理。将其与农村产权综合服务平台有机融合,建设了以智慧村集体"三资"系统为终端,前端连接宅基地管理信息系统、农村土地承包管理信息系统等,后端连接农村产权交易系统,建立县、镇、村线上服务体系。农户及经营主体通过手机、电脑等终端网上申请交易,村、镇、县网上审核;受让主体网上报名、交易,网上鉴证、签约,打造网上交易"一条链"。通过宅基地信息管理系统,全县闲置宅基地及农房使用权累计交易挂牌1 202宗,完成交易598宗,交易额2 893.56万元。

七、四川省成都市大邑县"数字赋能文旅产业"典型案例

成都市大邑县立足旅游发展基底、数字化建设水平,落实高质量发展要求,着力加快旅游数字化发展,不断提升信息化管理水平,积极探索智慧文旅产业、智慧文旅监

管、智慧文旅服务、智慧文旅营销等新模式，不断催生大邑旅游发展内生动力，创建安仁古镇 5A 级旅游景区、南方首个国家滑雪旅游度假地，探索形成数字乡村建设的"大邑模式"。

在推动数字文旅发展方面，挖掘乡村旅游经济新增长点。一是实施"数字+博物馆"建设工程。大邑县坚持探索数字经济发展新业态，引入中华文促会、北京视袭、北京沃天等头部企业，建成安仁华侨城创意文化园、四川影视文创城、康佳之星安仁创新中心等智慧文旅载体平台。对标国际国内具有全球和全国影响力的博物馆，建成国家宝藏、安仁数字景区展示等项目，2023 年 1—10 月，安仁古镇共接待游客 583.5 万人次，实现门票收入 3 661.11 万元，成功创建 5A 级旅游景区。二是实施"数字+雪山"建设工程。西岭雪山是中国南方唯一的国家滑雪旅游度假地。以国际视野对标先发区域方式方法，整合雪山旅游、温泉疗养等产品，通过虚拟现实技术（VR）技术拍摄制作雪山、林盘、古镇的 720°全景画面，开通云游西岭直播，实现游客沉浸式的"云游"体验。三是实施"数字+川西林盘"建设工程。累计建成南岸美村、稻乡渔歌等精品林盘 118 个，14 家入选成都旅游民宿 60 强。2023 年 1—10 月，全县共接待乡村旅游游客 727.99 万余人，实现乡村旅游收入超 36.31 亿元。

在推动数字文旅治理方面，探索旅游治理新模式。一是强化智慧旅游市场监管。有效整合全县数字城管、数字农业等视频监控系统，新建增强现实技术（AR）全景、客流统计、求助广播、信息发布等 11 个系统，整合 5 468 条旅游基础资源信息，搭建智慧监管平台，有效提升大邑旅游突发公共事件应急处置能力。二是创新旅游投诉与舆情处理机制。通过整合微信、微博等 9 类信源进行挖掘统计分析，输出舆情风险指数、情绪占比、热议话题等内容，实时监测全县文旅舆情趋势。畅通求助与举报受理办理渠道，通过座机电话接听、微信公众平台等途径建立全天候游客在线服务体系，2023 年 1—10 月共受理旅游信息咨询 987 起，游客满意度达 99.9%。三是实施旅游市场精准营销。对游客来源地、性别比例、消费喜好、职业和收入水平进行精准画像分析，精准识别重庆、广东、陕西等目标市场人群，通过微博、微信、抖音等新媒体平台推送自驾线路、旅游节庆、赛事活动等内容，开展精准化全域旅游营销，成功吸引省外客流 8 万余人次。

在推动数字文旅服务供给方面，着力优化旅游服务环境。一是开发全域大邑旅游电商平台。构建"吃、住、行、游、购、娱"等场景的数字化、智慧化服务矩阵，大大降低参与企业的引流成本，深化资源整合和文旅产品供给共建共赢体系建设。二是建成智游大邑官网。整合大邑景点、酒店、文化场所、停车场等城市资源，为游客提供景区文旅活动、导游导览、行程规划，以"图""导""游"实现线上线下有机融合，为市民提供精细化服务达 50 余项。三是开发智能语音导览系统。实现安仁古镇、西岭雪山等重点景区语音导览全覆盖，为游客提供方便、快捷、免费的语音导览服务，全面建成"一屏统观、一机全游"的智慧旅游体系。

八、江西省赣州市安远县"数商兴农四种模式"典型案例

赣州市安远县位于江西省南部,地处闽、粤、赣三省交会处,因境内有安远水而得名,是中国采茶戏艺术之乡、中国楹联之乡、中国客家小吃之乡。安远借助两次获批国家电子商务进农村综合示范县机会,抢抓直播电商风口,通过编织"四张网",以实施"数商兴农"工程为牵引,夯实"快递进村"和"互联网+"农产品出村进城工程,作为全面推进乡村振兴的重点工作,完善"人、货、场"直播电商产业链,推动农业产业电商化、农民网络化,促进数字经济与实体经济深度融合,成为全国首批数字乡村试点示范县。2023年1—10月,安远县网络零售额累计4.86亿元,同比增长76.55%,有力地促进了县域电商流通、便民消费升级和群众稳岗就业。

"数字+5G+农业应用"模式。安远县围绕种子种苗研发、种质资源保护、集约化种植养殖、农产品精深加工、生态循环农业、现代农业装备、智慧农业等领域,建设农业科技示范综合展示基地。不断完善农产品追溯和质量认证体系,加强建设农产品检测检疫中心,积极推广应用国家农产品质量安全追溯管理信息平台,构建形成从田头到农产品物流全过程的二维码溯源链。例如脐橙产业的发展,安远县搭建赣南脐橙大数据中心,推动产业链数字化升级;同时,聚合数据应用,打造"智慧"果园,通过果园传感器、远程监测系统及智能化喷药、实现肥水一体化配套设备,使果园实现数字应用场景全覆盖,建成9个"互联网+"的智慧果园,5 000亩果园实现水肥一体化。

"智慧园区+智运快线+数字商城"三位一体发展模式。一是健全县、乡、村三级物流城乡物流网络节点体系,提高网络节点覆盖率,选择各级网络节点建设集约化智慧园区。二是构建基于近地低空索道和穿梭机器人的智运快线,发挥县、乡、村三级城乡物流网络节点间即时运输,解决了农村物流配送"最后一公里"的痛点,构建了县域"1小时经济圈",畅通农产品和消费品双向流通,加快电商进农村,为数字乡村试点示范和乡村振兴建设提供了可复制、可推广的发展新模式。三是优化线下合作模式,建成县乡村三级电商合作社55个,实行"统一流转土地、统一供种、统一标准、统一品牌"四统一,优化"电商企业+电商合作社+电商产业基地+农户"合作发展模式,打造春瓜、夏桃、秋薯、冬橙4个生鲜拳头产品产业基地近百个,让传统农产品插上电商翅膀飞出大山。

"数字+订单农业"模式。安远县引导农业经营主体利用互联网技术发展订单农业,利用"农户+龙头企业""农户+基地+公司""农户+合作社+公司""农户+专业批发市场"等多元化的方式,促成农户与企业、合作社以及大市场的对接,企业和种养大户根据订单客户的需求进行生产,先定市场再抓生产,着力解决销路难题。当前,全县共有国家级农业龙头企业1家,省级农业龙头企业7家,市级农业龙头企业9家,共发展智慧育苗大棚564亩,生态智慧果园基地115个,数字化加工生产线59条。同时,与30多家主流电商平台企业建立战略合作关系,实现包销农产品49 145吨,销售额达

3.29 亿元。

"运营商+服务商+电商平台+实体终端"运营模式。安远县建设村级益农信息社，以"有场所、有人员、有设备、有农技服务、有产品溯源、有持续运营能力"的"六有"为建设标准，采取开展"卖、买、推、缴、代、取"6 项服务。重点将农业信息、技术培训与公益服务、便民服务相结合，以农产品上行为中心，使小规模生产的农户和大市场进行有效对接。开发电商小程序"安远智运商城"，引导农民在网上购物平台销售自己的农产品，促进供求之间的有效联系。鼓励企业和个人学习、应用直播电商，发展"线上流量+实体消费""直播带货""商户直播"等新型经营方式，促进商业主体打破传统的销售方式，向数字化、网络化、智能化、服务化方向发展。

九、湖南省湘西自治州花垣县"网格化数字治理"典型案例

湘西自治州花垣县位于湖南省西部，地处武陵山腹地，湘、黔、渝交界处。习近平总书记于 2013 年 11 月在花垣县十八洞村，首次提出了"精准扶贫"的重要思想，并对其进行了全面系统的阐述。作为全国精准扶贫首倡地，花垣县全面落实中央、省、州关于社会治理创新工作的决策部署，深入贯彻"以深入推进网格全科治理为抓手，以全面建设网格数字信息平台为载体"网格化管理模式，不断完善构建形成"党委领导、政府负责、民主协商、社会协同、公众参与、法治保障、科技支撑"的社会治理体系，促进基层社会治理的社会化、法治化、智能化、专业化水平。

在数字平台建设方面，花垣县累计投资 2 000 多万元，建立了 1 个网格数字信息化综合指挥平台，建立了党建、综合治理、禁毒、司法等部门二级平台 12 个，村（社区）网格工作站 230 个，配备了电脑、手机等终端设备 1 300 余台（套），完成全县各乡镇、村（社区）200 余条专线宽带网络架设。在 118 个事业单位设立网格信息化工作机构，横向整合了平安综合治理、城市执法、自然资源、应急管理、市政建设等 39 个部门职能，建立了涵盖基层党建、平安综合治理、矛盾纠纷、禁毒、民爆物品、文化执法、残疾人服务等多个行业领域的子系统 22 个，积极对接准入了党建扶贫、环境治理、城市管理、治安维稳、纠纷调处等职能工作以及"e 路通办事不出村"、政务服务"放管服"等社会管理民生服务事项，完成全县 12 个乡镇 228 个村（社区）在"互联网+政务服务"一体化平台事项配置，推出 43 项便民服务清单，实现县、乡镇、村（社区）政务服务事项"一网通办"和"一门式"办理。

在电子政务服务方面，花垣县发挥平台信息化优势，健全完善社情民意信息受理和发布机制，对 12345 热线、政府门户网站等官方媒体以及新媒体所反映的热点、难点问题进行定期的梳理，及时督促相关部门处置，并复函反馈处理结果，搭建了政府与社会公众交流沟通的桥梁。建立网格微信群、网格 QQ 群、"花垣网格"微信公众号等线上阵地 600 余个，累计开展疫苗接种、"两违"（违法占地、违法建设）整治、文明创建等线上宣传达 50 余万人次，发布公告、通知等 3 万余期，推送各类信息 48 000 余条，

形成了强大宣传和舆论氛围。

在数字化治理方面，采取"政府+企业+用户"的建设模式，积极推动"平安网格"乡村视频监控系统建设，由县委政法委、县网格化指挥中心、公安局三方牵头，由电信、移动、联通三家通信商负责免费搭建平台和后台维护，在城乡各村居（社区）主要道路进出路口、通自然寨（组）路交叉口以及村部、学校等重点区域附近的居民用户安装视频摄像头，并在乡镇网格化分中心、乡镇派出所、村（社区）网格工作站分别搭建平台。截至2023年，全县城乡已建成"平安网格"视频监控摄像头9 022个，其中，电信用户5 153个，移动用户2 903个，联通用户966个，基本完成城乡全覆盖。进一步整合网格化和运营商信息资源，搭建以网格化管理为抓手、以现代信息技术为支撑的"平安网格哨"综合应急管控系统、"数字乡村"智慧大屏和"智慧社区"网络电视，安装推广"平安网格"哨点以及智慧路灯等前端感知系统，将视频监控、可视化应急调度指挥云喇叭、疫情防控平台、智慧党建、美丽乡村、特色产业、基层综合治理等模块功能集中整合到"数字乡村智慧大屏"平台，并在乡镇政府、景区管委会、派出所设立管理后台，通过电子监控、远程喊话、实时报警等技术手段，24小时受理报警预警，有力提升了基层治理数字信息化。

参考文献

陈文丽，2024. 建设数字乡村激发乡村振兴"数智力量"［N］. 中国商报，2024-03-26（002）.
党博文，韩莉君，2023. 走进数字乡村［N］. 通信产业报，2023-03-20（016）.
高一，2021. 澄迈：独辟硒径富农桑［N］. 海南日报，2021-12-16（A09）.
侯媛媛，金丹，赵松林，等，2022. 热区乡村振兴研究（2021）［M］. 北京：中国农业科学技术出版社.
华彦玲，母宇婷，2024. 数字乡村研究热点探析与趋势展望［J］. 江苏农业科学，52（1）：28-34.
刘家琦，2022. 基于文本量化分析的我国数字乡村建设政策研究［D］. 北京：中央财经大学.
农业农村部，2022. 农业农村部关于印发《"十四五"全国农业农村信息化发展规划》的通知［EB/OL］.（2022-06-07）［2024-08-20］. http://www.moa.gov.cn/nybgb/2022/202204/202206/t20220607_6401745.htm.
农业农村部市场与信息化司，2022. 发展智慧农业、建设数字乡村以信息化引领驱动农业农村现代化——农业农村部市场与信息化司负责人就《"十四五"全国农业农村信息化发展规划》答记者问［J］. 农业工程技术，42（9）：16-17.
彭民生，2022. 走出一条产业高质量发展新路［N］. 赣南日报，2022-08-07

（003）.

苏锦旗，潘婷，董长宏，2023. 中国农业数字化发展及区域差异评价［J］. 西北农林科技大学学报（社会科学版），23（4）：135-144.

徐旭初，2024. 数字乡村建设发展：现状、模式与对策［J］. 新疆农垦经济（2）：1-7.

徐雅坤，2022. 移动新媒体助力数字乡村建设的实践研究［D］. 杭州：浙江理工大学.

佚名，2024. 中央网信办、农业农村部有关负责同志就《数字乡村建设指南2.0》答记者问［J］. 江苏农村经济（6）：4-5.

曾亿武，宋逸香，林夏珍，等，2021. 中国数字乡村建设若干问题刍议［J］. 中国农村经济（4）：21-35.

张晓岚，2023. 数字经济助力乡村振兴的核心问题及对策建议［J］. 西南金融（6）：95-106.

中共中央，国务院，2018. 中共中央　国务院关于实施乡村振兴战略的意见［EB/OL］.（2018-02-04）［2024-08-20］. https：//www.gov.cn/zhengce/2018-02/04/content_5263807.htm.

中共中央，国务院，2019. 中共中央　国务院关于坚持农业农村优先发展做好"三农"工作的若干意见［EB/OL］.（2019-02-19）［2024-08-20］. https：//www.gov.cn/zhengce/2019-02/19/content_5366917.htm.

中共中央，国务院，2020. 中共中央　国务院关于抓好"三农"领域重点工作确保如期实现全面小康的意见［EB/OL］.（2020-01-02）［2024-08-20］. https：//www.gov.cn/gongbao/content/2020/content_5480477.htm.

中共中央，国务院，2021. 中共中央　国务院关于学习运用"千村示范、万村整治"工程经验有力有效推进乡村全面振兴的意见［EB/OL］.（2024-01-01）［2024-08-20］. https：//www.gov.cn/gongbao/2024/issue_11186/202402/content_6934551.html.

中共中央，国务院，2021. 中共中央　国务院关于全面推进乡村振兴加快农业农村现代化的意见［EB/OL］.（2021-01-04）［2024-08-20］. https：//www.gov.cn/gongbao/content/2021/content_5591401.htm.

中共中央，国务院，2021. 中共中央　国务院关于做好二〇二二年全面推进乡村振兴重点工作的意见［EB/OL］.（2022-01-04）［2024-08-20］. https：//www.gov.cn/gongbao/content/2022/content_5678065.htm.

中共中央，国务院，2021. 中共中央　国务院关于做好二〇二三年全面推进乡村振兴重点工作的意见［EB/OL］.（2023-01-02）［2024-08-20］. https：//www.gov.cn/gongbao/content/2023/content_5743582.htm.

中共中央办公厅，国务院，2021. 中共中央办公厅　国务院办公厅印发《数字乡村发展战略纲要》［EB/OL］.（2024-01-01）［2024-08-20］.https：//www.gov.cn/zhengce/2019-05/16/content_5392269.htm.

中央网络安全和信息化委员会办公室，中华人民共和国国家互联网信息办公室，2020.中央网信办等七部门联合印发《关于开展国家数字乡村试点工作的通知》［EB/OL］.（2020-07-18）［2024-08-20］.https：//www.cac.gov.cn/2020-07/17/c_1596539938841028.htm.

中央网络安全和信息化委员会办公室，中华人民共和国国家互联网信息办公室，2020.国家数字乡村试点地区名单公布［EB/OL］.（2020-10-23）［2024-08-20］.https：//www.cac.gov.cn/2020-10/23/c_1605022250461079.htm.

中央网络安全和信息化委员会办公室，中华人民共和国国家互联网信息办公室，2021.数字乡村建设指南1.0［EB/OL］.（2021-09-03）［2024-08-20］.https：//www.cac.gov.cn/2021-09/03/c_1632256398120331.htm.

中央网络安全和信息化委员会办公室，中华人民共和国国家互联网信息办公室，2022.2022年数字乡村发展工作要点［EB/OL］.（2022-04-20）［2024-08-20］.https：//www.cac.gov.cn/2022-04/20/c_1652064650228287.htm.

中央网络安全和信息化委员会办公室，中华人民共和国国家互联网信息办公室，2022.数字乡村发展行动计划（2022—2025年）［EB/OL］.（2022-01-26）［2024-08-20］.https：//www.cac.gov.cn/2022-01/25/c_1644713315749608.htm.

中央网络安全和信息化委员会办公室，中华人民共和国国家互联网信息办公室，2023.中国数字乡村发展报告（2022年）［EB/OL］.（2023-03-01）［2024-08-20］.https：//www.cac.gov.cn/2023-03/01/c_1679309718486615.htm.

中央网络安全和信息化委员会办公室，中华人民共和国国家互联网信息办公室，2024.2023年数字乡村发展工作要点［EB/OL］.（2024-03-13）［2024-08-20］.https：//www.cac.gov.cn/2023-04/13/c_1683027266610431.htm.

中央网络安全和信息化委员会办公室，中华人民共和国国家互联网信息办公室，2024.2024年数字乡村发展工作要点［EB/OL］.（2024-05-15）［2024-08-20］.https：//www.cac.gov.cn/2024-05/15/c_1717449026412502.htm.

中央网络安全和信息化委员会办公室，中华人民共和国国家互联网信息办公室，2024.数字乡村建设指南2.0［EB/OL］.（2024-05-16）［2024-08-20］.https：//www.cac.gov.cn/2024-05/15/c_1717449042791246.htm.

中央网络安全和信息化委员会办公室，中华人民共和国国家互联网信息办公室，2024.中央网信办等11部门联合印发《关于开展第二批国家数字乡村试点工作的通知》［EB/OL］.（2024-03-13）［2024-08-20］.https：//www.cac.gov.cn/2024-03/13/c_1712001832377660.htm.

中央网络安全和信息化委员会办公室，中华人民共和国国家互联网信息办公室，

2024. 中央网信办等十一部门联合公布第二批国家数字乡村试点地区名单 [EB/OL].（2024-07-25）[2024-08-20]. https：//www.cac.gov.cn/2024-07/25/c_1723590088545355.htm.

周岩，2024. 六部门联合印发《数字乡村建设指南 2.0》[N]. 中国食品报，2024-05-21（002）.

第三章 宜业:产业发展数智化

第一节 产业发展数智化的内涵

一、热带农业科技发展

(一) 基本概念

热带农业是指依托热带地区特有的自然、气候资源,利用动物、植物和微生物生长发育规律,通过人工培育来获得产品的产业,是国家农业的重要组成部分。包括热带作物种植业、热带林业、热带畜牧业、热带渔业,以及其他附带经营的生产事业等。本研究主要围绕热带作物种植业为研究对象。

农业科技自立自强是实现农业强国、科技强国的必由之路。当前,我国农业科技创新整体迈入了世界第一方阵,热带农业科技创新是培育热带农业新质生产力的重中之重,发展热带农业新质生产力,最本质属性就是发展高科技热带农业系统生产力(包括经济生产力、生态生产力、社会生产力),发展热带农业新质生产力的根本出路在于高水平、高质量的热带农业科技创新。在热带农业领域,科技创新关键核心技术是要不来、买不来、讨不来的。要以产业急需为导向,奔着最关键、最紧迫的问题去,集聚优势力量开展原创性及引领性的科技攻关,解卡点、补短板,彻底摆脱关键核心技术受制于人、产业发展竞争力不强的被动局面,以高水平科技创新塑造热带农业高质量发展新动能新优势。

(二) 发展概述

热带作物是人类农业起源与农业文明传播重要载体,是世界农业的重要组成部分,对促进全球农业发展、保障粮食安全、增加农民收入、改善人民生活水平等具有重要意义。热区是我国热作生产的重要区域,热作产业已成为我国热区1.3亿农业人口的主要经济来源。热带作物属于资源约束型农产品,在保障国家安全和国民经济发展中具有鲜明的战略性和不可替代性。例如,香蕉、木薯、面包果、菠萝蜜、椰枣等热带作物是广大热带地区的重要粮食作物;天然橡胶作为国家重要的战略物资和工业原料,广泛应用在国防、交通、医疗、重型制造业等领域；椰子、油棕、油茶等热带木本油料作物是食用油的重要组成部分；木薯作为"淀粉之王"，广泛应用于食品、化工、医药和纺织等领域，也是我国生物质能源产业发展的重要资源；剑麻是国防舰艇、渔捞航海、石油工矿等领域专用绳索的核心原料。

热带主要农作物包括水稻、番薯、大豆、花生、芝麻、甘蔗、茶叶、菠萝、荔枝、柑橘橙柚、香蕉、龙眼、杧果、椒类、豇豆、菜豆、茄子、冬瓜、黄瓜、西瓜、香瓜（甜瓜）、哈密瓜等，主要热带经济作物有天然橡胶、椰子、咖啡、槟榔、腰果、剑麻、胡椒、南药等。热带作物研究对象目前已从重要工业原料天然橡胶，发展到粮食安全相关的粮食作物木薯、油料作物棕榈、糖料作物甘蔗，以及热带水果和纤维作物剑麻等多种热带作物。FAO统计的21类主要热带作物及各国（地区）数据显示，中国的荔枝、龙眼、槟榔、香蕉、葡萄柚、柠檬及酸橙、杧果、番石榴、剑麻、胡椒、菠萝、橡胶、甘蔗、香草兰14种作物及小宗热带鲜果收获面积、产量均位列世界前十位。热带作物科技创新发展的道路上，仍需要不断探索、创新。未来，需要继续加强科研投入，推动产学研深度融合，为热带作物产业的可持续发展注入更多的动力。

1. 天然橡胶科技发展

天然橡胶作为国家重要战略物资，在工业、国防、交通、机械制造和医药卫生等领域用途广泛。我国天然橡胶种植总面积约1 709万亩，居世界第三位，主要分布在海南、云南、广东三大植胶区。当前中国已成为全球最大的天然橡胶消费国。我国天然橡胶产业的科技创新主要进展体现在：热带北缘大规模植胶成功，深化了抗风抗寒和抗旱技术，实现在北纬18°～24°大面积种植；实现种植材料良种化，已选育具有自主知识产权品种17个，引种面积达600多万亩；创立中国特色割胶技术，"管、养、割"结合，形成了具有我国特色的刺激割胶技术体系；解析了橡胶树产胶与排胶的奥秘；建立了天然橡胶产品加工体系。科技发展短板体现在：生产发展落后于需求增长，供给安全保障存在隐患；天然橡胶价格持续低迷，产业精准监管调控成效不够明显；产业依赖手工作业，机械化智能化程度低；产品一致性和稳定性较差，高性能胶依靠进口局面尚未扭转。主要创新方向：一是发展育种技术，推动品种选育；二是创新栽培模式，提升生产效率；三是深化生态研究，提升综合功能；四是突破智能机械技术，改变生产方式；五是提升产品性能，强化战略属性。技术前沿方向：种植园土壤微生物、生物量及碳储量研究，特异性相关基因的鉴定、表达与调控分析，生物炭、纳米材料等复合材料的制备技术研究，病害的病原检测、致病机理及防控技术研究等。

2. 甘蔗科技发展

甘蔗是世界第一大糖料作物和重要能源作物，糖料蔗约占世界食糖总产量的70%，甘蔗酒精（乙醇）占全球酒精总产量的40%，我国已成为食糖第三大生产国、第二大消费国和第一大进口国。我国甘蔗产业的科技创新主要进展体现在：甘蔗遗传育种方面，收集保存和评价了3 500份种质资源，培育了200多个杂交品种，生产上自育品种占70%；建立了合理的耕作和栽培模式，集成了病虫害防控技术，研发提出了适应不同规模的甘蔗全过程机械化模式，开展了甘蔗副产品综合利用。科技发展短板体现在：品种抗性不强，适宜机械化生产品种缺乏；水肥管理不合理；病虫害威胁较重；机械化生产和加工设备发展滞后；副产品综合利用率不高。主要创新方向：一是建立高效、集约的现代甘蔗生产体系，提高单位面积产量，促进甘蔗良种化、机械化、水利化和规模化协同发展；二是建立富有竞争力的食糖工业体系，推进精深加工发展，促进节能和清洁加工生产，深化制糖副产品综合利用。技术前沿方向：基于甘蔗副产物厌氧消化、暗发酵等技术的沼气、氢气制备工艺研究，甘蔗转录组测序技术研究，甘蔗木质素等副产物联产乙醇、乳酸等的技术与经济分析，甘蔗渣生物炭制备技术、结构特征及其吸附作用研究，高温胁迫下甘蔗的生理生化特征及耐热性品种选育研究，甘蔗病害病原的分子检测、流行机制及致病性研究，蔗汁品质特性及贮藏保鲜工艺研究，基于遥感、机器视觉等技术的甘蔗种植面积监测、生物量及产量估测技术研究等。

3. 香蕉科技发展

香蕉在130多个国家和地区广泛种植，是全球鲜果交易量最大的水果，也是全球近6亿人口的主食，被FAO定为发展中国家的第四大粮食作物，我国是香蕉的生产和消费大国，面积约8 000万亩，年产量约1 151万吨，位居世界第二，近年人均消费量增长率远高于世界水平。我国香蕉产业的科技创新主要进展体现在：选育了抵抗枯萎病的热粉1号、南天黄、宝岛蕉、中蕉系列、桂蕉9号等新品种；研发了香蕉枯萎病"五位一体"综合防控技术，研究了香蕉采后生理机制以及保鲜技术等。科技发展短板体现在：种质资源抗病性及改良创新还有待提升；贮藏保鲜及食品加工技术，以及功能成分提取测定及其生物活性、功能成分的营养保健作用等方面的研究还须加强。主要创新方向：一是加强育种技术创新，培育具有自主知识产权的优良品种；二是深化开展养分综合管理、高效栽培、产期调节、病虫害安全高效防控技术；三是研发配套农技农艺装备和信息化智能化技术；四是加快完善建立标准体系。技术前沿方向：香蕉特异性相关基因的鉴定、表达与分析，香蕉枯萎病的致病机理、抗病育种及综合防控技术研究，基于香蕉副产物的沼气、乙醇、氢气等生物燃料制备工艺研究，香蕉中功能成分的提取、测定及其生物活性研究，香蕉淀粉制备技术、品质特性及加工利用研究，香蕉皮等副产物生物炭制备技术及其吸附作用研究，香蕉高产高效栽培技术研究等。

4. 木薯科技发展

全球有100多个国家种植木薯，总产量的65%都用于人类食用，是全球第六大粮食作物。我国木薯收获面积393万亩，位列全球第十七位，年产量244万吨，位列全球第十五位，木薯大部分用于淀粉、变性淀粉以及乙醇等产品加工。我国木薯产业的科技创新主要进展体现在：完成了木薯全基因组测序，研制第二代简化重测序群体基因型分析技术，研究了木薯叶片次生代谢产物；加强资源收集与育种，国家木薯种质资源圃保存量达3 000多份，育成华南系列、桂热系列、桂木薯系列等高产、优质、抗采后生理腐烂的粮饲和加工木薯新品种54个；研发了丰产栽培技术体系，深化了加工工艺改进及副产品利用。科技发展短板体现在：转基因育种及植株再生技术等方向的研究还需加强，功能成分提取测定及其生物活性、功能成分的营养保健作用、种质资源抗病性及改良创新等方向的研究还有待提升。主要创新方向：一是构建资源表型组和基因型精准评价体系，发掘优良骨干亲本和关键基因，提升生物育种水平，选育突破性新品种；二是加强栽培、植物营养、病虫害、储藏等技术，提升产业机械化水平；三是研制保鲜技术，研发食品加工、功能成分和化工产品。技术前沿方向：木薯淀粉结构特征及品质特性研究，木薯改性淀粉研制及其品质特性研究，木薯渣等副产物的生物炭制备技术及其吸附作用研究，非生物胁迫对木薯生长机理的影响及耐逆性基因表达与分析，基于木薯淀粉的生物降解薄膜制备技术研究，副产物生物制氢、甲烷技术研究等。

5. 油棕科技发展

油棕是世界上单位面积产量最高的一种木本油料作物，远高于单位面积花生、大豆的产油量，全球有40多个国家种植，中国是棕榈油进口大国，目前只在海南、云南、广西等地有少量油棕种植。我国油棕产业的科技发展现状及趋势：一是选育适合我国的高产和抗寒新品种，在热油4号和热油6号的基础上，进一步选育早花早果、高产稳产、抗旱抗风等优良新品种；二是加强油棕种子种苗和组培苗繁育技术，以及绿色防控主要害虫技术；三是加强研发机械化采果机械，加强棕榈油精炼加工。技术前沿方向：油棕杂交育种及组织培养技术研究，油棕种植园生态环境与生物多样性研究，油棕病害的病原检测、致病机理及防控技术研究，土壤条件对油棕生长状况及产量的影响研究，副产物厌氧消化、暗发酵等技术的沼气、氢气制备工艺研究等。

(三) 发展趋势

1. 国家热带农业科学中心建设加快推进

以国家热带农业科学中心建设为载体，打造"全球热带农业科技引擎"，以科技创新平台建设为载体，以"作物+学科"学科研究体系建设为主线，进一步优化热带农业学科方向布局，发挥集中力量办大事的优势，对标国际顶尖学科研究标准，紧跟全球热带农业科技研究的前沿，从热带农业实际发展需求出发，加强对热带农业研究力量与科技资源投入的长期规划部署，打造国家热带农业科技创新高地和战略科技力量。增强研究力量和科技资源的投入及布局，在生物多样性、生物育种、生物安全与病虫草害绿色监控、营养健康与粮食安全、饲料产品开发及利用等方向增强研究力量并加强科技资源的投入及布局，适度超前部署高价值区、无人区、空白区等研究力量，建立学科布局合理、有序推进的热带农业科技创新体系，补齐弱势研究领域的短板，不断缩小与该领域高水平国家的差距。

2. 热带农业科技创新将更加现代化和国际化

全球热带农业发展迎来重大战略机遇期，资源节约型和环境友好型的集约化发展模式是热带农业重要发展方向,随着全产业链融合程度持续增强,热带农业国际化发展趋势将不断扩大,尤其是随着"一带一路"倡议和全球发展倡议的稳步推进,《区域全面经济伙伴关系协定》(RCEP)启动生效,热带农业科技现代化和国际化的发展趋势更加凸显,围绕热带农业新品种、新技术、新工艺、新模式,创新"卡脖子"技术,集成推广适应性广、实用性强的综合技术模式,实现全产业链各环节绿色高效发展。充分发挥国家级科研机构等国家战略科技力量组织化、建制化优势,联合政府、企业和社会力量等主体,构建多方参与、利益共享、协同高效的创新机制,统筹基础研究、技术研发、试验示范和应用推广各环节,构建梯次分明、分工协作的科技创新联合攻关体系,通过有组织科研,引导创新资源有效配置,加快实现高水平科技自立自强。

3. 热带农业科技发展呈现全链条和共性聚合态势

从科技创新角度来看,热带农业科技发展呈现全链条和共性聚合态势。全球热带农业科技创新重点研究方向分为种质资源与遗传育种、生长调控与田间管理、储藏加工与功能成分、副产品开发与综合利用4个主题领域,涵盖了热带农业的全链条,科技攻关上更加聚焦共性关键核心技术。种质资源与遗传育种方面,主要围绕育种技术与遗传多样性分析、种质资源抗病性及改良创新、种质资源抗逆性及改良创新、转基因育种及植株再生技术等研究方向。生长调控与田间管理方面,主要围绕生长机理及栽培技术、病虫草害防控技术、生态环境及生物多样性分析等研究方向。储藏加工与功能成分方面,主要围绕贮藏保鲜及食品加工技术、淀粉制备及其品质特性分析、功能成分提取测定及其生物活性、功能成分的营养保健作用等研究方向。副产品开发与综合利用方面,主要围绕生物燃料开发及利用、复合材料制备及利用、饲料产品开发及利用等研究方向。

4. 热带农业科技发展呈现多学科交叉和融合态势

从学科发展角度来看,热带农业科技发展呈现多学科交叉和融合态势。新一轮科技革命和产业变革突飞猛进,科学研究范式正在发生深刻变革,学科交叉融合不断发展,生物技术、信息技术、人工智能等加速渗透到热带农业的各领域。种业方面,全球种业创新进入"常规育种+生物技术+信息化"的育种"4.0时代",亟须加强种质资源保护利用、挖掘重要优异基因,突破高效生物育种关键核心技术,选育重大突破性新品种,保障国家粮食安全和重要农产品安全供给。绿色生产方面,亟须推进耕地质量提升、农业面源污染防治、生态循环农业建设,开展全球热带农业可持续发展理论及模式研究,突破热带农业生产过程中"农业生物—农业资源—农业环境—农业管理"系统交叉界面上的前沿科学问题和关键技术。农产品加工与营养健康方面,践行大食物观,突破农产品储藏与保鲜过程中品质变化生物学基础以及食品风味与营养、安全机制及调控机制,研发植物基食品和替代蛋白等未来食品,推动热带农产品加工多元化、营养化、健康化、高值化发展。农机装备方面,自动化、智能化是农机发展的必然趋势,构建符合不同作物的农机农艺融合模式,加强共性技术和关键装备攻关,研发工厂化育苗、精准种植、智能收获和初加工装备,以及适宜丘陵山地的小型通用农机,为现代热带农业高质量发展提供基础支撑。前沿与交叉学科方面，生物、信息、新材料、新能源等领域前沿技术交叉和重大颠覆性技术不断向热带农业领域渗透，与化学、信息学、能源、工程科学、应用数学等学科的交叉渗透，促进了大数据生物组学、农业生产系统要素间互作与调控研究的加速发展，引发未来热带农业的范式变革。

二、智慧热带农业发展

（一）基本概念

党的二十大作出了到 2035 年基本实现农业现代化的战略部署，智慧农业是新时代新征程加快农业现代化的关键。习近平总书记指出"没有信息化就没有现代化"，强调"以生物技术和信息技术为特征的新一轮农业科技革命正在孕育大的突破，各国都在抢占制高点。作为一个农业大国，我们绝不能落后""要用物联网、大数据等现代信息技术发展智慧农业""利用互联网新技术对传统产业进行全方位、全链条的改造，提高全要素生产率"。这些重要论述，阐明了发展智慧农业并引领农业现代化的重要性紧迫性，指出了智慧农业发展的目标方向和路径方法。

智慧农业是现代农业发展的最新阶段，其本质就是利用现代信息技术装备对农业进行全方位的改造升级，立足不同应用场景，叠加大数据、人工智能、物联网等智慧化技术手段，利用数据、模型、算力等进行精准调控、精准作业、精准管理，大幅提高劳动生产率、资源利用率、土地产出率。智慧农业具有宽领域、广渗透的特性，贯通生产、加工、流通、经营、管理、服务各领域，涵盖上游的研发创新、中游的软硬件生产、下游的技术应用等各环节，是一个全面、立体、融合的智能化产业体系。

我国数智农业起步较晚，条件基础仍较薄弱，尚处于探索发展和逐步加速的发展阶段，在数智农业相关技术和业务工作的概念界定、理论研究和技术应用等方面尚未完全成熟，相关的概念阐述如下。

农业数字化 是指利用信息技术和数字化手段，对农业生产、管理和决策等各个环节进行数字化处理和管理的农业模式，通过收集、传输、分析和应用农业数据，实现农业生产的科学化、精细化和智能化。

农业智慧化 是指基于物联网、人工智能、云计算等技术，将农业生产过程中的各个环节进行智能化改造和升级，实现农业生产的自动化、智能化和可持续发展。智慧化农业可以利用无人机和机器人等智能设备，自动完成农田的播种、施肥、喷药等作业，提高农业生产的自动化水平。同时，通过物联网技术，实现农业设备和农田的远程监控和管理，农民可以借助互联网通过手机或电脑随时随地掌握农田的情况，及时调整农业生产策略。

数智服务 通过互联网、物联网、人工智能等信息化和智能化技术手段，为农业产业各个环节和参与者提供全方位的数字化技术支持和服务。

农业机器人 是指面向农业场景，具有精准感知、自主决策、智能控制与自动执行能力的自主作业装备，其核心结构主要包括精准信息感知系统、决策控制系统、作业执行机构和自主移动平台4个部分，即"眼、脑、手、脚"。

数智赋能 即利用数字化、信息化、智能化等先进技术和手段，赋予传统产业和业务更高效、智能的能力，提升其创新能力、竞争力和可持续发展能力。

智能农机装备 是指通过设计和智能技术创新，具有人类（部分）智能硬件设备或软硬件集成系统，可全部或部分替代人或辅助人高效、简便、安全、可靠地完成特定复杂的农机作业目标任务，实现农业生产全过程的数字化感知、智能化决策、精准化作业和智慧化管理的现代化农机装备，具有人与机、机与物之间交互性特点。

数智农业 是以DT（Data Technology）技术为基础，将人工智能、物联网、机器人、云平台、基因编辑等信息技术应用于农业生产和管理决策全过程，以客户运营为核心，制定满足不同客户需求的个性化方案，是数字农业和智慧农业有机融合的高级全新农业生产经营方式。

智慧农业 是以信息和知识为核心要素，通过互联网、物联网、大数据、人工智能和智能装备等现代信息技术与农业跨界融合，实现农业生产全过程的信息感知、定量决策、智能控制、精准投入、个性化服务的全新农业生产方式，是农业信息化发展从数字化到网络化再到智能化的高级阶段。

（二）发展概述

党的二十届三中全会通过的《中共中央关于进一步全面深化改革　推进中国式现代化的决定》明确指出，要推进高水平科技自立自强，健全因地制宜发展新质生产力体制机制，完善推动新一代信息技术、人工智能等战略性产业发展政策和治理体系，支持企业用数智技术改造提升传统产业。面对新一轮的科技革命和产业变革形成历史性交会，要想抢占热带农业现代化发展制高点，必须下好培育竞争新优势的"先手棋"，坚持走高质量发展道路，以加快实现高水平科技自立自强为出发点，以数智技术赋能新质生产力推动热带农业产业向现代化、智慧化的方向转型升级。

1. 农业强国建设的重要突破口

随着中国农村劳动力"老龄化、女性化、副业化"的日益加重，"谁来种地"和"怎样种地"已成为中国农业和世界农业面临的共同难题。随着新一代信息技术向农业领域的逐步渗透，智慧农业在提高劳动生产率、土地产出率和资源利用率，降低农业生产成本以及助力农业绿色发展等方面的优越性不断显现，为破解中国"谁来种地""怎样种地"难题提供了全新思路，成为加快推动农业强国建设的重要突破口。数智化技术的应用将加速对传统农业各领域各环节全方位、全角度、全链条的数智化改造，提高农业全要素生产率，减少碳排放，增强农业经济韧性，释放数智技术对农村经济社会发展的放大、叠加、倍增作用，为农村经济社会高质量发展增添新动能。数智农业将成为乡村振兴的有效引擎和持续动力。

2. 科技引领产业转型升级的关键抓手

智慧农业工程科技的发展已成为国际现代化农业技术的发展前沿。目前我国已在智能育种、农业信息感知、农业大数据与人工智能（AI）、智能农机装备等领域取得了重大科技创新突破，在很多农业生产场景和环节已经得到了初步的应用，包括智慧农业生产技术与装备（农业航空精准施药技术、北斗精准导航与测控技术应用在播种上）、园艺作物生产、智慧果园生产、智慧养殖生产、农产品智慧物流、基于大数据的信息服务，充分体现出农业新质生产力"高科技、高效能、高质量、可持续"的内在特征，已成为推进农业新质生产力发展的重要内核与引擎。在实际的农业生产应用中，农业机器人与人工智能、大数据、云计算、物联网结合，构成了农业机器人应用系统，在大田与设施种植的施肥、植保、估产、嫁接、整枝、巡检、采摘、运输等环节，以及畜禽养殖的饲喂、巡检、消毒、挤奶等关键环节已经具有较为成熟落地的应用场景。

3. 新发展业态的重要支撑

农业数智化转型发展的基础是新基建，我国实施数字经济发展战略后，数字化基础设施建设快速完善，"十三五"以来，我国已建成全球规模最大的光纤和第四代移动通信网络（4G），第五代移动通信网络（5G）建设和应用进程不断加快，农业装备智能化能够有效解决农业劳动力短缺的问题。据农业农村部数据，2022年，全国植保无人机保有量达到16万架，作业面积达14亿亩次。带有北斗定位功能的智能化农机超过90万台，作业效率提高20%以上。全国大田种植信息化率已超过21.8%，其中，小麦、稻谷和玉米三大粮食作物分别达39.6%、37.7%和26.9%。

数字经济与农业的融合发展对于提升农业产业链的质量、推动农业产业振兴、促进共同富裕，以及构建城乡融合发展新格局具有至关重要的意义。高效育种、耕地保育、智慧农用装备等方面的投入提高了农业生产数智化技术和数智化装备的应用水平。农业装备数智化在农业生产过程中嵌入信息和数字资源，重组生产要素配置，实现生产过程人机协同，通过自主感知、自适应环境，削减农药和化肥的投入，修复和保护生态环境，维护农业多功能属性，提高农业生产效率，保障国家粮食安全。

4. 数智化发展短板亟待提升

数智化应用手段包括智能农机装备推广应用、智能农业管理系统建设、大数据应用于农产品溯源体系、智慧农业示范园建设、智能化农业研究和创新基地建设等。数智化在推动现代山地特色高效农业发展方面取得了显著的成效，也积累了丰富的经验，但仍处于发展初期，呈现规模较小、水平不高的特点。

生产效率是衡量现代化水平的关键，我国农业生产效率相对较低，农业劳动生产率仅为非农产业的25.3%。与发达国家相比，我国农机化整体发展水平相差10年以上，智能农机装备研发应用整体水平偏低，存在着高端智能农机装备与关键核心部件高度依赖进口、适用于小农生产与丘陵山区作业的小型智能农机具严重缺乏等问题。目前，农机无人作业的"耕、种、管、收"等环节中，均存在自主认知性弱、协同性差等问题。

我国农业机械化发展虽然成效显著，但仍存在农机信息化融合的区域及结构发展不平衡、企业和农民对农业机械信息化的认可度还不高、基础研究与关键技术研究薄弱、农机作业信息系统管理水平不高且缺乏统一标准等问题。当前我国农业科技园区面临着农业信息化基础薄弱、数智化农业装备落后、高素质农业生产管理人才缺乏、数智化服务管理机制不完善等突出问题。因此，有必要优化数字化要素配置，改良智慧设施装备、创新数智服务方式。

现阶段我国农业数智化程度不高，存在生产管理模式落后、技术对外依赖度高、农业数据覆盖面不广、数据共享机制不健全、资金投入主体单一、科研体系不完善、农民整体素质偏低、高端复合人才缺失等问题。我国数智技术赋能乡村振兴的有益启示包括：推进基础设施建设，提高农业科技水平；政府牵头统筹规划，鼓励多元主体参与；建立农业数据平台，促进共享保障安全；完善农业科研体系，加快科技成果转化；培养高端农业人才，提升农民整体素质。

（三）发展趋势

随着信息技术的迅猛发展，农业数字化、智慧化转型正在加速，5G、人工智能、大数据等新一代数字科技与农业的深度融合，世界农业正在经历新一轮产业革命——农业数字革命，我国农业向以数据、信息为生产要素，以互联网、物联网、大数据、云计算、区块链、人工智能和智能装备应用为特征的智慧农业迈进，以数字化、智能化、绿色化为特征的智慧农业将成为未来农业发展的主要方向。

党的二十大对全面推进乡村振兴、加快建设农业强国、建设现代化产业体系作出战略部署，这为落实做好新时期"三农"工作和推进数字乡村指明了发展方向，应进一步聚焦发展农业产业智能化、生态化、绿色化。当前农业生产已经从传统农业1.0阶段发展到以信息技术为代表的现代农业4.0阶段，随着云计算、物联网、大数据、智能化等为代表的信息科技在传统农业上的应用，使农业生产的精准控制、远程监管比传统农业更富有智能性。

1. 从产业发展的角度来看

（1）热带农业生产智慧化加速布局

围绕主要热带作物，推进智慧农业技术创新集成并深度融入"五良"系统（良田、良种、良法、良机、良制）的关键环节，加快推进农机农艺配套的植保无人机以及水肥药精准施用、农机智能作业等重要智能终端和装备的应用，提升精准种植和数智管理水平；针对热区生产环境特点，推进设施种植的智能化升级改造，创新研发配置智能化的设施设备；利用遥感、物联网和人工智能等技术，加强热带农业灾情虫情、作物长势、土壤墒情、耕地资源的智能动态监测预警处置。围绕热区特色畜禽养殖和热带渔业，推进智慧化精准投料饲喂效率和疫情精准测报水平提升，加强产能精准稳定调控和安全生产监管，建设智慧饲养工厂、"蓝色粮仓"，智慧赋能养殖绿色转型。

（2）热带农业全产业链数字化转型进程加快

促进热带农业全产业链数字化转型，推进农产品可溯化，加强质量安全管控全程智慧化管理；加强重要农产品和主要热带作物全产业链监测预警体系，不断深化完善农产品线上销售体系建设，补短强弱提升农村端、物流端、渠道端、市场端等关键环节；巩固加强农产品市场价格监测、分析、调度和发布工作，形成产销精准对接和互动反馈的良性机制；加快推进"智慧+"农业社会化服务，提升面向现代农业生产服务体系的智慧化水平，加快建设农业农村用地"一张图"、农事服务"一张网"、农业数据资产"一张表"。

（3）关键技术装备集成创新成为关键抓手

加强关键技术装备集成创新，加快突破智慧热带农业在关键技术、核心零部件、成套智能装备等重点领域瓶颈。加强智慧农机装备及自动作业、精准作业和农机智能运维管理等关键装备技术研发；加强农业生产环境和动植物生理体征专用传感器、专用芯片和元器件研制，攻克植物表型及高通量信息获取与智能解析、环境实时动态监测调控等关键技术；加快农业人工智能研发应用，积极推进具备智能决策功能的新一代农用无人机、普适型机器人及专用机器人，加强人工智能基础算法、大数据挖掘与分析核心算法的研究，攻克"天空地"农情遥感监测、多源信息融合、物联网感知与信息获取、机器视觉、位置感知、运动控制、定量决策、智能控制等关键技术。超前布局前沿技术、颠覆性技术，加强新一代人工智能、智能计算、大模型智能服务、虚拟现实深度融合等新技术基础研发和前沿布局。聚焦热区及热带农业生产、优势特色产业发展的需求，支持科研机构与制造企业、种植养殖企业联合研发和优化改进农机农艺，促进在应用中持续优化迭代、适应适配智慧农业技术。

（4）典型应用场景形成示范效应

推进典型应用场景应用示范，在热区因地制宜建设一批智慧农业引领区，推进智慧农业产品技术中试基地和技术交互平台建设，加快推进在农业现代化示范区、现代农业产业园、优势特色产业集群、农业产业强镇等平台上率先推进数字技术与现代农业深度融合，稳步探索建设一批高水平的智慧农场、智慧牧场、智慧渔场，形成具有热区特点的区域性整体性解决方案，建成一批智慧农业先行样板。

（5）提升农业社会化服务信息化水平

加强数字化赋能农业社会化服务，以企业为创新主体、市场为应用导向，加快推动科技创新成果转化。建立农业社会化服务信息平台，促进服务供需有效衔接，鼓励社会化服务组织提供各类信息技术服务，加快培育一批掌握核心技术、创新能力突出、市场竞争力强、带动作用显著的农业农村信息化龙头企业和专业社会化服务机构，盘活闲置的农机服务资源，提升社会化服务力量，鼓励农业社会化服务主体积极创新服务模式和组织形式，充分利用现代信息技术和网络平台，提供多层次、多类型的专业化服务，逐步形成产业链条健全、专业协作机制完善的农业农村信息化产业集群和社会化技术服务体系。

2. 从科技创新与应用的角度来看

（1）大数据和人工智能技术

大数据和人工智能等新技术的应用能显著提高农业生产效率、优化资源配置、提升农产品质量和安全性，推动农业智能化发展，促进农业的可持续发展和农民收入的增加。数智化是对全产业链的数字化和智慧化改造，将大数据、人工智能等新技术引入农业生产的各个环节，有助于实现农业生产方式的全面转型。

（2）智能决策和智慧管理技术

数字化感知、智能化决策、精准化作业和智慧化管理是实现农业装备智能化的关键技术，农业解决方案从为农机操作员提供决策支持到无人驾驶农机的现场监管，最终发展到完全自主作业的无人农机。

（3）农业机器人技术

农业机器人是全球农业装备的战略制高点和竞争焦点，也是加快推动中国农业强国建设的重点方向之一，主要呈现五大发展趋势：一是自主作业路径规划与导航信息感知更加优化；二是自主学习与跨场景作业性能提升；三是基于数字孪生的农业机器人实时作业监控得到发展；四是面向全流程作业的农业机器人云端管控快速发展；五是农机农艺创新融合稳步推进。

（4）农业装备自动驾驶技术

农业装备自动驾驶技术主要包括环境感知、工况感知、决策规划、横向控制、纵向控制等关键技术，可以显著提升作业质量，提高作业效率，降低作业成本，减轻劳动强度，已成为智能农业装备发展的重要方向。

（5）智能农机装备

智能农机装备是转变农业发展方式、提高农业综合生产能力的重要基础，是加快建设农业强国的重要支撑。加快现代农机装备的研发与应用推广力度，促进农业机械化、智能化、高端化，不仅是实施"藏粮于地、藏粮于技"战略的关键支撑，更是加快建设农业强国、推进农业农村现代化的关键抓手。以绿色智能、节能减排、高度智能化、人机协同为核心特征的智能农机装备已逐渐成为农机装备发展的主流趋势。

（6）数字化赋能农业社会化服务

数字化赋能农业社会化服务作为数字化转型的重要手段之一，可以为农业生产、管理、销售等环节提供更加精准、高效、可持续的支持，在农业领域的应用将会越来越广泛，将为农业高质量发展注入新的动力。数字经济的崛起以及新兴技术的应用推动着供应链的变革，尤其是在农业领域中呈现出更为巨大的应用潜力，利用大数据指导农业生产、消费，已经取得了一系列成功实践，数智技术赋能已经成为农业供应链升级的重要趋势。

第二节 数智赋能热带农业转型升级

一、发展概述

(一) 大数据发展概述

数据是对现实世界中事物特征、属性或事件的表达和记录，它可以是定量或定性的，可以是数字、文字、图像、声音或其他形式的信息。人类通过观察、测量、记录信息，或者通过传感器、仪器和技术设备收集数据，这些数据可以是关于环境、生物、社会活动、经济等各个领域的信息。

数据如同过去农业时代的土地、工业时代的石油，已经成为当今信息时代的核心战略资源。正因如此，数据被列为与土地、劳动力、资本、技术同等重要的第五大生产要素。英国数学家、社会学家托马斯·科伦普认为，数据的本质是"人"，数据产生于人类社会的各种活动，其价值也在于服务人类社会，让生活变得更加美好。联合国贸易和发展会议秘书长蕾韦卡·格林斯潘在联合国科学和技术促进发展委员会第二十七届会议上提出："数据是前沿技术的土壤，未来它将成为对所有决策至关重要的关键经济资源。"数据要素具有获得的非竞争性、源头的非稀缺性、使用的非排他性、资源的非耗竭性、价值的非衡价性、对象的社会多元性。

1981年，爱尔文·托夫勒《第三次浪潮》中提出"大数据"这一概念，但并未给出一个明确的定义。研究机构Gartner将大数据定义为需要新处理模式才能具有更强决策力、洞察发现能力和流程优化能力的海量、高增长率和多样化信息资产，其特征为规模性（数据的规模非常大，可以达到PB级别）、多样性（数据类型多样，包括结构化、半结构化和非结构化数据）、实时性（数据的生成和处理速度非常快，需要及时处理以获得价值）、价值性（数据的价值密度可能较低，需要通过分析来提取有价值信息）及真实性。

大数据作为新一代信息技术的重要组成部分，具有海量性、实时性、多样性、价值密度低等特点。大数据技术在农业领域的应用，能够实现对农业生产、经营、管理等多个环节的精准监测和智能决策，提高农业生产效率，降低生产成本，保障粮食安全，促进农业可持续发展。大数据与农业的深度融合，搭建起农业数据平台和各类应用支撑平台，助力构建起数字乡村建设的数字底座，加快推动乡村振兴和农业现代化进程。

(二) 大数据发展政策引导

近年来，随着物联网、云计算、大数据、区块链等技术的快速发展，中国已进入大数据时代。数据作为一种重要的基础性战略资源，越来越受到中共中央和国务院、国家各部委及各地区的高度重视，并出台了相关的政策法规。2015年8月，国务院办公厅印发《促进大数据发展行动纲要》，全面推进中国大数据发展和应用；2016年1月，国家发展改革委印发了《关于组织实施促进大数据发展重大工程的通知》，强化数据资源在各领域应用，促进产业转型升级，培育发展新业态；2016年1月，工信部出台了《大数据产业发展规划（2016—2020年）》，全面提升我国大数据的资源掌控能力、技术支撑能力和价值挖掘能力；2018年4月，国务院办公厅印发《科学数据管理办法》，加强和规范科学数据管理，积极推进科学数据资源开发利用和开放共享，加强重要数据基础设施安全保护，依法确定数据安全等级和开放条件，建立数据共享和对外交流的安全审查机制，为政府决策、科学研究等提供有力支撑；2020年4月，中共中央、国务院发布《关于构建更加完善的要素市场化配置体制机制的意见》，将数据作为与土地、劳动力、资本、技术并列的生产要素，要求"加快培育数据要素市场"；2021年2月，农业农村部大数据发展中心成立，负责推进数据整合汇聚，构建农业农村大数据平台，强化数据分析挖掘，精准服务决策管理，建立开放共享机制，盘活农业农村数据资源等；2021年6月，第十三届全国人民代表大会常务委员会第二十九次会议通过《中华人民共和国数据安全法》，以规范数据处理活动，保障数据安全，促进数据开发利用；2022年12月，中共中央、国务院发布《关于构建数据基础制度更好发挥数据要素作用的意见》（简称"数据二十条"），指出数据作为新型生产要素，是数字化、网络化、智能化的基础，深刻改变着生产方式、生活方式和社会治理方式；2023年农业农村部出台了《关于推进农业农村大数据发展的实施意见》《农业农村大数据试点方案》等相关政策，提出充分发挥大数据在农业农村发展中的重要功能和巨大潜力，有力支撑和服务农业现代化发展；2023年10月，国家数据局正式挂牌，负责协调推进数据基础制度建设，统筹资源数据整合共享和开发利用，统筹推进数字中国、数字经济、数字社会规划建设等；2024年1月，国家数据局等17部门联合发布《"数据要素×"三年行动计划（2024—2026年）》，目的是发挥数据要素的放大、叠加、倍增作用，促进构建以数据为关键要素的数字经济。

热区各省（区）出台的有关大数据相关政策及文件，为热带数据资源建设提供了政策指引和方向。海南省印发《海南省大数据开发应用条例》《海南省大数据人才发展规划（2023—2025）》等，推动大数据的开发应用，加快海南省大数据人才发展；广东省印发《关于构建数据基础制度推进数据要素市场高质量发展的实施意见》《广东省大数据标准体系规划与路线图（2018—2020）》等，构建数据基础制度，推进数据要素市场高质量发展，激发数字经济新动能；广西壮族自治区印发《广西构建数据基础制度更好发挥数据要素作用总体工作方案》《广西壮族自治区大数据发展条例》《加快构建广西一体化大数据中心协同创新体系的实施方案》等，构建数据基础制度，激活数据要素潜能，做强做优做大数字经济，增强经济发展新动能；云南省印发《云南省"十四五"大数据中心发展规划》《关于重点行业和领域大数据开放开发工作的指导意见》等，推动数据资源的整合共享和开放开发，激发数据活力，释放数据动能，培育大数据产业；福建省实施《福建省大数据发展条例》《福建省促进大数据发展实施方案（2016—2020年）》等，加快发展大数据产业，推进信息化建设应用迈向大数据发展新阶段，进一步提升数字福建建设成效；贵州省印发《贵州省大数据标准化体系建设规划（2020—2022年）》等，加强贵州省大数据标准化顶层规划。

（三）数字农业发展政策引导

数字农业是农业现代化的高级阶段，是我国由农业大国迈向农业强国的必经之路。发展数字（智慧）农业是破解我国"三农"问题、实现乡村振兴的重要内容，是抢占现代农业国际制高点的迫切需要，也是乡村振兴战略的重要发展方向。当前，我国农业现代化建设进入新发展阶段，以习近平同志为核心的党中央高度重视数字农业创新，先后出台了《国家信息化发展战略纲要》《中共中央、国务院关于实施乡村振兴战略的意见》《数字乡村发展行动计划（2022—2025年）》《"十四五"全国种植业发展规划》《数字农业农村发展规划（2019—2025年）》等一系列政策，充分鼓励和支持我国数字农业发展。

《"十四五"全国种植业发展规划》提出，要加快种植业全面转型升级，深入推进种植业供给侧结构性改革，提升种植业数字化管理水平，持续优化产业价值链结构；《数字农业农村发展规划（2019—2025年）》提出，要提升数字农业农村自主创新能力，围绕关键共性技术攻关、战略性前沿性技术超前布局、技术集成应用与示范、农业人工智能研发应用，开发技术攻关、装备研发和系统集成创新平台，推动数字技术和农业产业深度融合，对促进产业增效、农民增收，助推农业产业数字化转型和绿色韧性发展具有重要意义。

二、发展架构

（一）农业大数据应用

大数据技术在农业领域的应用，可以实现对乡村农业生产、经营、管理等各个环节的精准监测和智能决策，提高农业生产效率，降低生产成本，保障粮食安全，促进农业可持续发展。大数据与农业的深度融合，有助于推动乡村振兴和加快农业现代化进程，提高农业竞争力，实现农业高质量发展。农业大数据可以建立完善的重要农产品和特色优势产业市场监测指标体系和预警预测分析系统，研判国内外农产品市场的供求形势，并及时对市场运行风险进行预警；农业大数据可以促进乡村闲置资源的利用，如发展共享休闲农业，为农民带来更多的收入来源；农业大数据可实现资源的优化配置，改变农业行业的整体运行和生产模式，通过数据共建、共享等，将农业生产中的各项要素高效组合，形成自由流动的动态化模式；使用大数据和各种先进的技术来持续提高数据分析处理、数据挖掘以及决策等各方面能力，减少现代农业发展过程当中的试错成本，使最终的决策更加准确，从而实现降低成本、提高收益的目的。大数据技术应用到农业领域是必然的发展趋势,给农业领域的生产活动带来了全新的改变,实现了对爆炸性增长的农业数据的传递、转换、集成、净化。

近年来,我国热带农业大数据发展迅速,各省份建设了多个大数据平台,如热带农业大数据平台、云南农业大数据中心、广西农业大数据管理平台、贵州农产品大数据平台、广东郁南三农大数据综合信息服务平台、福建武陵山片区农业大数据平台等一大批农业综合大数据平台;热带农业单品种大数据建设也步入快车道,如中国热带农业科学院研发了"天然橡胶全产业链大数据平台"、云南建成了"中国芒乡—丽江华坪芒果大数据平台",四川攀枝花建设"芒果大数据中心",贵州建成了"猕猴桃单品大数据平台"及"火龙果产业大数据平台",福建建成了"蜜柚大数据云平台"。

(二) 国内数字农业应用

物联网、大数据、人工智能等新一代信息技术正加快在热区的大田种植、设施园艺、畜禽养殖、水产养殖在线监测、精准作业、数字化管理等不同场景推广应用。其中,在种植业上,围绕天然橡胶、甘蔗、杧果、木薯、荔枝、火龙果等热带作物,推广气象监测、土壤墒情监测、作物生理生态监测、水肥一体化灌溉、作物生产过程模拟、无人机植保等技术或方法,提高精准作业和管理信息化水平,达到了节本增效的目标。

1. 农业遥感技术

遥感技术与农业产业融合发展,提升了生产管理效率。随着无人机技术的快速发展,为包括农业在内的相关行业提供了新的发展机遇。无人机遥感技术通过提供低成本、大面积、高通量、高分辨率的数据,为农业从业者的农事决策提供更准确的数据支撑,从而彻底改变农业的实际生产。近年来,无人机遥感技术在农业中的应用得到了广泛的关注,随着越来越多的研究探索其潜在的应用和效益,该技术已应用于农业各领域,包括作物监测、病虫害监测、灌溉管理和精准农业等。例如,基于无人机高光谱遥感获取不同分辨率橡胶林叶面积指数数据,判断指数变化特征,建立叶面积指数变化模型;利用遥感技术,基于CASA模型构建天然橡胶净初级生产力估算模型,再结合天然橡胶干物质分配率构建了天然橡胶产胶潜力估算模型,在此基础上,设计开发了海南天然橡胶长势及产胶潜力遥感监测系统;采用遥感监测技术,实现了云南橡胶林种植分布和物候特征的高精度识别及其寒害的遥感监测与评估;利用遥感技术开展橡胶林叶面积指数估算模型研究,构建了精度较高的橡胶林叶面积指数一元线性估算模型,为橡胶林长势遥感监测、产量遥感评估提供了科学参考。

2. 农业植保无人机

无人机植保技术与农业产业的融合发展,提升了精准作业。随着科学技术水平的不断提升,农业植保技术也在不断创新和完善,无人机在植保技术的应用有效解决了传统农作物植保工作中存在的各类问题,不仅能够降低成本投入,还能够提升植保作业效率,降低农作物病虫害的发生率,提升农户的经济收益。例如,无人机植保技术在天然橡胶、马铃薯、果树、玉米等作物中广泛应用,喷药安全、高效,保证了病虫害防治的精确性，对提高农作物的产量和品质具有积极的促进作用；无人机植保技术在水稻种植中可提高作物产量、降低农药残留、减轻农业生产压力等，对农业可持续发展起到推动作用；对于马铃薯植保工作来说，将无人机技术应用其中，可以实现对当前农作物生长情况的有效监控，诊断农作物营养状况，有效监控病虫害，从而使农作物生长过程的管理工作得到优化。

3. 农业生产水肥一体化技术

水肥一体化技术与农业产业的融合发展，促进了节本增效。智能水肥一体化技术在农业的应用推广，不仅可以有效改变传统农业生产过程中粗放式的灌溉方式，减少对生态的负面影响，还能促进农业转型升级，为农业健康持续发展奠定良好的基础。例如，在干旱地区，苹果园应用水肥一体化技术对节约水资源、提高水肥利用效率具有重要的意义；基于有机替减和水肥一体化的施肥管理方式，研究总结出了一套适用于焦作地区山药氮肥减施栽培技术模式；利用膜下滴灌水肥一体化技术，研究出鲜食玉米高产高效栽培技术；在小麦种植中，应用水肥一体化滴灌栽培技术，将肥料与灌溉水混合，利用滴灌管直接供给到植物根系附近，可以精确控制肥料的投放量和位置，避免肥料的损失和流失。

（三）国外数字（智慧）热带农业发展

世界热区国家在数字（智慧）农业的发展水平参差不齐，部分热区发达国家的数字化水平走在世界的前列，而有些发展中国家农业信息化总体水平还较落后。例如，热区国家澳大利亚农业信息化起步较早，全国约65%的大中型农田作业机械配置了全球导航和自动驾驶系统，生产环节精准作业的农场达90%以上，实现了牲畜精准管理、拖拉机无人驾驶、遥控飞机监控农作物健康等，已建立了较完善的农业信息监测预警体系，正在试点与推广"智能农场""数字农庄"等智慧农业建设；印度农业信息技术的应用可与发达国家媲美，已使用航空红外及热红外扫描技术、"3S"技术［地理信息系统（GIS）、遥感（RS）和全球定位系统（GPS）］、智能数据分析等开展作物病虫害判别、营养与肥料建议、产品分级与质量监控等；以色列以实现高科技农业发展道路为目标，在农业灌溉、设施农业中温室的水肥和气温调控、农产品加工质量控制等方面都已实现计算机自动化控制，并实现国内农业信息互联互通；巴西是较早实验和示范应用精准农业技术的发展中国家，开展了使用信息系统控制管理土地和农场、基于云计算的精准施肥、采用无人机分析作物健康与植物计数等。近年来，东盟国家也在开展农业数字化转型的探索，如泰国创建了微气候监测系统，开发了基于物联网的灌溉控制系统的智能农业装备、可预先编程的杀虫剂释放无人机等；越南则主要致力于创建农业信息技术应用和发展项目，如制定国家信息化发展计划、开发农业信息系统和数据库等，也积极引进试验创新解决方案，如英特尔的蔬菜智能生产物联网系统等；柬埔寨在沙特阿拉伯的帮助下，正在建立一个收集作物、土壤和天气数据的平台，以更好地进行农业决策；缅甸开发出一款App应用程序，可为农民提供包括天气和气候变化、农作物价格、农药和化肥使用建议等方面的信息,已有超过 30 万名缅甸农民下载了该应用程序,覆盖缅甸的 329 个乡镇。

除此之外,还有一些国际社会组织,如国际热带农业中心、国际生物多样性中心-国际热带农业中心联盟、联合国粮食及农业组织等采用 GIS、大数据、无人机和卫星成像等技术开展了作物原产地地图、香蕉病虫害检测智能手机、"手拉手"地理空间信息平台等的研发和应用。其他热带国家也积极实施"农业信息化跨越"战略,但总体来说大部分热带国家农业数字化水平还比较低,农业数字化转型任重而道远。

世界主要发达国家都将数字农业农村作为乡村发展的战略重点和技术创新的优先发展方向,例如,美国、日本、德国等国家相继出台了"大数据研究和发展计划""农业技术战略"和"农业发展 4.0 框架"等战略,积极构筑形成新一轮农业产业革命新的优势。中国热区小,世界热区大,热带农业在全球农业中占有十分重要的地位。亚洲、大洋洲、非洲的热带国家是"一带一路"倡议的重要合作伙伴,也是以热带农业全球发展为目标的国际农业合作的重要践行者。通过开展数字(智慧)热带农业创新研究,向热区其他发展中国家输出与分享中国在数字(智慧)热带农业领域的先进适用技术解决方案、实践经验和创新发展途径,不断提高热区国家的农业技术水平和粮食安全能力,既是推进全球减贫进程的重要一环,又是实现联合国 2030 年可持续发展目标的应有之义。

三、场景案例

(一)案例一:天然橡胶智慧化平台

1. 海南省天然橡胶全产业链大数据平台

(1)基本情况

天然橡胶全产业链大数据中心是经农业农村部批复,由中国热带农业科学院科技信息研究所组织建设的单品种大数据平台,该中心汇聚天然橡胶品种、生产、初加工、贸易、价格、成本、收益等天然橡胶全产业链资源数据,专业开展天然橡胶产业数据的采集、加工、流通、存储和挖掘分析工作,实现单品种全产业链大数据应用落地及供给侧结构性改革新突破,目前天然橡胶全产业链大数据平台共计 1 200 万余条数据,为涉天然橡胶政府部门、经营主体、科研机构、胶农提供专业权威的数据支撑服务。

(2)建设成效

实现生产端物联网数据采集。在海南儋州、云南景洪和广东茂名 3 个典型植胶区域,布设基于物联网的天然橡胶生长环境监测网络,根据天然橡胶产业数据需求,充分应用物联网、传感器和人工智能技术,建立适合天然橡胶生长特性的生长条件、生长环境的传感器监测设施和网络,实时获取天然橡胶生长环境的光、温、水、气等相关因素,动态采集天然橡胶生长环境信息,建立了覆盖我国三大植胶区(海南、云南、广东)的气候、立地环境、土壤、植被等生态环境要素数据目录。

建成天然橡胶全产业链"1+1+2"大数据中心体系。天然橡胶全产业链大数据平台,采用业界最主流的云计算、大数据、SOA架构等先进技术来设计,其技术选型均为业界主流、稳定、成熟的技术,其中大数据技术的应用是整个项目的技术核心,目前,已建成"1+1+2"大数据中心体系,即1个天然橡胶全产业链大数据采集系统,1个天然橡胶全产业链大数据中心,依托大数据中心已建成天然橡胶全产业链数据分析系统、天然橡胶全产业数据应用服务体系,同时研发了天然橡胶面积遥感数据分析模型、天然橡胶产量大数据分析模型、天然橡胶气象产量大数据分析模型、天然橡胶价格分析模型等。其主要功能:一是基于全产业链数据汇聚平台,实现全产业链数据关联分析,多维度可视化展示,分布式计算,从而构建决策库、知识库、方法库、模型库;二是实现基于天然橡胶全产业链大数据的智能检索;三是通过物联网采集的记录,实现可视化监测和预警,提升全产业链的智慧化程度;四是实现政策评估,动态供求信息关联分析;五是围绕着天然橡胶科研过程,实现针对实验过程数据的收集、采集、存储关联以及对比分析等功能,提升科研效率和管理水平。

开展天然橡胶全产业链大数据平台推广应用。在天然橡胶主产品推广使用天然橡胶大数据App,让一线生产者手中的数据与大数据中心进行直联,通过消息摄像头实现对橡胶方面的最新资讯、政策、新闻动态等信息的展示,通过基于移动端的数据采集,实现了不同产业主体的各类数据指标填报,方便了广大胶农、生产者与一线科研工作者。通过平台的推广应用,构建天然橡胶全产业链数据资源体系与大数据仓库,加快推进我国天然橡胶生产智能化、经营信息化、管理数据化、服务在线化,为国家天然橡胶产业技术体系提供强大的信息支撑。

2. 海南省海胶集团土地管理系统

(1) 基本情况

海胶集团拥有橡胶园土地面积341万亩(国内)。橡胶园土地分布在海南岛的17个市县境内。传统橡胶园土地管理手段比较落后,随着热带高效农业的快速发展,橡胶园土地被占用现象严重,亟须运用科技手段加强橡胶园土地管控能力。

(2) 建设成效

系统开发采用的技术。海胶集团自主开发了土地管理系统,运用Java语言,采用MVC(视图层View、服务层Service、Controller控制器)架构设计,利用Oracle数据库管理地理空间数据,通过ArcGIS平台管理矢量数据和栅格数据。

系统实现的功能。系统依据公司经营用地、被占土地、承包租赁用地、未利用土地和项目征占用等现状类型管理土地业务,存储土地现状矢量图斑34万多宗,栅格影像数据8 TB,管理胶园土地面积360多万亩(含历年政府征占地、集团内部产业协同面积),实现了动态更新橡胶园土地现状数据,能够汇总查询各类土地利用情况,可以可视化橡胶园土地分布信息。系统建立了海胶集团土地租赁合同台账,收集了土地证

（不动产证）和林权证的基础信息和矢量数据，为进一步开发橡胶园资产管理系统奠定基础。

3. 海南省海胶集团橡胶智慧收购平台

（1）基本情况

橡胶价格长期低迷导致橡胶开割率低，国家开始推行橡胶保险进行产业扶持，需要采集前端原料交易数据，但是通过人工登记工作量大、效率低、易出错，导致保险赔付周期长，无法快速落地。海胶集团围绕完善种植、收购基础数据库建设，构建高度自动化、信息化的产业大数据平台，综合运用信息化技术打造了橡胶智慧收购平台，将橡胶收购原有的传统人工模式转变为便捷化、透明化、可视化的智能模式，积累并提供橡胶数据支撑，规范收胶站点管理，发挥橡胶龙头企业的影响力。

（2）建设成效

研发了橡胶智慧收购平台。平台综合运用了App、物联网、移动互联网、数据分析等信息化技术，按照"App/智能采集设备+后台管理平台+大数据分析展示"的框架进行系统搭建，实现了胶农站点档案管理、智能身份识别、收购交易登记、转账支付、保险服务、无网离线应用、数据分析等功能，研发智能化收胶配套设备，并与保险公司和银行进行接口打通，可以实时共享交易数据和保险数据。同时，联合人保、太保等保险公司以及上海期货交易所和邮政储蓄银行，共同建立了一套集合技术、业务、保险和金融的服务体系，全面覆盖了海南省内所有的橡胶保险补贴业务，可以提供橡胶（价格）收入保险、橡胶期货+保险、场外期权扶贫补贴和转账支付等服务，能够24小时为基层提供一站式服务。

平台为胶农保险赔付提供精准数据依据。平台已覆盖全省16个市（县），注册收胶站点3 082个、注册胶农超过19万人，累计交易额达47.97亿元，平台支撑赔付金额累计超过2.52亿元，其中太保赔付了2 563万元、人保赔付了1.86亿元、场外期权补贴了3 983万元。2022年，平台登记干胶量达18.44万吨，覆盖了海南省近60%的产量。目前，已有儋州、保亭、澄迈三个市（县）政府发文，统一要求使用智慧平台进行胶农的卖胶数据登记，并作为保险赔付依据。通过平台应用，一是有效支撑了橡胶保险快速落地和及时赔付，原来一年赔付1~2次，现在最快可以做到当天理赔、一周到账。二是提高了收胶效率，收胶站点每天不再需要重复在不同保险系统上登记数据，一笔交易只需在橡胶智慧收购平台上登记一次，信息就可以同时共享给各个保险公司；胶农也只要下载该App，就能享受所有服务。三是突破地域空间限制，解决海量信息获取难、人工处理难等问题，逐步形成了海南省橡胶产业大数据，为各级政府在产业发展和精准扶贫方面提供数据支撑。四是提升胶农生产积极性，促进橡胶增产、胶农增收，逐步解决橡胶弃管弃割问题，同时带动从割胶到收购再到加工的全产业链联动增益，发挥了稳定橡胶产业根基、促进橡胶产业复苏的作用。

（二）案例二：热带水果智慧化平台

1. 广东省从化区 5G+AI 智慧荔枝果园

（1）基本情况

广州市从化华隆果菜保鲜有限公司创建了以"荔枝文化为主题，科技创新为核心"的从化荔枝文化博览园，已建设智慧荔枝生态果园一期，建成从化荔枝产业大数据平台及荔枝生长精准管控平台。从化荔枝数字智慧荔枝果园是由荔枝数字化智能管控平台、荔枝大数据支撑平台和荔枝开放平台构成。荔枝数字化智能管控平台包括智能监测、智能控制、安全溯源、智慧仓储、可视农场、人工智能六大功能模块。

（2）主要成效

实现果园环境监测。在园区内部部署了大量传感器，利用物联网技术对果树生长环境数据、气象数据、土壤数据、病虫害数据、果树内部营养小分子数据进行无人化24小时持续在线采集、统计与分析，并通过无人机移动巡园采集和遥感影像等"天空地"数据，园区管理员可随时随地通过中控中心设备和手机实时、远程、全面了解果园信息。同时，利用数据构建荔枝生长全周期数据库和智能模型，在果树不同生长阶段提供相应的生产指导，为实现荔枝生产精细化管理提供科学依据与数据支撑。

实现果园智能化管控。采用物联网远程控制技术和水肥一体化技术在园区内建设了智能水肥系统，根据每个区域品种的不同、每个时期种植模型的不同、实时环境的差异、气象的差异等，智能化、无人化、自动化精准灌溉、施肥；同时，在植保无人机和智能农机装备上，采用基于北斗的厘米级定位、基于5G的毫秒级实时自动导航等技术，实现无人化的远程智能农机操控。

实现质量溯源。溯源系统会以视频、图片、文字等形式图文并茂地呈现各项荔枝种植农事情况，系统自动将原产地信息、园区内环境数据、农事作业记录、生产批次管理等数据进行串联并形成追溯信息，针对每棵荔枝树都可以进行全过程的溯源与生态呈现。

实现智能植保。结合物联网监测的气象、图像等多源数据，利用深度学习、图像识别等人工智能算法，构建荔枝病虫害预测模型，对荔枝霜霉病、荔枝蒂蛀虫、荔枝椿象等主要病虫害进行智能预测，为园区病虫害防控工作提供最佳的时间窗口，降低施药频率并大量减少农药用量，同时确保果品安全和品质。此外，为了给植保无人机智能化、科学化作业提供基础数据，基于多光谱技术，研制开发了无人机农情分析功能模块，通过获取园区果树多光谱图像，可分析出果树开花率、挂果率、抽梢率等信息，再综合地面AI农情近景摄像头所识别的结果，自动生成无人机作业处方图，可为植保无人机变量施肥提供智能决策，实现了空地一体果园农情监测、分析与决策。作业处方图生成后将会通过网络传输至植保无人机，植保无人机将会根据作业处方图自主规划作业路径，并会根据每棵树不同的情况进行智能化按需变量喷施，极大减少了化肥与农药的用量，提高工作效率和质量。

2. 广西鸣鸣果业科学管理系统

（1）基本情况

广西鸣鸣果业有限公司（以下简称鸣鸣果园）创建于 2014 年 3 月，鸣鸣果园注重信息技术在农业管理中的应用，逐步建立沃柑果树基础管理数字模型，借助数据分析进行精细化、标准化管理，提升水果种植业的标准化水平。

（2）主要成效

建立了农事信息管理系统。农事信息管理系统是鸣鸣果园为突破农业生产管理上的困境，针对种植农场管理自主研发的信息化管理系统。系统以数据信息库为核心，以互联网作为信息通道，将手机、无人机、监控摄像头、气候探测器、土壤探针等设备作为信息采集终端，并延伸到整个供应链，构建智能、高效的信息处理平台。随着时间的积累，系统将采集大量的生产信息数据。这些数据用于分析和决策后，在持续优化生产管理、集约资源、降低成本的同时，通过供应链的延伸管控，构建果品的安全化生产保障体系。果园各处都有其"数据标准"，确保过程遵循最优方案，实现土壤有机质含量达 3%，pH 值达到 5.8~6.8，出品的沃柑糖酸比为 28~35，果实直径 65~85 毫米，果肉的化渣率高达 100%，品质达到最佳标准。

创建种植数字化地图管理系统。2018 年 4 月成立了自己的科技运营平台公司，通过对底层数据、原生数据的持续采集与不断分析，在全国率先完成了基于果树编码的种植数字化地图管理系统建设。2019 年，南宁市武鸣区政府投入 500 万元科技经费，支持研发"沃柑全产业链信息化集成研究与示范"项目，以信息技术为抓手，从上游生产到中下游采后处理和冷链，再到终端消费者分析和画像，打造数字化全产业链。

创建了数字化产地仓。鸣鸣果园数字化产地仓建设于南宁市东盟经济开发区，引进具有国际先进水平的沃柑分选线，配套建设智能化冷库 10 个，占地面积约 1.2 万米^2，功能包括清洗、保鲜、烘干及数字化外部（内部）品质分级处理，完成自动翻筐倒果、叶子（小果）剔除、人工预选、清洗吹干、干燥处理、汇集加载、称重、表面瑕疵等级分选、糖度检测、无损检测等处理工艺流程。鸣鸣果园以品牌建设为驱动，以信息技术为助力，着重切入中高端生鲜水果市场。该企业以自有沃柑种植基地为基础，同时积极扶助带动周边种植农户，依托企业自身在生产工艺、管理经验、信息技术等方面的实力优势，辐射周边种植基地，促进武鸣沃柑产业的提质升级。相关技术已取得一定创新突破并已申报国内专利，该企业利用独特的保鲜技术，产品连续 3 年出口加拿大。

3. 贵州省安顺市镇宁布依族苗族自治县蜂糖李智慧果园

（1）基本情况

镇宁恒丰源果业发展有限公司位于贵州省安顺市镇宁布依族苗族自治县，成立于 2017 年 11 月，公司注册资本 2.9 亿元人民币，为县属国有企业和市级龙头企业。该公司积极响应国家和镇宁布依族苗族自治县人民政府关于发展农业产业化、实现乡村振兴的政策。该公司控股股东分别为镇宁布依族苗族自治县国有资产管理有限公司、贵州省现代农业发展基金合伙企业（有限公司），以农业产品种植、养殖、研究、开发、生产及销售为主要业务，为涉及农业科技、农业投资、农资服务等多个领域的成长性、综合性农业企业。该公司以蜂糖李种植销售为主营业务，现有蜂糖李基地面积为1.9万亩，建有蜂糖李商品化处理车间、物流配送中心、气体调节冷库等基础设施，建设总面积2 208米^2。镇宁蜂糖李于2017年获国家农产品地理标志认证保护、获中国园艺学会李杏分会"全国优质李金奖"，荣获"首批全国农产品包装标识典范"殊荣，2021年获第七届中国农业品牌评选活动"中国农产品百强标志性品牌"荣誉，2022年荣获贵州省十大区域公共品牌，入选全国农特优新农产品目录。蜂糖李智慧果园项目根据2020年《贵州省数字农业发展"六个重大突破"推进落实工作方案》文件精神，结合镇宁特色蜂糖李产业发展现状，聚焦数字化农业创新应用，加大示范基地建设与推广，促进镇宁农业数字化转型。

(2) 主要成效

建设了智慧果园管理系统和大数据分析中心平台，实现了农场农事生产工作的监管（农场资料管理、作物管理、劳作方式管理）。与智能环境系统以及农业质量安全追溯系统集成，用于农事种植生产的全生命周期管理，包括农业生产资料及投入品采购到种植全过程以及采收、加工和包装等农事生产全环节的管理。

针对基地管理业务需求，可提供全面的解决方案。从地块的划分到历年地块种植记录进行流程化管理。制定田间农事操作以及用工用料种类，并提供历年种植投入数据汇总并生成报告，准确记录和分析基地农田使用效率。系统可对接各种物联网设备，监测农场气象、土壤等变化，为基地管理者提供农事操作建议。同时，为各种农产品建立生长环境档案、生命周期档案。结合采收统计、农产品检测及销售情况进行综合分析，为之后的农业种植、生产提供全方位的数据支持。

(三) 案例三：特色热带作物智慧化平台

1. 云南省云果产业大脑智慧果园

(1) 基本情况

云果产业大脑项目以数据驱动云果产业升级为核心主线，旨在为云南省水果产业提供基于新型基础设施之上的全方位数字化服务。围绕"一体四翼"的发展目标，完成为云果全产业链数字化赋能的云果产业大脑平台以及"云果生产服务中心+供应链服务中心+金融服务中心+科创服务中心"农业产业互联网平台建设。云果产业大脑平台围绕产业创新链与产业链衔接发展，以实现种植、生产端的数字化为目标，助力企业建设智慧果园，以果园种植管理系统、果园物联网管理系统、区块链追溯平台建设为重点，实现种植资源、生产资源和生产过程的数字化以及数据采集的自动化。同时，消费者通过扫码溯源，实时监控和了解果树生长、采收情况，将消费者与产地密切联系起来。

(2) 主要成效

建成云果种植管理系统。云果种植管理系统涵盖了基地管理、基地监测、农事记录管理、投入管理、种植辅助、工人管理六大业务功能，同时，支持水肥一体化系统接入。在昭通超越农业有限公司的智慧果园里，种植管理平台通过物联网设备实时监测传感器采集回来的监测数据，分析微气象及土壤墒情数据，计算该地块所需水肥量，再通过接口控制水肥一体化灌溉系统的电子水泵阀门，实现了对果树的自动精准浇灌。

建成云果物联网管理系统。云果物联网平台由物联网监测基站和物联网管理云平台两部分组成，物联网监测基站利用物联网技术对资源环境数据进行数字化采集，物联网管理云平台通过大数据存储与云计算技术，为用户提供种植指导、天气预报、灾情预警、测土配方等农业生产服务。农业产供销等各环节的数据还可以通过云平台共享给政府、农资与农机供应商、农业技术服务人员、采购方和消费者等。基地可视化系统基于果园状况，在全景地图中做模型开发，进行地块信息、技术管理信息、耕地管理信息、生长动态信息、现场视频等可视化展示和远程管理，支撑基地生产管理纵览和决策。永胜正合农业综合开发有限责任公司搭建的物联网管理系统，实现了果园环境信息、土壤信息的数字化。

建成云果区块链追溯平台。根据国家《农产品质量安全体系建设》要求，制定云果追溯管理技术标准，构建 SaaS 模式的云果质量安全溯源应用，对农产品生产过程进行全面监控，实现从投入品到农田到餐桌全过程的质量可追溯，并结合区域绿色品牌推广，提升农产品质量安全水平，形成信息化追溯平台。同时，平台提供云果产品全产业链追溯的 SaaS 应用，让每个产业链环节中的企业都能够使用上对应环节的追溯信息化系统。云果区块链平台为云果品牌追溯提供去中心化、数据可信、可追溯、不可篡改的区块链应用，为云果产业企业提供能够快速构建安全生产区块链的应用环境，实现业务快速上链。

云果大数据平台包含大数据分析与数据资产管理平台、大数据实时计算引擎、离线计算引擎、数据资产管理平台、数据治理平台，为云果产业大脑提供分布式的大数据计算、数据汇集、数据处理、数据加工、数据存储及数据治理等服务。

云果产业大脑平台作为数字化新型基础设施，主要面向水果种植端用户、水果流通端用户、产区政府、水果投入品服务商及其他产业服务用户，提供产业数字化升级、转型所必需的信息化工具及平台，并在这些工具及平台的推广应用中积累产业数据，研究生成产业算法，对外提供服务，以降低云果产业数字化投入成本；同时，平台还通过提供金融、物流、技术等服务，形成一个集供应链协同服务、交易服务、金融服务和各类衍生服务于一体的集成式产业互联网平台。

2. 福建省乌龙茶 5G 智慧工厂

（1）基本情况

福建省知茶智能科技有限公司是茶行业领先的制茶装备与服务提供商，是集智能化机械研发、制造、销售以及计算机系统软件研发、应用于一体的综合型科技企业。该公司围绕茶叶生产企业的难点、痛点，投入大量资源用于技术创新研究，重点关注"关键核心硬件及智能生产线研发""茶叶非遗技艺数字化技术研发"及"茶叶三产数字融合平台构建",开发了茶叶智能包揉机、茶叶智能摇青机、茶叶智能晒青、智能凉青等茶叶加工智能化装备。

乌龙茶 5G 智慧工厂"政、产、学、研、用"深度融合,以科技创新开辟乌龙茶智能化加工领域新赛道,将传统工艺与智能化控制有机结合,根据制茶技艺原理采用大数据、人工智能、数字孪生等技术,围绕萎凋、做青、杀青、揉捻和烘焙等工艺流程开展数字化和关键装备研究,解决了乌龙茶连续"做青"和"包揉"的两大"卡脖子"问题,实现乌龙茶制作全过程数字化自动化控制,茶叶加工由"制造"向"智能"转型升级。经过多次的迭代更新,设备制作的产品和手工制作的产品形、色、香、味等品质特征基本相似,得到行业主管部门、制茶大师、茶叶专家认可。产品具有操作简便、一键"傻瓜式"操作等特点,应用到了安溪县虎邱镇"福建乌龙茶智能加工创新中心",助力乡村产业高质量发展。在智能化装备领域获得实用新型专利 11 项,其中发明专利 2 项,软件著作权 5 项。

(2) 主要成效

构建茶产业"一软一硬"两大体系。该公司联合福建省农业科学院、制茶大师、农业专家、茶学专家等,组建跨专业、多学科协同创新团队,团队围绕茶产业"硬件"与"软件"核心技术,深度融合应用物联网、自动控制、数字孪生、人工智能等现代信息技术,构建茶产业"一软一硬"两大体系,系统性重构乌龙茶从茶青鲜叶到毛茶出厂全流程智能化加工。硬件方面,遵循乌龙茶传统工艺,突破乌龙茶的智能做青、智能包揉关键技术,研发了乌龙茶全流程自动化生产的智能装备;软件方面,将制茶非遗技艺数字化和茶叶加工标准化有机结合,独创制茶师"工艺指纹"制茶平台,建立非遗技艺数字化加工智能控制系统。实现乌龙茶全程机械化、清洁化、连续化生产。同时,建立三大体系,解决困扰茶行业三大难题,实现数字赋能"三茶"(茶文化、茶产业、茶科技)统筹,推动茶产业高质量发展。

建立全程连续化生产体系,解决劳动力短缺难题。智慧工厂撇开传统依赖人工作业现状,根据制茶技艺原理进行设备的颠覆式创新研发,通过物联网、智能化控制、5G 物联网等技术集成应用,自主研发核心装备,并基于 MAC 管理及茶叶不落地清洁生产原则,构建了"数字孪生"智能控制系统。遵循传统工艺,将制茶流程"晒青、凉青、摇青、杀青、揉捻、初烘、初包揉、复烘、复包揉、烘干"整合为五维做青机组、数字化杀青机组、智能揉烘机组三大功能模块,每个模块可根据茶青品质及不同加工工艺设计不同的制茶模型,进而实现对多个控制节点、机器动作的精细控制,实现杀青鲜叶到毛茶初制生产全过程加工的机械化、自动化,提升茶叶加工全流程清洁化、自动化与标准化水平,实现了设备替代产业工人,节省 95% 人工成本,破解茶产业工人短缺难题。

建立非遗技艺数字化加工控制系统,解决品质稳定性难题。结合现有乌龙茶非物质文化遗产传承人的制茶工艺流程及制茶设备，利用物联网、智能控制、人工智能等技术建立"茶叶大脑"数字孪生系统，构建"望、闻、问、切"四诊平台，控制茶叶加工关键工序中茶叶水分、颜色、香气和外观纹理等物理特征相关指标的变化，通过对制茶大师传统加工工艺和感官评判的数字化解码，形成制茶师"工艺指纹"图谱，用现代科技设备破解制茶师技艺复刻的行业难题，建立非遗技艺数字化加工控制系统，解决非遗技艺传承难的问题，实现不同风味乌龙茶高工艺、标准化、大规模稳定生产，提高茶叶制优率。

建立全链条数字化应用技术，解决产品全产业链可追溯难题。通过自主研发茶园"斑块化"的产地编码实名制认证技术，解决茶园在三维地理空间的数字化位置标注，融合土壤、气象、植物营养等数据，通过系统自行评判茶叶鲜叶等级，保证杀青鲜叶来源数据精确度，解决制茶师"看青做青"的难题。通过智能控制"茶叶大脑"，对种植、制茶、交易、结算、溯源、金融、定制服务等茶行业全产业链条数字化监管，实现"茶园到茶杯"全流程全链条的闭环数字化应用，解决了全产业链条可追溯的难题。根据产区茶园分布，判断茶青种类、数量，并与乌龙茶5G智慧工厂产能相结合，进行5G智慧工厂合理布点。

四、发展思考

（一）建立健全数据要素管理机制

推进落实数据要素市场化配置改革，推进数据由资源化向资产化、资本化发展。学习借鉴日本建设农业数据协作平台的做法和经验，为相关政府部门、数据提供方、数据开发商提供共享交易平台。一体推进公共数据共享、开放和授权运营，平衡好公益性和市场化的关系，推动用于公共治理、公益事业的公共数据产品和服务有条件无偿使用，探索用于产业发展、行业发展的公共数据经营性产品和服务，确需收费的，实行有条件有偿使用。统筹发展和安全，在确保安全的前提下，尽量做到开放共享。

（二）促进数据资源整合共享

加快构建"天空地"一体化数据资源采集体系，把农业物联网作为数据采集最重要的渠道。以应用和需求为导向，把5G、北斗、智能农机等装备作为数据采集的重要手段。让农民成为数据采集的重要参与者和贡献者，使数据收入成为农民增收的新渠道。基于统一架构和接口标准的数据共享平台，建立部省地县跨层级、跨地域、跨系统、跨部门、跨业务的数据共享机制。充分发挥农业农村部政务数据共享服务平台数据交换枢纽作用，推进公共数据归集整合、有序共享。

（三）夯实数字化基础支撑

加快推进信息基础设施建设，加强丘陵山地生产环境条件改善，加强"天空地"一体化观测硬件基础设施；因地制宜改进现有的农机装备以适应热带农业生产需求，以技术创新引领热作农机发展。依托全国农业信息化示范基地、数字乡村试点县等，推进生产环境、生产过程、质量安全、生态保护等环节数字化技术应用，积极推进建立一批数字农业示范基地，推广一批节本增效的数字农业应用模式。

（四）加强数字农业专业人才培育

建立"政产学研用"多方协同人才培养合作机制，建设一批数字农业农村人才培养和实训基地，培育一批高端的具有整合及管理大数据能力的高级人才，培训农村创业创新人才、新型职业农民、新型经营主体等复合型人才。

第三节　主要热带作物（天然橡胶）数智化生产关键技术

一、发展概述

（一）主要热带作物机械发展概述

热带作物是我国农业领域中极具特色的重要组成部分，为国家提供食用糖、橡胶等战略物资，木薯、剑麻等工业原料，以及香蕉、菠萝等特色水果。我国主要热带作物种植总面积近9 000万亩，总产量近1亿吨。我国热带作物机械化事业始于20世纪50年代，重点围绕战略物资天然橡胶以及甘蔗、木薯、剑麻等主要作物，开展耕、种、管、收、初加工等装备研发与应用工作。经过60多年的发展，虽然取得了重要进步，但还存在着适用机具发展严重不足的问题，仍是我国农业机械化发展中的短板。

当前，已经应用在热带作物上的机械仍以通用农业机械为主，主要包括农用动力机械、农田建设机械、土壤耕作机械、种植和施肥机械、植物保护机械、农田排灌机械、作物收获机械、农产品加工机械、畜牧业机械和农业运输机械等。按主要热带作物种类分，常用的机械装备如下。

天然橡胶　喷雾喷粉机、农用飞机、烟雾机、施肥通用机械、挖掘机。

香蕉　挖穴机、茎秆粉碎还田机、茎秆纤维提取机。

水稻　育秧机、覆土机、粉土机、催芽机、水田扬肥器、收获机。

瓜菜　旋耕机、喷灌设备、喷药机械。

椰子　剥壳机、开椰器。

荔枝/龙眼　修枝机、环割刀、喷药机械。

热带作物机械化的发展受农业基础设施水平低、农业物质装备水平低、农民素质偏低、农产品加工业不足、农业自然灾害严重、农业抗风险能力低、农业产业组织化程度低、农业人才队伍缺乏、农业装备总量低于生产需求、财政支持力度不足等因素的制约，存在农业机械化总体水平不高、农机动力与机具的配置不合理、人才总量少且结构不合理、缺乏农业关键环节高效的农机具、技术推广服务体系不健全、农业信息服务滞后、缺乏有效的产学研联合模式、经费支持结构不合理且支撑不足、缺乏相关政策、管理不规范等问题，导致农业劳动生产率不高、农业效益低、风险大，农业现代化建设进展缓慢。

与全国相比，主要热带作物机械装备技术研发还较为薄弱，且由于受地域特色及农业作业环境的影响，热带作物机械化程度较低，有着巨大的提升和发展空间。农业机械化是现阶段实现热区农业现代化和可持续发展的必要条件，也是实现热区经济快速发展的重要组成部分。近年来，由于各级政府部门的大力推进，热区农业机械化取得了较大的进步，也积累了大量的经验。如举办农机现场演示会、开展现代实用科技下乡活动、进行农机安全生产培训、大力组织开展农机跨区作业等，取得了很好的社会效果。但由于热带地区气候条件及地形地貌等原因，热区农业机械化难度较内陆地区大，农机应用领域窄、机械化作业水平也相对落后，高端智能化农机装备少，因此，仍有巨大的提升和发展空间。

热带智能农机装备是现代农业的发展趋势，将围绕"信息技术与服务、高端装备、农业工程"三大主业，在种、管、收、储等环节配置智能传感与精准作业控制系统的高端农机具领域，可实现与植保无人机监管、智慧农场、农业全程机械化三大云服务平台的无线对接，进行大数据处理与分析，助力农机工业向智能化、信息化转型升级，解决农机作业效率低、作业质量差、种药肥利用效率低、农资过量投入造成污染的问题，提升我国农机智能技术的推广应用，增加农机装备和产品使用的安全性。

（二）天然橡胶数智化发展概述

1. 天然橡胶产业发展分析

天然橡胶、钢铁、煤炭、石油并称世界性的四大工业原料，广泛用于交通、医疗和国防军工等领域，是重要的战略物资。天然橡胶是关乎国计民生和国防安全的战略物资和工业原料。世界上约有 2 000 种不同的植物可生产类似天然橡胶的聚合物，已从其中 500 种中得到了不同种类的橡胶，但真正有实用价值的是巴西三叶橡胶树，当前世界上所需的天然橡胶超过 98% 来源于巴西橡胶树。橡胶树的乳管是合成和储存天然橡胶的场所，在天然橡胶生产中，通过切割树干树皮（采胶），切断树皮中的乳管，收集从乳管中流出的胶乳作为提炼天然橡胶的原料，经过加酸凝固、洗涤、压片、干燥、打包，即制得市售的天然橡胶。

天然橡胶是资源约束型产业，适宜种植在南纬 10° 到北纬 15° 之间的热带地区，北纬 17° 以北曾被认为是"植胶禁区"。我国将种植面积北移到北纬 18°~25°12′，达到了植胶纬度的极限，再扩大植胶面积的可能性很小。目前，全球有 60 多个国家规模种植巴西橡胶树，亚洲 16 个，非洲 27 个，中南美洲 21 个。种植面积较大的国家有印度尼西亚、泰国、马来西亚、中国、印度、越南、尼日利亚、巴西、斯里兰卡、利比里亚等，尤以东南亚各国栽培最广、产胶最多，马来西亚、印度尼西亚、泰国、中国、越南、斯里兰卡和印度等国的植胶面积和产胶量占世界的 90% 以上。中国植胶区主要分布于海南、广东、云南。

中华人民共和国成立后，以何康、黄宗道为代表的天然橡胶科技工作者经过不断的生产实践和科学研究，通过选择宜植胶地、选育抗性高产品种、研发抗风抗寒栽培技术和适应北移种植的采胶技术，基本上解决了各种技术难题，创造了历史奇迹，成功将橡胶树从原产地的南纬4°~5°移到北纬18°~24°种植。近年来，中国热带农业科学院橡胶研究所黄华孙团队三代人历时37年，成功选育了耐寒抗风高产橡胶树品种。其中，热研917等抗风高产品种针对海南和广东植胶区台风频发、抗风高产品种缺乏的问题，让胶园实现稳产、高产；云研77-4等耐寒高产品种，让种植区北缘由北纬24°延伸到25°12′，使我国中重风害植胶区实现了高产植胶；同时，育成品种的天然橡胶质量已符合高端用胶要求，成功用于制造C919、ARJ21等飞机轮胎，为我国天然橡胶产业可持续发展和战略资源安全保供提供了品种与技术支撑。此外，热研917等抗风高产品种成功输出至泰国、马来西亚、科特迪瓦等主要植胶国家。

2021年，世界天然橡胶种植面积2.3亿亩（亚洲约2.0亿亩），开割面积约1.5亿亩，产量1 384.2万吨（亚洲产量约占90%），产值约2 300亿元（不含下游深加工产值），世界主要产胶国为泰国、印度尼西亚、越南、中国、马来西亚、印度等。2021年，中国橡胶种植面积约为1 710万亩，产量约85.1万吨，其中，海南省种植面积792万亩、产量35万吨，在全国占比分别为46.3%、41.1%；云南省种植面积850万亩、产量48.3万吨，在全国占比分别为49.7%、56.8%；广东省种植面积68万亩、产量1.8万吨，在全国占比分别为4.0%、2.1%。中国是全球最大的橡胶消费国和进口国，消耗量占世界总产量的44%，对外依存度超过87%。

2. 天然橡胶数智化生产技术发展

20世纪末，我国基本实现了天然橡胶从种植园建设、抚育管理到收获、运输、更新等多环节相互配套的机械化作业。随着我国天然橡胶产业的变化，橡胶园管理向全程机械化发展，主要技术革新点在于农机与农艺融合方向的新型抚管装备、更加轻便的割胶设备、自动化程度集成更高的初加工装备等。近年来，智能技术发展迅速，特别是自动控制的改进，对林业、畜牧业和未来农场管理等产生了重大影响。天然橡胶数智化生产技术发展是当前橡胶行业的重要趋势，其对于提高生产效率、降低成本、优化产品质量等具有重要意义。

我国橡胶园的数字化管理、天然橡胶初加工数字化管理仍处于初级阶段。数智化生产技术是将数字化、网络化、智能化等技术应用到天然橡胶的生产制造领域，通过自动化、智能化的手段提高天然橡胶生产管理与初加工制品的质量和效率，降低企业的人工成本和能耗成本，是未来的发展趋势。今后，天然橡胶数智化生产技术的发展包括：一是将更加注重各种技术的深度集成与融合，形成更加完善、高效的智能制造系统，有助于提高生产过程的自动化和智能化水平，进一步降低生产成本和提高产品质量；二是将更加注重智能化决策支持系统的建设，通过收集和分析生产管理过程中的各种数据，为企业管理层提供科学的决策支持，帮助企业更好地应对市场变化和竞争挑战；三是更加注重可持续发展，通过采用环保材料、优化生产工艺、降低能源消耗等措施，实现绿色生产和可持续发展。随着技术的不断进步和应用范围的扩大，数智化生产技术将在天然橡胶行业中发挥越来越重要的作用。

二、发展架构

（一）天然橡胶生产机械发展

1951年8月30日，中央人民政府政务院颁布《关于扩大培植橡胶树的决定》。1952年1月1日，华南垦殖局海南分局成立（海南省农垦总局前身），集中人力、资金、机械，种植橡胶树36.95万亩。20世纪50年代，我国从国外引进拖拉机和配套机械装备，并结合我国生产实际，经多年"选、改、创"消化吸收；20世纪90年代，我国自主研发的机械基本实现了从种植园建设、抚育管理到收获、运输、更新等多环节相互配套的机械化作业；21世纪以来，橡胶园管理向全程机械化发展。中国天然橡胶生产机械发展历程如表3-1所示。

表3-1 中国天然橡胶生产机械发展历程

时间	研发的主要机械	主要用途
20世纪50年代	从国外引进拖拉机和配套机械装备	橡胶树种植
20世纪60年代	研制了与国产履带式拖拉机东方红-54（75）型配套的挖根机、清山机、搂根机、推土机、W-80D挖穴机；与国产轮式拖拉机配套的W-80C型挖穴机等	在热带、亚热带地区的杂木林地、丘陵山地开垦造田，大规模种植橡胶树
20世纪70年代	研制了与国产上海-50型轮式拖拉机配套的W-45D型双钻头挖穴机、3-Z0.6型自动避让松土除草机、3GS-8型修枝整形机，与工农-10型手扶拖拉机配套的C-0.6型铲草积肥机和7J-6型胶水运输车，3YJ-2型烟雾植保机，ZC（ZY）-1.8型针刺采胶器等	用于橡胶园抚育管理，包括松土除草、修枝、施肥、植保、采收胶
20世纪80—90年代	研制了YB-50型液压拔树机、TW-3型推树挖根机、W-75X型挖穴机、W-5C手提式挖穴机、WS-900型挖根深松犁等	主要用于橡胶园更新
21世纪以来	研制了3FJD系列胶园立/卧式单辊除草机、1JB系列胶园避让除草机、2FJS系列胶园双辊粉碎还田机、2FJ-S深开沟施肥覆土机、2KF-15型天然橡胶圆盘施肥机、2FJ-Q免耕施肥机、2FH-L型履带遥控胶园开沟施肥机、2FJX小型胶园开沟施肥机、3XSP-1型橡胶施肥机、3F-400型高扬程喷粉机、3FXL-07型硫黄喷粉机等橡胶园管理机械；开发了多功能（除草、开沟、回填土、施肥、旋耕、运输、打药、起垄、树枝粉碎等）履带遥控作业平台和小四轮驱动拖拉机动力平台；开发了CDJ系列多功能（除草、高枝锯、高枝剪、电锯等）背负式锂电平台	主要用于橡胶园管理全程机械化

（二）天然橡胶采收机械发展

机械割胶是辅助或代替人工割胶的重要方式之一，也是世界性难题。橡胶树树皮厚度约 7 毫米，从外到内依次是粗皮、沙皮外层、沙皮内层、黄皮和水囊皮，其中水囊皮的厚度小于 1 毫米，割胶时要求避免损伤到水囊皮，割胶技术难度大，在机械设计上要求割胶精度达到毫米级。同时，橡胶树主要分布在热带丘陵山区，丘陵山区地形差异大，且丘陵山区农业机械化发展滞后，农机化技术服务水平低，对橡胶园采收机械的研发与应用提出了更高要求。目前，国内外已经开展了便携式采收装备、一树一机固定式采收机械、移动式采收机械（包括机器人）等多种采收机械的技术探索。在割胶领域，目前研发的割胶技术与装备，按照操作方式主要分为手持式、固定式、移动式 3 种，可以有效降低割胶技术难度和劳动强度，但均未得到大面积应用与推广。随着科学技术的进步和发展，人工智能割胶将成为今后割胶新模式中的一个重要发展方向，有望在生产中成功应用。主要割胶装备研究案例进展如图 3-1 所示。

图 3-1　割胶模式研究进展

准确的割胶轨迹、割胶深度、割胶厚度、树皮消耗量和仿形机构是割胶机械最重要的评估指标。目前国内外研发的比较有代表性的割胶机械的评估指标如表 3-2 所示。就目前割胶机器人的发展现状而言，大部分设备仍处于实验室阶段，尚未达到工业化和商用阶段。

表 3-2　国内外研发的比较有代表性的割胶机械评估指标

名称	精准的割胶轨迹	割胶深度控制	树皮消耗量控制	切割仿形	文献发表时间
传统割胶刀	无	无	无	无	2011年
优化的割胶刀	无	有	有	无	2019年
电动割胶刀	无	有	有	无	2018年
电动割胶刀	无	有	有	有	2019年
固定式割胶机	有	有	有	无	2020年
行走式割胶机器人	有	有	有	有	2021年
行走式割胶机器人	有	有	有	有	2022年
仿形进阶式割胶机	无	有	有	有	2022年

1. 便携式割胶装备研究进展

传统割胶刀包括拉式割胶刀和推式割胶刀，传统人力割胶刀具的使用具有成本低且胶工易于接受的优点。然而，传统人力割胶存在许多缺点，如不能更换刀头、技术难度大，胶工很难控制单刀次割胶的质量和形状，严重影响了橡胶行业的经济效益。与传统采胶工具相比，便携式采收机械仍需要人力辅助操作，但大大降低了割胶技术难度，扩展了胶工来源。研发的便携式采收机械主要包括传统胶刀式、旋切式和往复式。其中，中国热带农业科学院牵头研发的4GXJ系列便携式电动割胶（往复式）装备达到国际领先水平，使用该装备割胶，劳动强度降低60%以上，割胶效率提升30%~40%，已在中国、马来西亚、泰国等13个植胶国推广应用1万余台，该技术处于小面积推广应用阶段。

传统胶刀式　王驭陌等研发的智能割胶刀是利用TRIZ理论的冲突矩阵和创新原理，对传统割胶刀进行的改进，能够同时测量已割树皮的厚度和树皮的总厚度，没有割胶经验的胶农使用该割胶刀割胶，产量能增加20%~30%。

旋切式　黄理等研发的分体式割胶机主要由机头组件、割胶机本件、电池盒连接组件组成，该割胶机通过机器带动切刀旋转实现对树皮的精准切割，该割胶机降低了采胶时割胶机本体的控制难度，实现了电池盒主体的快速更换，能够同时实现拉割或推割的割胶方式。

往复式　曹建华等研发的割胶刀主要由手柄、刀片、采胶耗皮深度调节装置、耗皮量调节装置等组成。该割胶刀能够实现采胶深度和厚度的有效确定，降低了人为主观因素对采胶深度和厚度的影响，降低了割胶的技术难度。黄敞等研发的电动割胶刀主要由刀片、驱动杆、轴承、偏心轴、电机和手柄组成。通过电机动力传动带动刀片切割橡胶树的树皮，实现扇形切割，不需要人工控制刀片单次的切割轨迹，减少对橡胶树皮水囊皮的伤害，提高割胶质量，降低对割胶产量的影响。

2. 一树一机固定式割胶装备研究进展

一树一机固定式采收机械不需要人力辅助割胶，将该装备捆绑在橡胶树的开割面上，可自动完成割胶作业，可大幅度降低人力割胶成本，但机械割胶成本较高。其中，海南海胶集团与青岛中创瀚维精工科技有限公司联合研发的一树一机固定式割胶机器人开展了样机生产和技术测试演示，可以实现灵活全自动割胶作业。2019年，海南海胶集团在海南红光公司建设了2.5代智能割胶机器，覆盖300亩橡胶园，安装7 000多台机器开展试点应用。目前一树一机固定式采收机械仍处于小范围试点应用阶段，有望解决胶工短缺问题。

张喜瑞等研发的异向曲柄自动夹紧定心割胶机主要由上夹紧装置、下夹紧装置、齿轮齿条圆周运动装置及丝杆光轴所组成的刀具轴向运动装置组成。该割胶机采用异向曲柄夹紧装置对橡胶树进行定心及夹紧，再通过刀具夹持机构的复合运动实现割胶。邓怡国等研发的具有双刀刃结构的割胶设备主要由外框架、垂直升降进给装置、螺旋割胶装置、太阳能板、收胶桶等组成，该割胶设备可以完全模仿人工割胶的动作，实现全自动化割胶，以实现替代人工割胶的目的，可以提高割胶效率和割胶质量。郑勇等研发的电动割胶机主要由割胶刀、导轨、第一驱动装置和控制器等组成。该割胶机通过第一驱动装置驱动滑块沿着导轨运动，滑块带动割胶刀运动，实现自动割胶。许振昆等研发的割胶机主要由支撑钢管、螺旋导轨、电机、刀架等组成。该装备借助夹持机构固定在橡胶树上，利用切割轨迹控制机构使切割轨迹成螺线形，借助丝杠螺母实现环形切割，利用切割深度调节机构调节适当的切割深度，能够替代人工，实现无人自动割胶，最大程度地解决了人工割胶劳动强度大、人工割胶不够精细化的问题。

3. 移动式割胶装备研究进展

随着现代信息技术的快速发展，我国农业进入数字化时代，农业机械向自动化、智能化方向发展，工业机器人技术被探索应用于热带丘陵山区的橡胶园收获中。移动式采收机械研究主要包括空中移动式和地面行走式，目前仍处于探索阶段。

空中移动式 曹建华等研发的自动割胶设备主要由行走轨道、行走机构、关节旋转器、回转臂、回转传动机构、割胶刀片等组成。该割胶装备采用悬空轨道实现割胶装备的空中行走，进而实现一机多树的采胶目的。该方式利用橡胶园中部空间，既不受橡胶园地形的影响，也不影响林下经济作物的种植，能够适应超规范种植的胶园。

地面行走式 张俊雄等研发的割胶机器人主要由刀具、传感器、底座、机械臂、刀片等组成。该装备采用力反馈控制系统和方法，降低割胶轨迹误差，实现自动化割胶作业，提高割胶作业效率和割胶质量。邱继红等研发的智能割胶机器人主要由机械臂、GPS、底盘、激光雷达、储胶罐、扫描仪、电动割胶刀、胶水收集泵、吸胶管等组成。该装备融入二维码标识、云端系统等现代信息技术，由云端系统控制割胶机器人进行割胶作业，在复杂胶园地形中可以灵活行走，可实现一机多树割胶，提高割胶效率。周航等研制了割胶机器人样机，主要由地面轨道、机械臂、视觉系统、传感器等组成，该款设备适合复杂的胶园地形，利用射频标签（Radio Frequency Identification，RFID）技术，集成应用了无源电子标签和阅读器，帮助准确定位目标橡胶树的割面，割胶作业精度达到亚毫米级，切割树皮时，耗皮量误差、切割深度误差分别为 0.28 毫米、0.49 毫米。该装备能够利用铺设在胶园的轨道，实现无人化一机多树割胶。

（三）天然橡胶初加工机械发展

我国天然橡胶初加工生产的设备发展始于 20 世纪五六十年代，主要集中在广东、广西、海南、云南等省（区），经历了仿、改、创 3 个阶段，是热带农业的一个重要组成部分。目前，各个天然橡胶初加工厂所使用的设备，以国产设备为主，以进口设备为辅。天然橡胶初加工机械及分类具体如下。

压薄脱水机械　压薄机、绉片机、洗涤机、压片机、螺杆预洗机等。

造粒机械　锤磨式造粒机、剪切法造粒、螺杆挤压式造粒机、撕粒机。其他造粒设备：胶团锤磨机、碎胶机、搅碎机等。

干燥设备及相关辅助设备　干燥方法和热源、干燥设备等。其他相关辅助设备：热风煤炉、推进器、直渡车、制动器、吊车架、装料站等。

打包机械及相关设备　螺杆式（机械式）打包机、液压（油压）打包机等。包装相关设备：液压锯包机、电子台秤、金属探测仪、套袋架、堆胶平台等。

输送机械设备　带式输送机、斗式提升机等。

分离机械　胶乳离心分离机、胶乳离心净化机、胶乳离心沉降器等。

复合胶加工设备　干搅机、冷处理机、冷处理线等。

辅助机械设备　振动筛、胶泥清洗机、抽胶泵、搅拌机、拨胶机、凝固槽、干搅机、后处理冷却输送机等。

（四）存在的不足与对策建议

1. 存在的不足

在天然橡胶的生产过程中，机械设备发挥着至关重要的作用。然而，尽管技术进步使得这些机械设备在性能和效率上有了显著提升，但仍存在一系列问题亟待解决。

（1）胶园耕作环境复杂

当前我国热带作物，尤其是天然橡胶，主要种植在丘陵山地（主要包括缓坡地、高坎地甚至陡坡地），坡度差异显著，地块差异明显，管理机械难以到达，且难以确保机械作业的稳定性和安全性，不利于橡胶园管理机械化的实施。

（2）农机农艺不融合

数十年来我国天然橡胶的种植方式没有较大的根本性变革，一直沿用基于人工管理的种植理念。在实际应用中，农机与农艺之间的不匹配问题日益凸显。一方面，农机设计往往过于追求通用性和标准化，忽视了不同品种、不同树龄、不同橡胶园环境、不同地域的农艺需求；另一方面，农艺研究则更多地关注天然橡胶产量和土壤环境，对农机技术的运用缺乏深入了解。由于农机与农艺的不匹配，许多先进的农机设备无法充分发挥其效能，而农艺研究也往往因为缺乏合适的农机支持而无法实现其研究成果的转化。农机农艺不融合的现象，不仅制约了天然橡胶的生产效率，也影响了橡胶园机械化的整体进程。

（3）能源消耗大

天然橡胶生产机械在运转过程中，往往需要消耗大量的能源。这不仅增加了生产成本，也对环境造成了压力。特别是在炼胶、挤出、压延等天然橡胶初加工关键环节中，设备的能耗尤为显著。因此，如何降低天然橡胶生产机械的能耗，成为行业内亟须解决的问题。

（4）设备维护成本高

天然橡胶初加工生产机械往往需要在高温、高压等恶劣环境下运行，这使得设备的磨损和老化速度加快。为了保持设备的正常运转，需要定期进行维护和保养。然而，由于设备结构复杂，维护成本较高，给企业带来了不小的经济压力。

（5）智能化水平低

尽管一些先进的天然橡胶生产机械已经具备了一定的自动化和智能化功能，但整体而言，行业的智能化水平仍然较低。这主要体现在设备的控制精度、故障诊断、数据处理等方面。智能化水平的不足，不仅影响了生产效率和产品质量，也限制了企业的市场竞争力。

2. 对策建议

（1）加强农机农艺融合的研发与技术推广应用

农机与农艺是两个相互依存、相互促进的领域，只有两者紧密结合，才能实现农业生产的高效化、智能化和精准化。建立以效益为中心的新型农艺模式理念，克服片面"唯产量论"；加强研发合作、推广与应用、服务支持、政策制定与实施以及国际交流与合作等方面的工作，切实实现农机农艺的深度融合，推动天然橡胶生产的高效化、智能化和精准化。

（2）研发节能型设备

通过技术创新和研发，开发出更加节能的天然橡胶生产机械。例如，采用高效节能的电机、优化设备结构、提高能量转换效率等，降低生产成本，减少对环境的负面影响。

（3）提高设备维护效率

加强设备的日常维护和保养，及时发现和处理设备故障。同时，利用先进的信息技术手段，实现设备的远程监控和故障诊断。降低设备维护成本，提高设备的可靠性和稳定性。

（4）推进智能化改造

加快天然橡胶生产机械的智能化改造步伐，提高设备的自动化和智能化水平。通过引入先进的控制系统、传感器和数据分析技术，实现设备的精准控制和智能管理。提高生产效率和产品质量，降低人力成本，提高企业的市场竞争力。

三、场景案例

（一）案例一：割胶机械应用场景

1. 便携式电动割胶刀

4GXJ系列电动割胶刀是便携式电动割胶刀推广应用的典型案例（图3-2）。根据采胶技术标准要求，利用现代机械自动化、仿真模拟和电控技术，参考人工割胶操作习惯，进行农艺农机相融合，研发了4GXJ系列便携电动割胶装备，包括4GXJ-1型电动割胶刀和4GXJ-2型电动割胶刀。该装备技术达到国际领先水平，获得海南省科学技术进步奖一等奖，入选2022年中国农业农村重大新装备，被列为2021年海南省农业主推技术。

图3-2 便携式电动割胶刀应用场景

4GXJ型电动割胶刀的主要技术特点：一是适应性强，对称刀片结构设计，可阴刀、阳刀、高低线割胶，可开水线和新割线，可推割和拉割；二是轻便舒适，人机工程学设计，手感舒适，主机重量约300克；三是减少伤树，割胶深度和厚度由机械控制并可调节，有效减少人为操作不当而伤树；四是应用面广，无级调速，可根据树龄、割制、耗皮量的不同需求，选择适宜的动力转速，适合8~30龄的橡胶树；五是胶水清洁，切割下的树皮呈长条片状，无树皮碎屑污染胶水；六是效果良好，下收刀够深、整齐，割线平顺，刀身对割线无挤压，有利排胶；七是省工高效，有效减少胶工眼睛和身体疲劳；不撕老胶线，熟练使用单株效率提升50%以上，整体效率提升30%~40%；八是模块化设计，整机按功能模块化设计，大大降低了维修技术难度，单个模块损坏可以快速拆卸更换，大幅节约维修成本与时间；九是质量优良，经过了3年多生产实践的检验，性能稳定，电池、刀片质量优良，耐用性强；十是降低生产"双难"，大幅降低割胶技术难度和胶工劳动强度，割胶作业由专业型转变为大众型，有效拓展胶工来源。

4GXJ系列便携式电动割胶装备与技术的应用表明，切割深度和耗皮厚度高精度控制，是天然橡胶机械割胶技术的基本要求；实现低损仿形切割，是提升作业效率和满足可持续生产的技术关键；实现电动割胶装备低振作业及高可靠性，是其投入生产应用的前提；实现电动割胶装备多用途广适性切割，满足天然橡胶收获农艺生产需求是生产应用的关键核心。电动割胶刀的使用，大幅降低了割胶技术难度，提升割胶效率30%~40%，降低劳动强度60%，使割胶由"专业技术依赖型"转变为"大众易操作型"，可拓展胶工来源，对于缓解产业技术胶工短缺、减少弃管弃割胶园面积、增加农村就业岗位具有重要意义。采用传统胶刀采胶时，一旦胶工流失，新招胶工培训时间长，可能会因为胶工短缺导致胶园数月弃割；使用电动割胶刀时，新胶工经短时间培训后即可上岗割胶。同时，可解放部分劳动力从事其他经营活动，对于增加农民收入、振兴乡村经济具有积极意义。

4GXJ系列便携式电动割胶装备与技术主要应用于天然橡胶机械采胶领域，适用于中国、泰国、柬埔寨、斯里兰卡、印度、缅甸等植胶国家，可解放部分劳动力从事其他经营，增加胶工家庭收入。目前已在中国、越南、泰国、柬埔寨等13个世界主要植胶国推广应用1万余台，培训国内外胶工1.2万余人次，成为服务"一带一路"共建国家的科技亮点。

2."一树一机"全自动割胶机器人

2023年，第二十六届中国（海南）国际热带农产品冬季交易会，海胶集团展示了"一树一机"全自动割胶机器人（图3-3），割胶机器人固定在树上全自动进行割胶作业，2分钟割一刀，割胶工艺达到一级胶工水平，让胶树长期保持高产、稳产。全智能割胶机器人所搭载的机械臂配备视觉伺服系统及自制割胶刀具，能够实现复杂环境下机械臂的精准控制，完成对每棵橡胶树的割胶作业。该机器人还可依靠自主研发的多设备集成控制系统，实现多传感器融合协同作业。胶农通过手机App就能控制机器人，再也不用昼伏夜出进行割胶作业。目前，割胶机器人已经在阳江农场、西联农场、红光农场示范推广了7 000余套。

"一树一机"全自动割胶机器人主要由全自动割胶机器、手机App、大数据及应用端组成，可根据天气、环境等因素灵活调整设置割胶时间，方便胶农收胶和售胶。启动电源后，刀片可以按照事先调设好的轨迹，环绕树干切割出一条条匀整的割线，在保证乳胶产量的同时，能在很大程度上减小树皮损伤。2022年，海南白沙黎族自治县以七坊镇为试点，率先建立10亩左右的示范橡胶园，进一步探索全自动割胶机器人与白沙橡胶生产的有机结合，助推白沙天然橡胶朝着自动化、智能化方向发展，让科技为白沙乡村振兴提供更加强大的动力；2022年，云南勐腊农场安装全智能割胶机器人10 000台；2023年3月，海南屯昌县联合科研机构试点投放150台"一树一机"全自动割胶机器人，并将根据实际情况进行推广应用。

（二）案例二：橡胶园其他机械应用场景

1. 橡胶园林下芽菜种肥一体种植机和切割机

橡胶园林下芽菜种肥一体种植机的肥箱容积400升，种箱容积200升，一次性可自

图 3-3 "一树一机"全自动割胶机器人及其应用场景

动铺种和铺肥 50 盘，铺肥效率约 350 千克/小时，播种量约 150 千克/小时，使用该装备作业下 2 名工人连续 1 小时的工作量，相当于传统人工作业下 4 名工人连续 5 小时的工作量，大大提高了林下芽菜种植工作效率，大幅降低了人工成本，为橡胶园林下高效种植提供了技术与装备支撑（图 3-4）。

图 3-4 橡胶园林下芽菜种肥一体种植机

橡胶园林下芽菜切割机的放盘模式、打包模式均为人工，打包效率约为150千克/小时，该装备需要操作人员2人（图3-5）。与纯手工切割加打包效率25千克/小时相比，效率提高了3倍。芽菜的最大切割宽度30厘米，最小留茬高度2厘米，留茬高度可调。为橡胶园林下种植芽菜提供了技术与装备支撑。

图3-5　橡胶园林下芽菜切割机

2. 橡胶园林下自走式通用种植覆肥机

橡胶园林下自走式通用种植覆肥机，主要由行走底盘、播种机构、覆肥机构组成（图3-6），可以用于播种玉米、豆类作物。行走底盘宽1.2米，最大行进速度为8千米/小时，最大负重为800千克，可顺利通过45°以下的橡胶园斜坡地形。播种机构可实现单垄双行，播种效率约为5亩/小时。覆肥机构一次可装载有机肥500千克，可满足0.5亩土地的覆肥需求量，在人工辅助装载肥料作业下，覆肥效率可达到3吨/小时。该装备综合工况下，工作效率可达到3亩/小时，日均工作效率可达到20~30亩，提高了林下种植工作效率，减少了用工成本。该装备也可搭载除草模块，由通用底盘搭载，作业宽度1米。在低矮草丛进行控茬、除草作业，机器结构简单灵活，可远程操作，大大改善了作业人员的工作环境。为橡胶园林下高效种植提供了技术与装备支撑。

3. 橡胶园林下开沟施肥回填一体机

橡胶园林下开沟施肥回填一体机主要由肥料箱、绞龙输送器、V型驱动开沟器等构成（图3-7），出肥方式采用独特的绞龙式出肥，出肥的速度可通过液压调速器无级调速，最大施肥速度为50千克/分钟；开沟方式为动力驱动方式，能大大减轻配套拖拉机的负担，最大开沟深度达40厘米，深度可通过限深轮调整。机器作业开沟、施肥、回填一体，开沟深度可调，作业拖拉机50马力（1马力≈735.5瓦）以上，料箱容积1米^3。配套装载机辅助作业效率为10亩/小时，人工辅助上肥作业效率为3亩/小时。

图 3-6　橡胶园林下自走式通用种植覆肥机

图 3-7　橡胶园林下开沟施肥回填一体机

4. 橡胶园林下轻型有机肥抛肥机

橡胶园林下轻型有机肥抛肥机（图 3-8），即拖拉机背负式抛肥机，可以灵活穿梭在橡胶林地，可以撒农家肥、有机肥。料箱容积 1.5 米³，撒布宽度 2~6 米可调，配套作业机具 90 马力以上，最大抛送效率为 10 分钟/米³。

图 3-8　橡胶园林下轻型有机肥抛肥机

5. 橡胶园林下双辊重型粉碎机

橡胶园林下双辊重型粉碎机配套 120 马力拖拉机，驱动竖直双辊刀，作业宽度 1.2 米，单次作业效率 3 亩/小时（图 3-9）。作业针对长期弃管橡胶园，以及树枝及灌木茂盛的橡胶园。主要功能：粉碎橡胶林下落枝还田，小型灌木及橡胶林下杂草还田。

图 3-9　橡胶园林下双辊重型粉碎机

6. 橡胶园林下旋耕施肥起垄一体机

橡胶园林下旋耕施肥起垄一体机如图 3-10 所示，可对粉状、颗粒肥及高水分农家肥等进行高效机械化施肥作业，适用于辣椒、南瓜、甘薯、菠萝等作物的施肥；可一次性完成施肥、粉碎、旋耕混埋、开沟起垄等作业；标准三点式后悬挂，操作简单，排料连续均匀，故障率低，适应性好，能有效提高有机肥施用效率，节省人工成本。配套动力为 50~120 马力，工作幅宽 160 厘米，施肥深度≤15 厘米，料箱装载量≤1 000 千克，生产效率 3~5 亩/小时。

图 3-10　橡胶园林下旋耕施肥起垄一体机

（三）案例三：智慧胶园系统应用场景

云南省首个智慧胶园落地西双版纳傣族自治州，该智慧胶园通过全智能割胶机器人实现天然橡胶生产自动化、机械化，通过数字技术，实现橡胶生产管理数字化、智能化，颠覆以往的人工割胶作业方式。

智慧胶园系统平台是一个集成了先进技术的橡胶产业管理系统，该系统旨在提高橡胶产业的效率，降低成本并改善环境可持续性。智慧胶园系统通过运用物联网、4G/5G、云平台、卫星定位、大数据等先进技术，实现对橡胶园区的智能化管理。该系统可以实时监测橡胶树的生长状况、环境参数等关键信息，并通过数据分析为管理者提供决策支持。

该系统平台的功能包括：①实时监测。智慧胶园系统可以实时监测橡胶树的生长情况、病虫害状况以及环境参数（如温度、湿度、降水量等）。这些数据通过传感器收集并传输到云平台进行分析处理。②远程控制。管理者可以通过手机 App 或电脑端远程控制系统，实现对橡胶园区的灌溉、施肥、病虫害防治等作业的远程控制。这大大提高了工作效率，降低了人力成本。③数据分析。系统利用大数据分析技术，对收集到的数据进行深入挖掘和分析，为管理者提供精准的生产建议、病虫害预警等决策支持。④智能化决策。基于数据分析结果，智慧胶园系统可以自动生成优化方案，帮助管理者作出更加科学、合理的决策。

该系统的应用包括：①灌溉管理。根据橡胶树的实际需求和环境条件，系统自动调节灌溉设备的运行，确保橡胶树得到充足的水分供应。②施肥管理。根据土壤养分状况和橡胶树的生长需求，系统自动计算施肥量并控制施肥设备的运行，实现精准施肥。③病虫害防治。系统通过实时监测病虫害状况并结合大数据分析，提前预警病虫害的发生并给出防治建议，降低病虫害对橡胶树的影响。④产量预测。基于历史数据和当前生长状况，系统可以预测橡胶树的产量，为管理者制订销售计划提供依据。

该系统具备的优势包括：①提高效率。通过智能化管理，减少了人工干预和误差，提高了工作效率。②降低成本。降低了人力成本、化肥和农药的使用量等，从而降低了生产成本。③改善环境。通过精准施肥、灌溉和病虫害防治等措施，减少了对环境的污染和破坏。

智慧胶园系统是一个集实时监测、远程控制、数据分析于一体的智能化管理系统，通过应用该系统可以显著提高天然橡胶产业的效率、降低成本并改善环境。随着信息技术的不断发展和普及，智慧胶园系统将在橡胶产业中发挥越来越重要的作用。未来，该系统将进一步优化和完善，实现更加智能化、精准化和高效化的管理，为橡胶产业的可持续发展提供有力支持。

（四）案例四：天然橡胶初加工机械应用场景

近年来，天然橡胶初加工机械的应用进展显著，这不仅体现在机械技术的创新上，还体现在生产效率和产品质量的提升上。在机械设计和制造方面，采用了先进的CAD/CAM技术和精密加工技术，使得初加工机械的结构更加合理，性能更加稳定，生产效率大大提高；在智能化控制方面，引入了PLC、变频器、传感器等自动化控制设备，实现了对初加工过程的精确控制，提高了产品的稳定性和一致性。此外，环保节能技术的应用成为初加工机械发展的重要趋势，如采用节能电机、优化冷却系统等，有效降低了能耗和污染。

天然橡胶初加工机械在天然橡胶产业链中扮演着重要角色。从橡胶树的种植、采割到初加工、深加工，每一个环节都离不开初加工机械的支持。在初加工阶段，初加工机械能够将采割下来的橡胶乳进行分离、脱水、除杂、造粒等处理，得到符合要求的初加工产品。这些初加工产品可以进一步用于生产轮胎、橡胶管、橡胶板等制品，广泛应用于汽车、交通、建筑等领域。天然橡胶初加工机械的应用进展显著，对于推动整个天然橡胶产业链的发展具有重要意义。未来，随着科技的不断进步和市场需求的不断变化，初加工机械的应用将会更加广泛，为天然橡胶产业的发展注入新的动力。天然橡胶初加工机械应用场景如图3-11所示。

四、发展思考

（一）科研重点支持领域建议

1. 科学谋划"十五五"主要热带作物数智化生产发展

立足我国热区特色优势作物，按照重点突出、分步辐射的原则，厘清思路，做好地

图 3-11　天然橡胶初加工机械应用场景（天然橡胶破碎、除杂等）

区"十五五"数智农业长期建设规划。以规划为依据，逐年、分批次给予经费支持。争取以点带面，用 10~15 年时间，让热区农业农机化、信息化、智能化水平上一个大台阶，缩小与国内其他先进省份甚至世界发达农业国家之间的差距。

2. 重点支持科研领域

在热带农业中占有重要地位的农产品包括：主要热带农作物，如水稻、甘薯、大豆、花生、茶叶、菠萝、荔枝、柑橘橙柚、香蕉、龙眼、杧果、蔬菜瓜果类等；主要热带经济作物，如天然橡胶、椰子、咖啡、槟榔、腰果、剑麻、胡椒等；南药，如槟榔、益智、砂仁等；水产品，如海水鱼虾类、贝类、淡水鱼虾类等。

今后，主要热带作物数智化生产装备发展的重点领域和方向应围绕以上主要农产品开展，围绕产业需求和发展，结合热区农业科技重点工作，可以考虑在农产品的全产业链、通用关键技术、专用关键技术、产业瓶颈等方面设立具体的研究方向。

3. 重点支持领域建议

（1）种植环节机械化与信息化

热带主要农作物、主要热带经济作物、南药等作物的耕种、除草、喷药等机械化和信息化设备与技术的研发、集成。

（2）采收环节信息化与机械化

热区主要农作物的收获机械研发，包括天然橡胶割胶机械，农作物、经济作物、南药产品采收信息采集、过程检测、机械臂集成研发等。

（3）养殖环节智能化、自动化、信息化

虾池、鱼塘以及海水网箱养殖等关键信息动态监测，投饲机等机械装备研发集成。

(4) 加工环节机械化与智能化

农作物、经济作物、南药产品的初加工与包装机械装备，胶乳初加工装备。

(5) 贸易环节信息化

研究利用电商平台、用户服务和管理数据库平台、智能农机服务公众号，打造"互联网+智能农机"销售与服务平台，分析市场对智能农机的需求，引导热区农业数智技术发展，为种植户提供智能农机宣传、销售与服务平台。

(6) 农机农艺融合研究

①培育适合机械化生产的作物品种。根据农业机械生产的基本要求，支持培育适合农业机械种植、收获的品种。②建立适合机械化生产的农业生产技术体系。支持开展科学合理、农机与农艺相互适应的机械作业规范、农艺标准和种植模式研究，为顺利实现机械化作业打下基础。③开展农机农艺融合专业技术培训。农机农艺融合现代生产技术转化为现实产业生产力，离不开农机农艺知识和专业技术的示范推广，有必要针对热区的生产需要，加强开展相关讲座与培训。各级相关部门应结合当地情况，积极支持开展专项培训活动，做好农机手和基层农技推广员两个层次人员的培训工作，推广先进适用的农机化技术和农艺技术。

(二) 打造热带数智农业支撑平台

热带作物颇具特色，打造具有热带农业特色的数智农业支撑平台，意义重大。热带数智农业支撑平台建议如下。

1. 热带数智农业重点实验室

建设热带作物、热带养殖智能化农机重点实验室，主要用于引入、研发适合热带种植、热带养殖的智能化农机装备与技术，探索数智农业装备方面的新技术、新装备，助力热带数智农业装备的创新与应用，服务于热带农业产业。

2. 数智农业示范基地建设

建设热带作物（天然橡胶、水稻、甘蔗、茶叶、水果、蔬菜等）、热带养殖产品（海水鱼虾类、贝类、淡水鱼虾类）数智农业示范基地，开展智能装备与新技术研发集成与试验，展示较成熟的数智农业智能装备与新技术，进行设备操作使用培训，示范引领热带农业产业发展及技术应用，为数智农业智能装备技术的应用与推广提供平台。

3. 智能装备共享网络信息服务平台建设

建立热带智能农机共享网络信息服务平台，整合热带数智农业及装备资源，打造"互联网+智能农机"模式，实现数智农业智能农机共享，提高数智农业智能农机的利用效率并扩大辐射面。

(三) 建立热带数智农业创新团队

以科技创新条件平台、重点建设科研机构和重点学科为依托，以旗帜性人才、杰出人才、特聘教授等为核心，以科研项目建设为载体，支持科研单位、高校、企业建立数智农业智能装备研发创新团队，通过对从事国家、科技部、海南省中长期科学和技术发展规划的重点领域或科技前沿热点问题研究的科研团队重点资助，促进学科交叉融合和集成发展，在关键领域取得重大标志性成果，提高热区人才培养质量，为热区社会发展提供人才支持和智力贡献。创新团队建设纳入地方重点工程，如海南省"515工程"建设范畴，给予创新团队稳定的经费支持。

（四）打造热带特色的装备制造企业

围绕热带特色农业，重点围绕热带作物和热带养殖等特色产业，与国内外机械装备公司合作，打造3~5家热带数智农业智能农机装备龙头企业，并在资金、场地、税收等方面给予政策支持，扶强、做强、做大智能农机装备制造企业。

（五）配套扶持政策

加强人才引进与激励政策。加大人才发展资金投入力度，热区相关政府部门要合理统筹乡村振兴和农业现代化发展的资金，争取撬动更多社会资金，加大对农业智能装备、农机农艺融合模式、现代生产技术和农业科研的资金投入力度。加大对获得国家资助"数智农业智能装备"方面项目的资金支持和投入，研发、孵化与推广投入。对相关企业给予税收、政策支持。

加大对热区主持承担的国家重点项目的企事业单位进行配套政策和资助扶持。对数智农业智能农机装备关键技术研发集成与孵化、数智农业智能农机装备新产品基地示范试验进行补助政策扶持，对数智农业智能装备技术创新团队进行持续政策扶持和资金支持。

第四节 数字化赋能农业社会化服务

一、发展概述

（一）农业社会化服务数字化发展概述

长期以来，"大国小农"是我国最基本的国情和农业发展实际。经过改革开放40多年的发展，解决小农户与现代农业发展有机衔接的问题成为新时代中国农业现代化的核心问题。2021年，农业农村部发布的《关于加快发展农业社会化服务的指导意见》指出，发展农业社会化服务是立足"大国小农"国情，实现中国特色农业现代化的必然选择。党的二十大报告明确指出，要大力发展农业社会化服务，加快建设农业强国，推进农业农村现代化。发展农业社会化服务，是实现小农户和现代农业有机衔接的基本途径和主要机制，是激发农民生产积极性、发展农业生产力的重要经营方式，已成为构建现代农业经营体系、转变农业发展方式、加快推进农业现代化的重大战略举措。2024年中央一号文件强调，农业社会化服务要聚焦小农户和农业生产关键薄弱环节，拓展服务领域和模式。农业社会化服务是指与农业相关的社会经济组织，为满足农业生产的需要，为农业生产的经营主体提供的各种服务。农业社会化服务的内容十分宽泛，涵盖农业产前、产中、产后环节，包括物资供应、生产服务、技术服务、金融服务、保险服务、信息服务，以及农产品的运输、加工、贮藏、销售等各个方面。《数字农业农村发展规划（2019—2025年）》提出，建设数字农业农村服务体系。《数字乡村发展行动计划（2022—2025年）》要求，加快农业生产经营数字化转型。国家发展改革委、国家数据局联合印发《数字经济促进共同富裕实施方案》提出，加快乡村产业数字化转型步伐，以数字化赋能乡村振兴。推进农业社会化服务数字化发展是农业农村现代化及数字农业发展的题中之义，是践行新质生产力发展理念、培育农业农村新质生产力、科技赋能农业社会化服务的创新之举。

农业社会化服务数字化发展并非农业社会化服务对种植养殖投入、种植养殖服务及销售等环节服务的电子网络化，它是家庭农场、合作社、农业龙头企业等农业社会化服务组织通过数字平台随时对接农户需求，并能通过对服务所产生的数据进行大数据分析，形成有价值的分析结论反馈给农户进而所形成的数据增值服务。农业社会化服务数字化发展体现出了数字技术赋能农业社会化服务，突出表现为数字化服务与传统农业社会化服务的融合。当前，我国农业社会化服务仍存在服务组织与小农户衔接不足的问题，具体表现为供需结构不平衡、服务能力存在差异和服务成本较高等突出问题。随着数字技术在农业领域的发展和应用，数字化赋能农业社会化服务高质量发展成为必然。

（二）海南省农业社会化服务数字化发展

以海南省为例。海南省第三次全国农业普查数据显示，全省农业普查登记的小农户为112.88万户，占各类农业经营户总数的99.9%；以农业生产经营或服务为主的农民合作社0.82万个，占全省工商登记的合作社总数的54.3%。海南省小农户仍是农业生产的绝对主力，农户的组织化程度偏低。未来很长一段时间，小农户仍将是海南农业生产的基本力量。海南省统计数据显示，2023年三次产业结构调整为20.0：19.2：60.8，农业占全省生产总值的比重达20.0%，在全国各省份中排名第二，仅次于黑龙江的22.2%。农业是海南的支柱产业，通过发展农业社会化服务，帮助农户解决一家一户干不来、干不好、干了不划算的问题，降低生产成本，提高经营效益，是海南农业加快从传统农业向现代农业转型的重要途径。

2017年起，海南省在中央财政农业生产发展资金的支持下，开始试点农业生产社会化服务项目，实施对象为提供农业社会化服务的经营性服务组织，重点支持供销合作社、农村集体经济组织、服务型农民合作社、专业服务公司和家庭农场等具有一定能力、可提供有效稳定服务的主体，提供以生产托管为主的社会化服务。截至2023年年底，海南省累计安排中央财政资金1.29亿元，累计完成农业生产社会化服务项目面积129.20万亩。经过多年发展，海南省多元化、多层次、多类型的农业社会化服务格局已初步形成，涌现出一批代表性的典型服务模式。海南雷丰芒果农民专业合作社

"以技术托管为依托，推进标准化生产精准化服务"、海南农乐南繁科技有限公司"当好农保姆，让忙田不累闲田不荒种田赚钱"服务模式分别入选2021年、2022年全国农业社会化服务典型名单。五田家控股有限公司入选农业农村部2021年批复的全国100个农业社会化服务创新试点组织。

海南积极探索推进数字赋能现代农业发展，热带农业社会化服务数字化发展已取得初步成效。海南多元槟榔产业发展有限公司构建槟榔行业全面、准确的信息数据平台，为用户提供行业资讯、数据信息、产业研究、产品交易、技术共享等线上服务。中化农业海南分公司通过MAP（Modern Agricultural Platform）技术服务中心和MAP数字农业平台，为农户提供线上线下相结合的农业生产托管服务。智慧南繁CRO（合同研发组织）综合服务平台，联通三亚、乐东、陵水三地的南繁服务资源并线上集中展示，面向南繁单位和团队提供选地、劳务、农机、检验检测、仪器设备等"一站式"线上选购预约CRO服务功能。2022年，海南数字"三农"服务平台投入使用，已实现农产品质量安全的智慧监管。

二、发展架构

（一）农业社会化服务信息平台

建立农业社会化服务信息平台，促进服务供需有效衔接。根据调研，海南省农业社会化服务市场处于起步阶段，且处于需求量和供给量双低的局面，服务市场发展还不成熟，无法实现供需有效对接。农业社会化服务供需结构不平衡问题是制约海南省农业社会化服务发展的关键堵点。从需求端来看，一是大量农户对以农业生产托管为主的农业社会化服务知晓率不高，对政策了解甚少，实际参与率非常低。二是农户自身具有较强的潜在需求，一方面土地规模小且分散，从事农业生产成本较高，部分地区土地撂荒闲置，农户有较强的非农就业意愿；另一方面农村劳动力大量转移，农业劳动力供给不足，"谁来种地"问题突出，制约了农业生产规模。农户的分工和分业，提高了农户参与社会分工的程度，为农户参与农业生产社会化服务创造了条件。从供给端来看，一是服务供给的数量结构失衡，部分生产环节服务供给过剩，而部分环节服务供给不足；以产中生产服务为主，产后服务参与率较低；服务主体间装备水平参差不齐，多数服务主体先进装备少，全程托管服务能力不足。二是服务供给的质量结构失衡，单一化、低端化的服务供给较多，优质化服务供给严重不足，诱发较激烈的同质化竞争。目前，中国的农民群体存在明显分化，分化的小农户对于农业社会化服务的需求也截然不同。然而，现有的农业社会化服务模式还较为单一，服务内容定制化还较少，加之现有服务主体普遍规模较小、实力不足，导致服务供给不能匹配小农户个性化的多样服务需求。

建立农业社会化服务信息平台则是破解农业社会化服务供需结构不平衡问题的关键。搭建海南省统一的农业社会化服务信息平台（以下简称农服平台），并与农业农村部"中国农业社会化服务平台"实现对接。完善全省农业社会化服务组织名录库,各市县组织本地区服务类农业企业、服务型农民专业合作社、有服务能力的村集体经济组织、服务专业户等各类农业社会化服务组织注册使用农服平台,将区域内服务主体集聚到平台,实现服务资源的共享利用。确保不同产业、不同类型的服务组织汇聚平台,满足农户等生产主体多层次、全方位的服务需求。各市县做好资格审查、信息录入和动态更新等工作,并及时报省级管理部门备案。同时,组织各类生产经营者进入农服平台。一方面,组织动员区域内种养大户、家庭农场、经营类合作社等规模经营主体注册使用农服平台;另一方面,组织本地区小农户和村集体经济组织使用农服平台,引导有条件的小农户积极使用平台。在平台上统一为农户发布服务需求信息,协调服务组织为农户提供服务。首先,将供需信息资源聚集于农服平台,在线上实现服务供需的信息发布、查询、预约、对接;然后,线下签订服务合同、实施服务作业;最后,对服务质量和效果进行评定、反馈等。发挥农服平台聚合作用,打通服务供需双方通道,推动信息化和农业服务业融合发展。

(二)综合性数字平台

搭建农业社会化服务综合性数字平台,赋能农业社会化服务拓展延伸。产业数字化已成为稳经济增长的重要引擎,为经济高质量发展注入了新动能。农业现代化的基本特征包括机械化、技术化、产业化、信息化、可持续化等多个维度。农业产业数字化是农业现代化的重要内容之一,是农业产业化与数字要素的融合发展,是以数据为关键要素、以数据赋能为主线的产业转型和再造过程,是数字要素赋能农业再生产的具体形式。数字生产力是新质生产力的具体表现形式,农业服务业转型亟须数字技术加持,开展数字化服务。搭建农业社会化服务综合性数字平台,是由传统单一线下服务模式向线上线下相结合服务模式转型的重要内容。

搭建综合性数字平台,首先,要搭建要素整合平台。土地、资金、劳动力是农业的传统生产要素,但我国农业发展长期受到参与主体多、单位面积小等"小农"经营特征的限制,难以实现规模化经营。数字技术的发展可以突破传统生产要素分散限制,通过数字技术集成,在农村集体经济组织居间协调下,将小农户闲散的土地、资金、劳动力等要素整合,实现土地、劳动力、资金等要素的汇聚。其次,要全链条开发数字平台。服务内容不限于传统的"耕、种、防、收"环节,应覆盖农业生产的全过程,围绕产前、产中、产后各环节,实现"供、种、管、收、储、运、加、销"全过程专业化、社会化服务,满足农业生产者线上下单的多样化服务需求。以"互联网+"为方向开发数字系统,搭建起包含农业大数据中心、生产管理、政务服务、农田地理、农情信息、作业监管、农机共享、智能灌溉、品牌运营等"N个应用"的综合服务平台,既能实现生产需求与服务供给无缝衔接,又能实现农业生产管理智能化和政府服务便捷化。再次,要借助数字平台整合各方资源。通过数字化手段的介入,盘活闲置的农机服务资源,整合良莠不齐的服务力量,引入数字化信息化的手段,整合现有服务资源,打造区域性农业综合服务平台。由过去的单打独斗向合作与联合发展,通过数字平台汇聚服务资源,丰富服务供给,壮大服务能力。最后,要探索实现一站式解决方案。这些解决方案不仅涵盖了种植、施肥、灌溉、病虫害防治、收获等生产环节,还包括金融、保险、土地、劳动力等服务环节,提供综合解决方案。一方面,整合各种智能化技术和设备,为农业生产者提供全方位、全流程的农田管理和生产服务;另一方面,联合产业链上各相关服务主体,定制或联合开发信息产品和服务产品,通过数字平台进行集成,开发农业社会化服务全程、全链条、全方位解决方案,实现线上聚资源、线下做服务的一站式全程托管服务。

(三)服务模式和组织机制

创新数字化服务模式和组织机制,构建数字化服务新业态。利用互联网技术搭建线上线下结合的综合数字平台,使农业社会化服务原来形成的"服务主体+服务主体""服务主体+农户""农户+农户"直接交易关系,变成了"服务主体+平台+服务主体""服务主体+平台+农户""农户+平台+农户"间接交易关系,在服务主体与农户不直接见面的情况下,也可以完成托管服务工作。服务平台经济推动了新型雇佣关系的变革,不同的服务模式其利益联结机制、风险防范机制等不同,农业社会化服务成本效益不同。在正确引导和规范管理下,鼓励各类服务主体协同创新数字化服务模式,因地制宜发展多样化农业社会化数字服务模式。

自2019年起,农业农村部在面向全国征集和各省份推荐的基础上,按照可学可用、可复制可推广的标准,累计遴选确定了5批共172个全国农业社会化服务典型案例。这些典型案例紧紧围绕稳粮扩油、单产提升、稳产保供等中心工作,聚焦农业社会化服务发展的重点领域和关键环节,特点鲜明、类型多样、富有创新、成效明显,具有很好的代表性和示范价值。典型单位既有专业服务公司、农民合作社、农村集体经济组织、农资农机生产企业、农业科技公司等多元化服务组织,也有地方政府或农业农村部门,还有服务联盟、协会等行业组织。服务领域既有农业生产性服务(以服务粮棉油糖等大宗农作物生产为主,兼顾果菜茶等经济作物生产、畜禽养殖等领域),也有农村生活性服务(涉及农村养老、人居环境改善、生活用品零售配送等方面)。服务模式既有因地制宜发展形成的单环节、多环节、全程托管等多样化模式,也有围绕农业全产业链提供集成高效服务的综合解决方案或综合服务平台,有效破解生产主体做不了、做不好的共性难题。组织形式既有服务主体之间以资金、技术、服务为纽带开展合作的多元化形式,也有服务主体利用市场机制联合组建的服务联盟、协会、中心等行业组织,通过整合资源为各类主体提供全方位指导和服务,促进行业规范发展。从全国典型案例来看,服务主体联合的组织方式既有以服务要素为纽带形成服务联合体的横向联合,也有以产业链为纽带、专业化分工为基础的纵向联合,还有服务主体与产业组织的交叉联合。热带农业社会化数字服务模式创新应借鉴全国典型案例的经验,鼓励各类服务主体协同创新数字化服务模式,借助综合性数字服务平台,促进各类主体紧密联结,围绕农业全产业链提供集成高效的服务,降低农业社会化服务组织的运营成本,提高服务质效。小农户通过综合性数字服务平台,便捷使用覆盖农业生产全过程的农业社会化服务,共享产业增值收益,实现与现代农业的有机衔接。

(四) 基础设施和数字人才

夯实农村信息基础设施和数字人才建设,保障农业社会化数字服务有效运营。数字基础设施既包括新型信息基础设施,也包括经数字化改造的部分传统物理基础设施。农业农村是我国信息基础设施建设的短板,数字化信息基础设施的建设是实现农业社会化数字服务的先决条件。农村信息基础设施也是数字乡村战略实施的物质基础,是农业产业转型、产业兴旺的技术支撑。要以农村信息基础设施建设为重点,加快乡村基础设施数字化转型,深入实施信息进村入户工程,实现各地区、各主体间数据信息的互联互通,进一步提升乡村基层和田间地头的互联网设施的联通水平,完善农业信息终端和服务供给覆盖面,为农村电商和直播带货等线上线下相融合的新业态、新模式提供信息化的设施条件保障,为农业社会化数字服务有效运营提供基础保障。实施通信网络质量提升工程,信息通信网络覆盖偏远农村地区,以千兆光纤和5G为代表的新型信息基础设施向农村地区快速延伸。推动农村移动物联网覆盖,打造乡镇及以上区域普遍覆盖的移动物联网。提升乡村尤其是传统村落交通物流联通水平,优化整合交通运输方式,推动区域交通运输网络整体改造,加快推动乡村现代物流服务体系建设,扩大物流网络覆盖面,加快农村物流快递网点布局,形成上下联动、广泛覆盖、及时准确的物流信息网络,打通物流服务"最先一公里"和"最后一公里"。在信息基础设施逐步完善的基础上,建设农业农村大数据中心和重要农产品全产业链大数据库,运用云计算、大数据、物联网等手段进行数据的收集、整理、分析,对传统农业进行全方位、全角度、全链条的数字化改造,以数字手段应用为牵引,实现产业赋能。

数字人才是推动现代农业发展和促进乡村振兴战略实施的关键力量。长期以来我国乡村人才培养力量相对较弱,乡村人才总体发展水平与农业农村现代化的要求之间还存在较大差距。近年来,以直播电商、乡村文创、休闲农业为代表的乡村新业态加速涌现,为乡村全面振兴注入了新活力。农业农村部累计遴选的5批共172个全国农业社会化服务典型案例也涌现出越来越多的"互联网+"服务模式。如何加强数字新技能培育,打造一支与乡村新业态发展需求相适配的新农人队伍,已成为乡村人才振兴的关键所在。首先,要突出人才培育,以乡村数字人才能力提升为导向,制定全面、科学的乡村数字人才培养规划;创新数字人才培养模式,高校、科研机构、企业应建立紧密的合作关系,重点培养具有创新能力的高层次乡村数字人才,同时,鼓励高校、科研机构和企业开展跨学科合作,共同培养既懂数字技术又懂农业生产管理的复合型人才;聚焦新型经营主体开展乡村本土数字人才培训,针对家庭农场、农民合作社等新型经营主体开展系统的数字素养培育和技能培训,提升乡村本土人才的数字素养和技能。其次,应精准定位多元引进,制订精准引才计划,从"土专家"到行业精英,从技术创新者到市场运营者,都应纳入引进范围;建立灵活的数字人才流动机制,鼓励数字人才在城乡之间、区域之间、部门之间自由流动。同时,探索乡村数字人才共建共享机制,强化数字人才激励机制。通过制定相应的优惠政策和激励机制,鼓励复合型人才扎根农村,创新数字化服务,带动小农户融入农业社会化数字服务,推动农业高质量发展。

三、场景案例

(一)案例一:中化农业 MAP 模式

1. 平台基本情况

中化农业作为中国中化集团有限公司(简称中化集团)的核心业务之一,是中国领先的农业投入品(化肥、种子、农药)和现代农业服务一体化运营商。中化农业于 2017 年创新商业模式,提出打造 MAP(Modern Agriculture Platform)现代农业技术服务平台,并全面实施。2019 年,中化集团将下属全部农业板块资产进行战略重组,成立先正达集团。完成重组后的先正达集团,共包括"先正达植保""先正达种子""安道麦""先正达集团中国"四大业务单元。先正达集团中国 MAP 与数字农业业务以中化现代农业有限公司作为运营平台,推广 MAP 模式。MAP 模式的核心理念是"种给农民看,带着农民干",通过在全国布局、建设 MAP 技术服务中心和 MAP 研究与示范农场,打造基层农艺师队伍,研发、验证、展示、交付、推广以"良种+良法"为核心的全程种植解决方案,为广大种植者和食品价值链的合作伙伴提供线上线下相结合、涵盖农业生产销售全过程的全产业链服务,带领农户"种出好品质、卖出好价钱",为农业产业链"集好大数据",打造"农业数据链共创和共享平台"。

2. 运作形式

线下部分,通过建设本地化"7+3"功能 MAP 技术服务中心和"5+1"功能 MAP 示范农场,帮助农业经营者降本增效,并通过现代科技示范农场"做给农民看、带着农民干"。具体讲,本地化的 MAP 技术服务中心以大约 50 千米为服务半径,配套多个 MAP 示范农场。所谓"7+3"功能技术服务中心为 7 项核心农业产品服务(包括土壤改良、品种改良、营养与植保、农机应用、技术培训、品质检测、智慧农业)和 3 项配套增值服务(包括仓储服务、品牌打造和金融支持)。所谓"5+1"MAP 农场即 5 项试验(包括品种筛选试验、品质提升试验、肥料试验、植保试验、农机农艺试验)和 1 项展示(即高产优质样板田展示)。截至 2023 年年底,已在全国建设运营超 700 座 MAP 技术服务中心,服务了 10 万户农民,线下服务面积超过 3 300万亩。中化农业海南分公司在海南相关市县和农垦农场建立超 15 个以作物为导向的 MAP 技术服务中心,覆盖海南省内重点经济作物杧果、火龙果、哈密瓜、凤梨、荔枝、胡椒、槟榔、绿橙、香蕉等。

线上部分,建设智慧农业服务平台。依托线下的海量数据,全程跟踪、解决服务中心运营和规模种植者农场管理的效率问题；通过持续数据积累和人工智能技术应用，使MAP线下线上服务相互融合、相互促进，最终从"看天吃饭"到"知天而作"。2018年，中化农业推出了针对大田作物的MAP智农系统和针对经济作物的MAP慧农系统，以精准种植为核心，利用农业遥感、精准气象、AI识别病虫害、品控溯源等技术，帮助农民实现从种到收的全流程、精细化管理。依托线上线下全业务场景构建农业大数据平台，覆盖精准种植类数据、农产电商类数据、农资电商类数据和种植户及地块数据等数字资产应用类数据，以此形成闭合的农业生态圈。依托线下服务，提供线上集成各类应用的数字农业服务平台，通过线上与线下服务紧密结合，提升对种植户的服务效率和价值输出。针对地方政府打造了"315数字乡村模式"，即通过政府、企业、农户"3"方联动，打造涉农"1"体化数字平台，构建生产、服务、管理、信用、营销"5"类数据体系，实现农业生产管理一图、一库、一表、一网、一平台区域全覆盖，推动区域农业产业链经营与政府管理数智升级。

陕西省西安市中化现代农业（陕西）有限公司"汇集农业产业链优质资源构建现代农业服务'生态圈'"、中化公司湖北省宜昌市分公司"打造现代农业技术服务平台构建全产业链服务体系"、中化现代农业（陕西）有限公司"互联网+农服"构建高效托管服务新模式、MAP助力山东省桓台县农业农村局"数字引领，平台赋能，推进农业社会化服务加快发展"等经验均入选农业农村部农业社会化服务典型案例。中化农业海南分公司聚焦海南热带经济作物的MAP服务。中化现代农业MAP积极探索创新服务方式、拓宽服务领域、延伸服务链条，起到了很好的典型示范引领作用。

（二）案例二：南繁种业CRO模式

1. 平台基本情况

种业是农业的核心，南繁是"国之大者"，也是海南之长。2021年，海南省委、省政府聚焦种业服务创新，探索南繁种业CRO（合同研发组织）模式。南繁种业CRO是指具备自有软硬件条件，能为南繁种业主体提供种质创新、检验检测、数据服务、田间综合服务等第三方专业化有偿服务的社会化机构。2021年，三亚崖州湾科技城（以下简称科技城）在全国率先启动探索种业CRO模式与产业培育工作，整合南繁种业产业链上下游需求，搭建政产研协同的高效沟通平台，帮助入驻科技城的国内外龙头种业企业和研发机构通过科技城种业CRO服务平台获得专业服务。2023年6月，科技城出台种业CRO模式发展实施方案，制定17条措施在全国率先统筹推进种业CRO模式发展。

2. 运作形式

搭建智慧服务平台，"链"动上下游。科技城相继建成崖州区农业大数据平台、南繁共享用地服务平台、科农服务平台和科研仪器预约共享平台，为南繁单位实验室科研攻关和田间育制种提供了极大便利。2024年3月，科技城整合现有载体，启动智慧南繁CRO综合服务平台，联通三亚、乐东、陵水三地的南繁服务资源并线上集中展示，实现南繁服务信息资源集聚化、平台化、统一化，面向南繁单位和团队提供选地、劳务、农机、检验检测、仪器设备等"一站式"线上选购预约 CRO 服务功能，力争打造集科研、生产、销售、交流和成果转化等服务资源为一体的综合性平台。目前，三亚崖州湾科技城已集聚各类种业 CRO 服务主体 50 余家，其中 11 家被认定为海南省南繁种业 CRO 组织（海南省共计 15 家），形成海南省种业 CRO 发展高地。

聚焦土地关键环节，推进数字化服务。长期以来，非南繁季节南繁科研用地"半年闲"问题是制约南繁基地高质量发展的短板。合理高效管理各类南繁配套用地、加快非南繁季节南繁科研用地综合利用，是健全南繁种业社会化服务体系的重要措施。科技城 2022 年启动建设南繁用地共享服务平台。平台汇聚南繁土地信息、合同信息、科研单位信息、服务单位信息，提供用地申请、用地管理、服务用工，以及科技设施设备与信息化种植等各类农技配套一体化服务，确立南繁线上线下一体化服务模式。平台建立统一的土地信息数据库、南繁单位信息数据库、合同信息数据库，提供电子合同签署服务，为科研单位提供了"选地、租地、看地"服务，通过"南繁土地流转一张图"向科研育种单位和群体提供从找地到用地的全过程"一站式"服务。为解决南繁用工难问题，南繁用地共享服务平台还提供农机、飞防、劳务、仓储、实验室等服务信息。每个服务项里，均清楚标明服务提供单位、用工价格等。三亚中国农业科学院国家南繁研究院依托南繁基地分类管理分时使用智慧示范基地建设项目，开发的南繁基地分类管理分时使用智慧应用场景，入选了海南省 2023 年度十大智慧农业应用场景名单。该场景分为南繁基地分时分类管理系统、南繁基地智能化装备和南繁基地田间作物表型鉴定 3 个部分。其中，南繁基地分类分时管理系统包括数字化地图展示模块、智能管理模块、使用管理模块以及种植模式监测模块。通过南繁基地分时分类试点建设，构建基地数字化一张图，解决了作物种植结构统计监测、撂荒监测、耕地种植模式监测三大难题。

四、发展思考

当前，热区农业社会化服务从自发探索阶段进入政策引导的快速发展阶段，数字化转型将进一步推动农业社会化服务高质量发展。但以生产托管为主的农业社会化服务试点项目实施时间短，数字化服务创新模式少，还需要加强宣传和实施指导。

（一）建立长效驱动机制

加强农业社会化服务宣传，建立以内在需求为主动力的长效驱动机制。现阶段，农业社会化服务在小规模农户中的普及程度尚有待提高，服务面相对较窄，小农户参与率还不高。相关领导及政府部门要进一步提高认识，高度重视社会化服务工作，认真学习、深入落实相关政策，以推进会、现场会、新闻宣传等多种形式，加强对农业社会化服务意义、效果的宣传，提高农户政策知晓率，形成开展农业社会化服务的良好舆论氛围，因地制宜推动以农业生产托管为主的农业社会化服务工作创新局面。

高度重视农业社会化服务组织及农户的内在需求。引导建立以增加农民收入为核心的农业社会化服务利益分配机制，探索多元化的农户增收机制，让小农户在"被服务"中有更多"获得感"，培育壮大小农户的需求市场。强化政府保障及金融支持，推动保险、金融进入托管领域，积极创新金融保险工具，提高服务组织的积极性和内在动力。

（二）壮大经营性专业服务组织

注重村集体统筹作用，推动经营性专业服务组织发展壮大。充分发挥财政资金的引导作用，按照主体多元、形式多样、服务专业、竞争合理的原则，鼓励培育和支持多种类型的面向小农户的社会化服务组织的发展。鼓励村集体经济组织通过发展农业生产性服务，发挥其统一经营功能，壮大农村集体经济；以提供"居间"服务为主，发挥村集体在组织和发动农户方面的优势，提高小农户的组织化程度，推动小农户与多层次社会化服务组织顺畅对接，扩大农业社会化服务供给。

在扶持集体经济组织发展壮大的同时，还应鼓励经营性专业服务组织发展壮大，支持农业企业、合作社、供销社、家庭农场、农业专业户、职业农民等服务组织开展生产托管等社会化服务，推动农业新型服务主体的转型升级。积极利用市场机制的引领作用，促进经营性服务组织的持续成长与壮大，鼓励技术创新和节本增效，将其培育成农业社会化服务的一支重要力量。

（三）推广农业社会化服务典型模式

以试点项目为抓手，因地制宜推广农业社会化服务典型模式。扩大农业生产性服务项目试点范围。按照财政部和农业农村部相关要求，认真开展全国试点工作，省级层面也要安排专项资金开展试点，进一步扩大试点范围，将数字农业工作基础较好的地区纳入农业社会化服务试点范围。同时，有关部门还应加大试点项目的督促检查力度，协调解决项目实施中出现的问题，及时掌握作业动态，指导做好各项服务工作。

审慎推进典型引路工作。农业社会化服务是在实践中发展起来的一种新型经营模式，由于各地区资源禀赋不同，农业社会化服务典型案例在实践应用中也会产生差异。作为一项创新性工作，农业社会化服务模式推进不能操之过急。适用典型发源于市场，要经得起市场竞争的严峻考验，在推广社会化服务模式的过程中要注重完善农业社会化服务统计监测制度，及时总结典型案例和经验做法，为科学决策提供参考，因地制宜推广农业社会化服务典型模式。

参考文献

曹冰雪，李瑾，赵春江，等，2024. 智慧农业科技创新引领农业新质生产力发展路径［J］. 智慧农业（中英文），6（4）：116-127.

曹建华，黄敞，张以山，等，2018. 一种割胶刀：中国，201720580740.6［P］.

2018-02-27.

曹建华, 肖苏伟, 陈娃容, 等, 2021. 一种自动割胶设备: 中国, 202020891601.7 [P]. 2021-03-12.

柴子妍, 2024. 乡村振兴背景下推进农业大数据深度融合的途径 [J]. 农业工程技术, 44 (2): 107-108.

陈帮乾, 吴志祥, 杨川, 等, 2015. 海南儋州地区橡胶林叶面积指数月动态研究 [J]. 热带农业科学, 35 (11): 1-6.

陈俊红, 杜洪燕, 龚晶, 2021. 农业社会化服务组织方式与运行机制创新研究 [M]. 北京: 中国经济出版社.

陈宁远, 闫琰, 王俊芹, 等, 2024. 我国农业科技园区数智化转型发展问题及对策 [J]. 中国农业科技导报, 26 (4): 9-17.

陈小文, 2023. 无人机植保技术在广西北流水稻种植中的应用与效益评估 [J]. 河北农机 (19): 25-27.

陈学庚, 温浩军, 张伟荣, 等, 2020. 农业机械与信息技术融合发展现状与方向 [J]. 智慧农业 (中英文), 2 (4): 1-16.

陈勇, 郭志东, 2020. 建设智慧胶园 提升橡胶产业能级——海胶集团联合研发智能割胶机调研报告 [N]. 海南日报, 2020-12-10 (009).

崔鹏伟, 朱安红, 2020. 新时期我国热带农业发展战略研究 [J]. 热带作物学报, 41 (10): 1949-1953.

崔言省, 刘东刚, 王炜, 等, 2022. 无人机植保技术在马铃薯病虫害防治中的应用 [J]. 农业工程技术, 42 (30): 25-26.

戴声佩, 罗红霞, 郑倩, 等, 2021. 海南岛橡胶林叶面积指数遥感估算模型比较研究 [J]. 智慧农业 (中英文), 3 (2): 45-54.

邓干然, 邓远宝, 李国杰, 等, 2024. 我国主要热带作物生产机械化发展现状及对策研究 [J]. 现代农业装备, 45 (2): 2-7.

邓怡国, 张园, 王业勤, 等, 2019. 一种具有双刀刃结构的割胶设备: 中国, 201820558274.6 [P]. 2019-03-05.

邓钰, 2022. 科技赋能"强链"海南橡胶持续提档升级 [J]. 中国农垦 (12): 73-75.

董霞, 2020. 基于大数据技术在现代化农业领域的应用研究 [J]. 现代农业 (3): 4-5.

冯淑萍, 姚青云, 2015. 宁夏农村饮水安全工程UPV管经济流速确定 [J]. 宁夏工程技术, 14 (2): 138-140, 145.

高书鹏, 2022. 集成多源遥感数据的云南橡胶林识别及寒害监测研究 [D]. 昆明: 云南师范大学.

耿新菲, 张竞艳, 赵迎芳, 2023. 大数据时代人工智能技术在农业领域的应用 [J]. 河北农机 (1): 70-72.

洪小丽, 张语桐, 王廷超, 等, 2023. 无人机遥感技术在农业中应用的发展对策研究 [J]. 东北农业科学, 48 (5): 140-144.

侯桂云, 苑芳, 马秀玲, 等, 2023. 智慧农业下小麦水肥一体化滴灌栽培技术 [J]. 农业工程技术, 43 (32): 26-27.

胡青, 2024. 以数字赋能助力乡村人才振兴 [N]. 光明日报, 2024-03-17 (007).

黄敞, 袁晓军, 曹建华, 等, 2019. 一种电动割胶刀: 中国, 201821134332.9 [P]. 2019-02-12.

黄贵修, 2019. 天然橡胶航空植保新技术与"一带一路"热带植保科技合作 [C] //中国植物病理学会. 中国植物病理学会2019年学术年会论文集. 中国热带农业科学院国际合作处: 1.

黄贵修, 任妮, 尹峰, 等, 2022. 全球热带作物科技竞争力分析 [M]. 北京: 中国农业科学技术出版社.

黄理, 赵先国, 刘锋, 等, 2019. 一种分体式割胶机: 中国, 201811199475.2 [P]. 2019-01-11.

蒋三生, 2024. 基于果树的农业无人机作业模式及参数研究现状 [J]. 中国果树 (5): 144-149.

李光辉, 李玉萍, 曾小红, 等, 2023. 全球热带作物产业发展现状及策略研究 [J/OL]. 热带农业科学. (2023-11-28) [2024-08-20]. http://kns.cnki.net/kcms/detail/46.1038.S.20231128.1533.002.html.

李海亮, 罗微, 李世池, 等, 2012. 基于遥感信息和净初级生产力的天然橡胶估产模型 [J]. 自然资源学报, 27 (9): 1610-1621.

李启平, 李晏新闻, 2023. 农业装备数智化提升粮食安全的机理及经济效果 [J]. 西北农林科技大学学报 (社会科学版), 23 (6): 76-83.

李晓娜, 阚应波, 许力丹, 等, 2023. 海南省农业科技研究态势与竞争力分析 [M]. 北京: 中国农业科学技术出版社.

李玉萍, 黄贵修, 刘燕群, 等, 2021. 全球热带农业数据中心的设计与建设 [J]. 热带农业科学, 41 (2): 135-141.

李玉萍, 李光辉, 叶露, 等, 2024. 中国热带作物产业发展现状及策略研究 [J]. 热带农业科学, 44 (5): 105-114.

理向阳, 李丽娜, 腊贵晓, 等, 2024. 基于有机替减和水肥一体化管理的怀山药氮肥减施栽培技术 [J]. 北方园艺 (5): 155-158.

梁海霞, 2024. 无人机植保技术在马铃薯病虫害防治中的应用 [J]. 当代农机 (1): 41-42.

罗锡文，胡炼，何杰，等，2024. 中国大田无人农场关键技术研究与建设实践[J]. 农业工程学报，40（1）：1-16.

罗锡文，廖娟，臧英，等，2022. 我国农业生产的发展方向：从机械化到智慧化[J]. 中国工程科学（1）：46-54.

孟志军，王昊，付卫强，等，2023. 农业装备自动驾驶技术研究现状与展望[J]. 农业机械学报，54（10）：1-24.

倪相飞，2021. 加快农业无人机植保技术的推广应用[J]. 农机使用与维修（10）：60-61.

农业农村部，2021. 农业农村部关于印发《"十四五"全国农业农村科技发展规划》的通知[EB/OL].（2021-12-24）[2024-08-20]. https://www.gov.cn/zhengce/zhengceku/2022-01-07/content_5666862.htm.

农业农村部，2022. 聚焦要害短板 加快推动农业科技进步——农业农村部科技教育司负责人就《"十四五"全国农业农村科技发展规划》答记者问[EB/OL]. 农民日报.（2022-01-07）[2024-08-20]. http://www.moa.gov.cn/ztzl/scwgh/jiedu/202203/t20220302_6390242.htm.

农业农村部，中央网络安全和信息化委员会办公室，2020. 农业农村部 中央网络安全和信息化委员会办公室关于印发《数字农业农村发展规划（2019—2025年）》的通知[EB/OL].（2020-04-14）[2024-08-20]. http://www.moa.gov.cn/nybgb/2020/202002/202004/t20200414_6341532.htm.

齐文浩，曹建民，2023. 数字化转型助力农业现代化[N]. 光明日报，2023-11-14（011）.

邱继红，孙原博，刘航，等，2021. 一种智能割胶机器人及割胶方法：中国，201911170031.0[P]. 2021-05-28.

任妮，黄贵修，郭婷，等，2022. 全球热带作物科技发展态势分析[M]. 北京：中国农业科学技术出版社.

宋莉莉，2024. 加快培育数字人才 夯实乡村振兴基石[N]. 科技日报，2024-06-17（008）.

孙亚南，王胤，2022. 数智赋能乡村振兴的国际经验及启示[J]. 新疆农垦经济（6）：80-85.

邰连春，姜桂娟，童淑媛，2023. "新农科"视野下作物生产技术专业群数智化升级探索[J]. 牡丹江教育学院学报（3）：81-82，121.

田维敏，史敏晶，谭海燕，等，2015. 橡胶树树皮结构与发育[M]. 北京：科学出版社.

万欢，欧嫒珍，管宪鲁，等，2024. 无人农机作业环境感知技术综述[J]. 农业工程学报，40（8）：1-18.

王成丽，邓颂，2024. 海南省农业社会化服务模式探索与实践［J］. 中国农民合作社（7）：66-68.

王成丽，黄家健，2022. 海南省农业生产托管服务发展研究［M］. 北京：中国农业科学技术出版社.

王成丽，赵军明，2023. 自贸港建设背景下加快海南农业社会化服务发展的思考［J］. 中国农民合作社（8）：62-64.

王继玥，2024. "数智"化推动贵州现代山地特色高效农业发展——以谷类作物为例［J］. 大麦与谷类科学，41（1）：68-73.

王玲玲，黎土煜，陈娃容，等，2022. 我国热带丘陵山区胶园采收机械和技术研究现状［J］. 安徽农业科学，50（12）：183-187，192.

王玲玲，郑勇，黄敞，等，2021. 4GXJ系列便携式电动割胶装备与技术应用［J］. 中国热带农业（6）：18-21，62.

王庆煌，崔鹏伟，等，2022. 热带农业与国家战略［M］. 北京：科学出版社.

王玉楼，2023. 大力发展数字农业 助推农业高质量发展——以新兴镇数字农业发展为例［J］. 中国农业文摘—农业工程，35（1）：62-64.

王驭陌，张燕，2015. 基于TRIZ理论的智能割胶刀设计［J］. 湖北农业科学（12）：3010-3014.

王周宾，2022. 整合要素资源推动数字乡村发展［J］. 农村工作通讯（1）：34-36.

韦晓霞，2023. 数字技术推动现代农业全产业链数字化转型发展研究［J］. 商业观察，30（30）：46-49+61.

吴思浩，曹建华，郑勇，等，2017. 农机化促进海南现代化农业发展研究［J］. 热带农业工程，41（3）：34-37.

吴易芸，徐轶群，薛文静，2023. 农业智能水肥一体化技术研究进展［J］. 河北农机（1）：10-12.

习近平，2023. 加快建设农业强国 推进农业农村现代化［J］. 求是（6）：1-7.

夏清清，蒲全波，刘柏宏，等，2024. 鲜食玉米膜下滴灌水肥一体化高产高效栽培技术［J］. 中国种业（3）：158-159，162.

许振昆，吴纪营，张兴明，2020. 一种割胶机：中国，201920734937.X［P］. 2020-05-26.

杨荣荣，2023. 无人机植保技术在玉米病虫害防治中的推广应用［J］. 中国农机装备（12）：59-61.

杨雄杰，闫来福，杨慧琴，2024. 苹果园水肥一体化技术在干旱地区的应用［J］. 果农之友（3）：57-60.

曾小红，李光辉，杜中军，2024. 热带农业国际合作发展选题逻辑探讨［J］. 热带农业科学，44（3）：94-101.

曾小红，李光辉，杜中军，2024. 热带作物学科发展的战略重要性和紧迫性分析 [J]. 中国热带农业（1）：66-69，50.

詹帅，万志蓝，2024. 数智服务赋能农业高质量数实融合的现实逻辑、实践路径与保障对策 [J]. 西南金融（1）：81-92.

张大伟，陈涛，2020. 接点服务：小农户衔接现代农业的供需结构与均衡路径 [J]. 中国农村研究（2）：225-243.

张慧坚，曾小红，刘晓光，等，2018. 国内外热带作物生产与科技发展研究综述 [J]. 农学学报，8（3）：69-77.

张俊雄，翟毅豪，周航，等，2024. 一种割胶机器人的力反馈控制系统和方法以及割胶机器人：中国，202110216922.6 [P]. 2024-04-19.

张明洁，张京红，黄海静，等，2021. 海南天然橡胶长势及产胶潜力遥感监测系统研发 [J]. 中国农业资源与区划，42（6）：233-239.

张喜瑞，曹超，邢洁吉，等，2024. 一种异向曲柄自动夹紧定心割胶机：中国，202110014877.6 [P]. 2024-05-24.

张喜瑞，曹超，张丽娜，等，2022. 仿形进阶式天然橡胶自动割胶机设计与试验 [J]. 农业机械学报，53（4）：99-108.

张延龙，2023. 推进农业社会化服务数字化发展 [J]. 河南农业（23）：10.

赵春江，2024. 智慧农业现状与未来 [J]. 山东农机化（1）：9-10.

赵春江，范贝贝，李瑾，等，2023. 农业机器人技术进展、挑战与趋势 [J]. 智慧农业（中英文），5（4）：1-15.

赵春江，李瑾，冯献，等，2023. 关于我国智能农机装备发展的几点思考 [J]. 农业经济问题（10）：4-12.

赵佳鹏，2023. 数智赋能下大同云州区黄花菜供应链的升级研究 [D]. 郑州：河南工业大学.

郑勇，张世亮，吴米，等，2024. 一种电动割胶机：中国，201710591796.6 [P]. 2024-04-02.

周航，张顺路，翟毅豪，等，2020. 天然橡胶割胶机器人视觉伺服控制方法与割胶试验 [J]. 智慧农业（中英文），2（4）：56-64.

周月书，2023. 专家解读2023年中央一号文件：数字化赋能农业社会化服务高质量发展 [EB/OL]. 光明网—科普中国. （2023-02-14）[2023-08-20]. https://kepu.gmw.cn/agri/2023-02/14/content_36366134.htm.

DEEPTHI S R, DSOUZA R MD, SHRI K A, 2020. Automated Rubber tree tapping and latex mixing machine for quality production of natural rubber [C]. India: In Proceedings of the 2020 IEEE-HYDCON International Conference on Engineering in the 4th Industrial Revolution, Hyderabad: 1-6.

GOUVEA L R L, SILVA G A P, SCALOPPI E J, et al., 2011. Different methods to assess yield temporal stability in rubber [J]. Pesquisa Agropecuaria Brasileira, 46: 491-498.

NIE F, ZHANG W Y, WANG Y, et al., 2022. A forest 3-D Lidar SLAM system for rubber-tapping robot based on Trunk Center Atlas [J]. IEEE-Asme Transactions on Mechatronics, 27 (5): 2623-2633.

SUSANTO H, ALI S, HANIF, 2019. The design of flexible rubber tapping tool with settings the depth and thickness control [C]. Indonesia: 1st South Aceh International Conference on Engineering and Technology (SAICOET): 1-11.

YANG H, SUN Z, LIU J, et al., 2022. The development of rubber tapping machines in intelligent agriculture: A review [J]. Applied Sciences-Basel, 12: 1-26.

ZHANG C, SHENG X, ZHANG S, et al., 2018. Design and experiment of portable electric tapping machine [C]. USA: American Society of Agricultural and Biological Engineers (ASABE): 1-6.

ZHOU H, ZHANG S, ZHANG J, et al., 2022. Design, development, and field evaluation of a rubber tapping robot [J]. Journal of Field Robotics, 39: 28-54.

第四章 宜游:乡村旅游智慧化

第一节 乡村旅游智慧化的内涵

我国乡村旅游始于20世纪80年代,历经近40年的发展,乡村旅游作为横跨一二三产业,兼容生产生活生态、融通工农城乡的综合性产业,在促进农业提质增效、农村繁荣稳定、农民增收致富等方面发挥了重要作用。据全国乡村旅游数据监测中心数据显示,2024年"五一"假期,全国乡村旅游接待量达1.72亿人次,实现乡村旅游总收入518.17亿元,分别同比增加8.9%和12.3%。乡村旅游已然成为新时期国内旅游消费的"主阵地",其蓬勃发展的缩影里,承载着人民群众对美好田园生活的向往,寄托着浓郁乡愁。进入新发展阶段,随着新基建(5G、人工智能、工业互联网、大数据中心等)的兴起和不断深入,为旅游产业修复孕育了科技土壤,"智慧旅游"成为旅游业的全新发展方向,乡村旅游作为其中一部分,向着智慧化方向发展是必然结果。同时,随着物质生活水平和精神需求的提高,传统乡村旅游的形式和内容已不能满足智慧时代下旅游者的需求。传统观光旅游向沉浸式体验转变,个性化需求多元化发展,因此,基于游客需求,将智慧技术融入乡村旅游中是其永续发展的必经之路。

一、概念界定

(一)乡村旅游

乡村旅游在国内外学者的研究中,还没有形成统一的定义。综合各类定义,乡村旅游主要建立在传统农业体验游的基础上,以乡村的自然美景和人文底蕴为载体,依托乡村区域内优美的自然景观、地方建筑、民俗文化等资源,拓展出新兴的旅游方式,如乡村旅游度假等。

乡村旅游的界定在不同国家有所不同,其观点如下。

世界经济合作与发展委员会(OECD,1994)的定义:乡村旅游是指在乡村区域内开展的旅游,田园风味(Rurality)是其独特卖点。

西班牙学者Gilbert and Tung(1990)认为,乡村旅游(Rural Tourism)是旅游者在

农场、牧场等典型乡村环境中进行休闲活动,其食宿由所在农户提供的一种旅游形式。

以色列的 Arie Reichel 与 Oded Lowengart 和美国的 Ady Milman(1999)简明扼要地认为,位于农村区域内的旅游就是乡村旅游。其特点是旅游企业规模较小、具有可持续发展性、区域内景观环境开阔等。

英国的 Bramwell 与 Lane(1994)认为,乡村旅游是一个多层面的旅游活动,既基于农业的休闲旅游,也包括教育性旅游、文化与传统旅游,以及一些区域的民俗旅游活动,还包括自然旅游、生态旅游,以及假日步行、登山、骑马、探险、打猎和钓鱼等健康旅游。

国内有关乡村旅游的定义较多,普遍认为其包含两个层面的内容:一是旅游目的地在乡村地区,二是旅游吸引物具有乡村性。

(二) 智慧旅游

智慧旅游,又称智能旅游,自 2010 年提出后,打破了传统旅游模式,是一种以游客为核心的全新旅游方式。利用云计算、物联网等新技术,通过互联网,借助便携的终端上网设备,及时将旅游资源、旅游活动等信息发布在网上,供人们了解,便于安排和调整工作与旅游计划,从而达到对各类旅游信息智能识别、方便利用的效果。

旅游服务的智慧、旅游管理的智慧和旅游营销的智慧是智慧旅游中"智慧"的集中体现。

1. 服务智慧

智慧旅游通过使用信息技术改善游客的旅行体验,提高旅游质量。智慧旅游可以在信息获取、规划和决策、产品预订、旅游开发和回顾性评估的整个过程中为游客带来新的服务体验;智慧旅游通过科学的信息组织和美观的展示形式,方便游客轻松快速地获取旅游信息,作出旅游决策,合理安排旅游行程;基于物联网、无线技术和监控技术,为游客提供旅游安全和质量保证;推动旅游消费模式转变,引导游客适应新的旅游习惯,创新旅游文化。

2. 管理智慧

通过信息技术,智慧旅游增强了游客、旅游资源、旅游企业和旅游部门之间的互动,有效整合了旅游资源,实现了旅游业监管从传统的被动处理和事后管理向过程管理和实时管理的转变;通过与公安、交通、工商、卫生、质检等部门的信息共享和协同联动,形成旅游预测预警机制,提高旅游应急管理能力,维护旅游市场秩序,确保旅游安全;智慧旅游利用信息技术从游客和旅游企业获取和分析相关数据,全面了解游客需求、建议和意见的变化,为科学决策和管理提供基础数据。

3. 营销智慧

通过旅游舆情监测和数据分析,旅游企业可以探索旅游热点和游客兴趣点,从而制定相应的旅游产品,开发相应的营销主题,实现旅游产品创新和营销创新;通过定量分析各种旅游产品和营销渠道,选择具有明显影响力的产品和营销途径进行长期合作;利用新媒体的传播特点，鼓励游客参与旅游的传播和营销，逐步形成自媒体营销平台。

（三）乡村旅游智慧化

2018年，文化和旅游部联合国家发展改革委等17个部门联合印发《关于促进乡村旅游可持续发展的指导意见》（文旅资源发〔2018〕98号），在"完善乡村旅游公共服务体系"中指出：加快推动乡村旅游信息平台建设，完善网上预订、支付、交流等功能，推动乡村旅游智慧化。

乡村旅游智慧化是政府政策规划层面产生的概念，旨在应用互联网、物联网、大数据、云计算等现代信息技术手段，以多种便携的移动终端上网设备为主要应用载体，主动感知、收集、判别、整合并应用大量乡村旅游资源、活动、反馈等方面的乡村旅游信息，全方位提高乡村旅游在管理、服务、经营和监督过程中的智能化水平，为游客的"食、住、行、游、购、娱"提供高效、便捷、个性化的信息服务。

二、相关理论基础

（一）旅游需求理论

旅游需求理论是指在一定的价格水平下，旅游者为了实现旅游目的，自愿购买的旅游产品的种类和数量。旅游需求包括旅游动机、旅游支付能力、闲暇时间3个方面。

旅游动机是旅游需求形成的前提，主观能动性较强的主观愿望是旅游需求得以展现的主要条件。人们在发起旅游决策时，发挥作用的动机很多元，因此不同的旅游动机会呈现出不同的旅游需求，导致在旅游形式、出游时间、旅游组织方式、旅游目的地选择等诸多方面都存在显著差异。旅游动机的形成不仅受社会条件、政治经济状况、旅游信息、生活环境等客观因素影响，还受个人心理状态变化、审美、知识结构、年龄、性别等诸多主观因素的影响。

旅游支付能力是在旅游动机之后影响旅游需求的重要条件，支付能力是指个人全部收入减去税金以及必需的生活、社会消费支出之后剩余的可自由支配的收入，它受居民所在国或地区的社会经济发展水平及其所从事的职业、家庭结构等方面的因素影响。旅游支付能力的高低将直接影响出游的距离、目的地的选择、旅游方式和等级的选择，最终影响到旅游需求的实现程度。

闲暇时间是旅游需求的重要一环。闲暇时间指的是在工作、学习、生活之余的其他自由可支配时间。闲暇时间包括了工作之余的闲暇时间、周末闲暇时间、法定长假闲暇时间、带薪假期等。每日闲暇时间难以对旅游需求产生影响，周末闲暇促进短期近距离旅游需求的形成，法定长假的闲暇时间和带薪假期促进中长期旅游需求的形成。可见，闲暇时间的长短将直接影响居民旅游目的地、旅游方式和旅游类型的选择，进而影响旅游产业关联度效用的发挥，闲暇时间的分布也会影响到旅游需求的实现程度和集中程度，进一步影响旅游经济的质量。

（二）旅游信息化理论

狭义的旅游信息化，是指把旅游景点、交通、饭店、旅行社等信息，通过技术手段，将其转换成文字、数字、图形、动画等，用以表示它们的内容或特征；广义的旅游信息化，指的是充分利用电子技术、信息技术、网络技术及现代传播媒介，对旅游实体资源、旅游信息资源、旅游生产要素资源进行深层次的分配、组合、加工、传播和销售，促进传统旅游业向现代旅游业的转化，使旅游业提质增效。旅游信息化包含旅游企业信息化、旅游电子商务、旅游网络营销、旅游电子政务4个方面。

旅游企业信息化是指企业全面应用信息技术，在办公流程、业务开发、市场营销、产品销售、经营管理、决策分析等各方面构建信息网络和系统，调整和重组企业组织结构和业务模式，增强企业整体竞争力。其主要内容包括信息基础设施建设，自动化办公系统、业务管理系统、客户管理系统、供应链系统等，信息资源开发、规划与管理，信息技术复合型人才的培养，以及企业信息化管理相关标准、规范和制度的建立。

旅游电子商务旨在利用现代信息技术推广和宣传旅游目的地、旅游企业和旅游产品，加强旅游市场主体间的信息交流与沟通，整合旅游信息资源，提高旅游市场运营效率，提高旅游服务水平。

旅游网络营销是指旅游企业基于电子信息技术，以网络为媒介进行的各种营销活动，包括目标营销、分散营销、双向互动营销、顾客导向营销、远程或全球营销等。网络营销需要及时了解和把握网上虚拟市场的旅游消费者特征和旅游消费者行为模式，为企业开展网络营销活动提供一手的可靠数据分析和营销依据。

旅游电子政务是指各级旅游管理机关建立一个功能完善的业务管理平台，通过构建旅游管理网络和业务数据库，便于旅游系统内部各级行政管理机关和相关旅游管理团体、协会之间信息的上传下达，其主要功能包括旅游行业统计、旅游行业管理、旅游行业监控和旅游信息管理。

（三）可持续发展理论

可持续发展理论的核心是"既能满足当代人的需求又不危及后代人满足其需求的发展"，该理论能够调控"生态—经济—社会"这一复合系统，实现经济、社会、资源、人口、环境协调发展。

发展智慧旅游有利于培养游客的可持续发展意识，鼓励和引导游客开展低碳、环保、绿色旅游，培养智慧型游客。同时，乡村地区旅游业的发展给当地居民带来了实实在在的利益，使他们更容易接受可持续发展的概念。智慧旅游可以有效重构乡村旅游生产要素，优化乡村旅游资源，有效调整乡村旅游产业结构，实现乡村旅游永续发展。此外，智慧旅游可以丰富乡村文化，提高人口素质，促进乡村旅游高效、协调、共同发展，促进旅游业创新发展，是实现农村可持续发展的有效途径。

（四）旅游体验理论

早在1970年，美国未来学家阿尔文·托夫勒就在《未来的冲击》一书中预言：社会经济的发展趋势是服务业战胜制造业，体验产业战胜服务业，世界经济终将从产品经济过渡到服务经济，然后再上升到体验经济。科恩于1979年提出了旅游体验（Tourist Experience）的概念，并将其分为休闲娱乐模块、转移模块、体验模块、实验模块和存在模块。我国谢彦君教授认为，旅游体验是指个体通过观赏、互动、模仿和消费等活动实现的一个时序过程。随着体验经济时代的到来，乡村旅游不再只是一种肤浅的欣赏，而是朝着更具参与性和体验性的旅游方向发展。智慧旅游的虚拟旅游、便捷体验、文化再现等方面能够增强游客各方面的体验需求，满足他们在旅行前、旅行中和旅行后的参与和体验需求。

谢彦君教授著的《旅游基础学》一书，首次提出对旅游体验的概念的界定，他认为旅游体验是一种同时存在于心理和生理层面的愉悦感，强调了旅游者在旅游过程中与外界环境的互动性和由此产生的内心世界的变化。旅游体验是旅游者为了实现对旅游过程中情感化、个性化和沉浸式体验需求的目标，通过与外部环境建立联系的过程，对旅游对象在心理层面形成的综合性体验和感受。

Morrison于2010年提出了游客在旅游过程中所体验的7个阶段。这7个阶段分别是：①人们意识到他们去度假或休假可以满足他们的需求时，即认知旅游需求；②人们意识到需求，他们往往会开始寻找他们认为能够满足这些需求的目的地、产品和服务的信息，即搜索信息；③利用潜在旅行者制定的客观和主观标准对入围的目的地进行评估，即替代产品的采购前评估；④人们在确定了最符合他们的标准的旅游目的地后，就会产生预订前往该目的地旅行的明确意向，即游前购买；⑤在旅游目的地产生的各种消费购买行为；⑥在旅游目的地游玩结束后，对自己消费过程的评价；⑦游客从目的地返回途中或已经回家时，他们会根据自己的期望来评估目的地的体验。

"体验"是旅游产业最应该注重的关键因素，乡村旅游层面的游客体验理念倾向于强调旅游者在进行乡村旅游的过程中，对乡村特有的文化（包括物质层面和精神层面文化）的感悟理解和内心的反响评价。在当下，游客到乡村旅游不再是简单地看风景，而是倾向于更好地参与、体验乡村旅游中的特色项目活动，智慧旅游在优化旅游者体验方面具有积极作用，如智慧旅游中的个性化信息查询、路线规划、虚拟旅游、便捷智能化设备、分享评价社区的建立等能够充分提升乡村游旅游者在游前、游中、游后的参与度和体验度。

第二节　国内外智慧乡村旅游研究现状

一、国外研究

（一）国外乡村旅游相关研究

19世纪工业革命后，欧洲发达国家的经济得到了较好发展，乡村旅游开始在这些国家兴起。1865年，农业和旅游全国协会在意大利成立，乡村旅游逐渐蔓延开来。Louis将乡村旅游定义为一种发生在非城市地域的旅游活动，普遍发生在农业活动密集的地区。世界经济合作与发展组织（OECD）与欧洲联盟（EU）认为，乡村旅游独特吸引力和营销核心在于其乡村性（Rurality）。

国外针对乡村旅游研究的内容主要集中在以下几个方面：一是乡村旅游发展方面，学者们基于可持续发展理念建立了评估乡村旅游发展可持续性的方法理论和指标体系；二是乡村旅游目的地方面，主要研究乡村旅游的发展对当地社会结构、生态环境结构造成的影响及应对策略；三是乡村旅游消费者方面，与短暂被动的农业体验相比，消费者更倾向于将乡村相关的社会情感与自身生活的城市、自然、历史遗产等进行对比，突出情感和感官要素的体验；四是乡村社区居民方面，主要研究乡村旅游对当地居民生产生活、观念产生的影响；五是经营乡村旅游的企业方面，研究认为企业需要充分挖掘乡村旅游中能够让游客产生怀旧情感的物质和非物质，让游客在体验过程中更多地与环境产生共鸣；六是乡村旅游政府干预方面，乡村旅游管理部门主要从乡村旅游产品和服务开发、业务规划与评价等几个方面扶助企业开展业务。

（二）国外智慧旅游相关研究

2009年，英国和德国公司合作开发了一款3G通信系统和"增强现实"技术，标志着智慧旅游研究的开始。该技术主要利用手机GPS定位和图像识别技术还原历史建筑全貌，为游客提供场景化的信息导览服务，优化旅游体验。

智慧旅游概念性研究方面，学者Gretzelu全面介绍了智能信息系统在旅游业中的广泛应用，并详细阐述了该系统在游客进行旅行信息查询和旅游决策时所起的积极作用；学者Ricci提出了一种基于网络的旅游信息推荐系统，运用目标导向的方法，为游客提供高质量的旅游规划服务；学者Gianpaolo认为，信息化基础设施和海量信息是智慧旅游的基础，能够极大满足游客规划旅游行程时对信息的需求，可通过App广泛收集和针对性处理游客产生的各类数据，根据其喜好提供适宜的出行建议；学者Grezel提出为了更好地了解旅游者的需求并为其提供帮助，智能旅游系统的主要设计元素包括旅游资源、文化和语言等。

智慧旅游技术研究方面，2012年比利时首都共收集整理600多个旅游目的地信息，采用多国语言版本建立起"标识都市"项目，游客在INnigma网站上下载条码扫描器，扫描景区分布的条码即可随时随地获取景点路线、购物、文化等多种信息；2013年，迪士尼投资10亿美元设计和开发了"My magic+"智慧旅游信息系统，该系统通过定位技术获取游客位置信息，并通过大数据实时同步给相关部门，便于各部门的服务与决策；国际商业机器公司（IBM）为实现人性化的旅游服务体验，开发了智能酒店项目，包含网络退订、电子钥匙、桌面云等解决方案；此外，日本开发了"i-mode"手机服务项目，韩国开发了"I Tour Seoul"应用服务系统。

二、国内研究

（一）国内乡村旅游相关研究

20世纪80年代，国内乡村旅游在上海和深圳周边开始兴起，主要以农家乐等形式开展乡村旅游活动。20世纪末，国家旅游局①开展的"华夏城乡游"主题活动推动了全国乡村旅游的发展，乡村旅游相关的研究由此展开，主要分为以下3个阶段。

第一阶段　2005—2011年，研究内容主要为乡村旅游资源分类、乡村产业发展、乡村文化、乡村特色餐饮、新农村建设、乡村可持续发展等，研究成果多为成功案例展示。

第二阶段　2012—2014年，美丽乡村是该时段的研究热点，主要从美丽乡村环境建设、乡村特色挖掘、民风民俗传承等方面进行研究；2014年"智慧旅游"成为新的研究热点，但与乡村旅游研究的结合度并不高。

第三阶段　2014年至今，随着供给侧结构性改革、精准扶贫、乡村振兴、全域旅游等一系列国家战略实施，研究重点主要为农民增收、社区参与、新型城镇化转型、发展路径等主题。

（二）国内智慧旅游相关研究

近年来，国内学者对智慧旅游进行了一定的研究，并取得丰硕的研究成果。研究内容主要集中在智慧旅游城市、智慧景区、智慧旅游平台、游客对智慧旅游的感知、乡村旅游信息化等几个方面。

智慧旅游城市研究　基于城市化和互联网技术发展，城市旅游更加便捷化，以智能设施和智慧体系为基础的智慧旅游城市逐步在我国发展起来。研究内容主要集中在探索当前状况下不同城市智慧旅游建设的发展策略和发展模式。

智慧景区研究　主要以单个景区为案例开展研究，对景区公共服务、景区规划设计、景区网络服务等方面进行现状分析，结合现代智慧技术提出优化改进策略。景区智慧旅游建设是当前旅游发展中的重点，其理论研究有助于辅助景区智慧化建设，实践探索亦不可缺少，需要从前期规划、中期施工和后期运营3个方面进行合理有效的实施。

智慧旅游平台研究　智慧旅游平台的建设是以互联网为基础，建立网络平台，提供和传播旅游相关信息。其研究主要集中在网络平台的构建和优化两个方面。智慧旅游平台搭建的目的在于提高用户体验，满足用户需求，从而使旅游更加便捷化。

游客对智慧旅游的感知研究　智慧旅游平台的应用主要面向游客，游客对不同智慧旅游产品的感受和需求，游客对不同智慧旅游产品的使用意愿和使用体验等，成为研究重点，其研究成果有助于优化和改进智慧旅游产品的功能。

乡村旅游信息化研究　主要集中在智慧旅游背景下乡村旅游发展的模式和途径，通

---

① 中华人民共和国国家旅游局，简称国家旅游局。2018年国务院机构改革，将国家旅游局的职责整合，组建中华人民共和国文化和旅游部。

过研究探索出适合乡村的智慧旅游发展模式,能够极大改善乡村旅游的现状,对乡村旅游的发展具有重要意义。

第三节 乡村旅游智慧化发展趋势

近年来,乡村旅游在多元需求中成长,已超越传统农家乐形式,向观光、休闲、度假复合型转变,催生了特色民宿、夜间游览、文化体验、主题研学等产品和项目的开发,乡村旅游也从过去的一个点、一个村,扩展为一个片区、一条特色旅游带,乡村风情小镇以及区域休闲旅游经济等发展迅速。

数字经济时代,随着互联网等新兴技术的不断发展,乡村旅游也变得越来越智慧化、数字化。智慧化乡村旅游,主要是通过5G技术、物联网技术、大数据、虚拟现实、云计算等,将乡村景点、历史文物古迹、少数民族村寨等物质文化资源,以及民风民俗、饮食文化、农耕文化、历史名人等非物质文化遗产统一组织到云端,利用大数据和人工智能技术对其文化价值进行分析和挖掘,实现数智化的乡村文化传承。

一、现　状

(一) 乡村旅游发展缘由

农业和旅游业在发展过程中,形成的交互环节、领域、层次越来越频繁和深入,为两者之间的融合发展创造了良好的客观发展环境。作为农业和旅游业结合物的乡村旅游,是充分利用农业景观和农村空间吸引游客游览消费的一种新型农业经营形态。其发展思路为"产业打底、旅游增收",出发点和落脚点为"农业强、农村美、农民富",通过深入推进农业供给侧结构性改革,大力推动"田园变公园、产品变商品、农家变商家",促进传统农业提档升级,实现农村一二三产业融合发展。

乡村旅游是农业农村发展大势所趋,也是城市消费需求的热点所在。通过发展旅游,培育生态游、乡村游、观光游、休闲游、农业体验游等融合产业,开发农业农村生态资源和乡村民俗文化,加强农业产业链延伸、价值链提升、增收链拓宽,可以带动农民增收、农村发展、农业升级,因地制宜走休闲农业和乡村旅游发展道路,打造一批环境优美、宜居宜游、各具特色的生态农旅观光项目,以及脱贫奔小康的产业园,从而很好地解决"三农"问题,在乡村振兴战略、脱贫攻坚工作以及城乡一体化建设中起到重要作用。与传统农业相比,乡村旅游是一种新型的农业发展模式,对乡土文化保护和传承、农村生态环境修复和改善、农村经济社会协调和发展等领域有较好的正面影响。

(二) 乡村旅游发展动力机制

1. 政府政策支持

乡村旅游的发展得到了党和国家及各级政府的高度重视和政策支持:十六届五中全

会对建设社会主义新农村提出了新的要求——生产发展、生活宽裕、乡风文明、村容整洁、管理民主，同时，我国把发展乡村旅游作为农村脱贫奔小康的新引擎，并与全面建成小康社会、解决"三农"问题和扶贫紧密结合起来，作为改造农村、使农民走向现代化的新途径；2006年，国家旅游局确定的旅游主题是"中国乡村游"，在全国范围内大力发展乡村旅游，宣传口号为"新农村、新旅游、新体验、新风尚"；2007年，国家旅游局又将全国旅游宣传主题确定为"中国和谐城乡游"，同年，中共中央、国务院一号文件也提出"要大力发展现代农业……特别是乡村旅游业"；党的十七大报告提出要"走中国特色农业现代化道路，建立以工促农、以城带乡长效机制，形成城乡经济社会发展一体化新格局"；党的二十大报告指出"加快建设农业强国，扎实推动乡村产业、人才、文化、生态、组织振兴"，乡村旅游的发展得到了政府的大力支持，是全面推进乡村振兴的重要着力点，乡村旅游在部分地区已成为乡村产业的重要业态。各类有关乡村旅游政策的发布和实施，推动了乡村旅游迅速发展，为乡村旅游带来前所未有的良好发展机遇。

2. 资源要素禀赋

发展乡村旅游是农业发展的必然趋势，也是由我国国情决定的。我国农村面积广阔、生态环境优美、自然风光多样、农业文化遗产丰厚、民俗风情多彩，不断吸引来自国内城市和世界各地的游客。在推动城乡统筹发展、推进乡村振兴战略等多重利好政策叠加的背景下，我国乡村地区迎来了前所未有的发展机遇。为此，以解决"三农"问题为突破口，树立新发展思路，全面推进"美丽乡村"建设，推动"三生共荣"，提速实现"科学发展、绿色崛起"的乡村发展目标。

我国乡村正处在转型发展的关键时期，推动乡村经济高质量发展，提升乡村群众生活品质，让乡村群众享受发展红利，是满足我国乡村社会发展内在渴望的具体行动。随着城乡融合发展的持续推进，乡村经济高质量发展不断为乡村空间的更新与环境的优化提供资金保障，也催生了各地乡村立足资源禀赋发展主题鲜明、业态特色鲜明的农旅融合项目。文化自信意识增强，深深植根于我国乡村地区的农耕文化与农耕文明正在以层出不穷的形式传承与展示，乡村的乡土文化价值与意义在新的历史发展背景下正在被重新定义与认识，特别是在互联网高速发展的背景下，乡土文化的传播空间不断外延、受众群体不断覆盖。

3. 供给需求推动

推动农业产业结构提质升级与拓展农业新功能是传统农业向现代农业转变的具体体现，是推动农业适应新形势背景下社会经济发展的内在要求。随着社会经济的发展，人们可支配收入增加，旅游需求也随之增长，特别是长居城市、工作压力大、生活节奏快的人们，渴望日出而作、日落而息的乡野生活；研学热潮的掀起与人们探奇心理的驱使，探索自然秘密、体验特色文化成为当下旅游的热点项目，这些均成为推动乡村旅游发展的外在动力。各地乡村立足自身自然与人文资源，通过要素集合打造集休闲、体验、度假等多元功能于一体的乡村旅游项目，既满足乡村地区产业良性发展的需要，也应市场而生，不断推动乡村地区产业融合发展与链条多维度延伸。

4. 科技创新驱动

产业融合始于 20 世纪 70 年代，最早出现在计算机与通信领域，然后逐渐扩展至金融、物流等服务型行业，再慢慢渗透扩展至农业与制造业。这种打破产业边界并在产业边界处相互融合的产业形态称为产业融合。产业融合因其以信息技术为核心的高新技术快速发展和扩散的特点，是刺激产业价值和经济增长的动能。

多功能农业基于技术创新，充分利用农业的经济、生态、社会、文化等多方面特性属性，同时将农业与边界较为模糊的旅游业相结合，农业提供资源，旅游业提供平台和服务，两者在技术融合基础上，相互适应，为市场提供新业态、新产品或新服务。

（三）乡村旅游组织形式

我国乡村旅游的组织形式主要有普通农户、专业大户和家庭农场、农民合作社、农业产业化龙头企业、非农企业和工商资本、平台型企业 6 种形式。

1. 普通农户

普通农户经营是乡村旅游初级阶段的典型经营模式，普遍存在于区位条件好、乡村景观资源丰富、城市客源市场成熟但乡村旅游尚处于起步发展阶段的乡村，其经营范围主要是满足游客食宿需求。该模式下的经营权与所有权集中于农户，农户自负盈亏，经营收入全部归农户所有，富民效果较为明显，农户既能从参与乡村旅游发展中获益，也须承担其风险。

其优势在于受外来文化的影响较小，能够保留乡村原真性，利于传承乡村文化；进入门槛低，多以小规模的"农家乐"为主要形式，农户的资金投入和经营成本较少，开发经营难度低，对周边农户有一定的辐射带动效应。

不足之处在于缺少标准规范约束，经营方式粗放，存在一定安全隐患；产品更新迭代慢，农户的素质和视野限制了乡村旅游产品创新，容易出现产品单一、初级、吸引力不足等问题，发展到后期会产生同质化竞争，使农户之间陷入"微利"困境；从营销水平、市场开拓能力、经营管理手段、要素整合能力、合作共赢意识等方面来看，受农户自身教育水平等多重因素影响，一般来说普通农户弱于专业经营管理者，使得辐射带动能力有限。

2. 专业大户和家庭农场

作为新型农业经营主体，专业大户和家庭农场是普通农户的升级版，是推进我国乡村旅游发展的重要力量。其介入乡村旅游的广度和深度远大于普通农户，自身增收和辐射带动增收的能力也明显强于普通农户。不足之处与普通农户相似，只是程度有所不同，主要决策者的理念和经营能力决定着乡村旅游增收的效益。

3. 农民合作社

农民合作社作为农民的自我组织形式，具有自发性和内生动力，可以更好地发挥乡村旅游资源的优势，促进农民就业增收、带动农户参与乡村旅游，实现可持续发展。农民合作社具有本土根植性，具有较强的地缘甚至亲缘联系，与农户间的亲和力较强，容易同农户或农村社区之间形成紧密而直接的"相互作用"，带动农户参与乡村旅游、实现农民增收的效果较为显著和持续。合作社带头人的理念和经营能力容易成为其发展面临的瓶颈，合作社规模不大、层次不高、功能不强、抗风险能力较弱等局限，不仅会限制其推进乡村旅游的选择空间，也容易妨碍其乡村旅游项目的提质增效升级，影响其对农户辐射带动效应的发挥。

4. 农业产业化龙头企业

农业产业化龙头企业以先进的管理水平、运营手段与较为成熟稳定的市场客群等优势为依托，往往扮演着推动地区乡村旅游产业发展领头羊的角色，具体体现在以"公司+农户""公司+基地+农户""公司+农户+合作社"等组织形式推动产业升级、融合发展、联农带农与助农增收。

5. 非农企业、工商资本

非农企业、工商资本的经营理念较为先进，拥有人才、资本实力、市场网络等优势。但缺乏农业经营和投资经验，对农业投资风险估计不足，且本土根植性不强，容易产生同农户利益联结不紧密，甚至挤压农民权益的现象。该组织形式除提供固定不变的土地流转收入、为农民提供二次务工机会外，与农户基本没有利益联结。

6. 平台型企业

平台型企业的市场双边性、辐射范围广、成长快速等特点，能极大增强乡村旅游项目的创新驱动能力，对于防止信息不对称以及供应链、产业链、价值链的重构均有较强的作用，有利于推动乡村旅游新产业、新业态、新模式的形成。其能否有效带动农民增收，取决于农户和平台型企业之间是否通过其他经营主体的参与，形成衔接有序的中间过渡带，建立有效的利益联结机制，保证产业链增值的成果能够有效传导到普通农户。

(四) 乡村旅游发展模式

自乡村旅游概念的提出与发展以来，各乡村地区以区域特色与资源禀赋为依托，以休闲旅游消费为导向，建设集休闲、康养、体验、研学、探奇等多元功能于一体的农场、农庄等多样化乡村旅游载体。发展乡村旅游是新时代背景下贯彻落实中央一号文件、乡村振兴战略等多项政策的具体体现。乡村旅游经历不同时段发展背景的演变，形成了以下六种发展模式。

1. 农业依托型模式

该种模式的乡村旅游点多数集中在农村经济发达、乡镇城镇化程度较高的地区，以产业化程度较高的优势农业、林业、渔业等产业为依托，按照旅游市场需求，在政府引导、企业为主、村民参与的合作共建模式下开展旅游项目建设，延展当地农业观光、娱乐休闲、康养度假、文化体验等多功能，发展"农业+旅游"业态产品。借助旅游推动农产品加工业、餐饮服务业等关联产业发展，促使农业向第二、第三产业延伸，形成农旅协同发展与一二三产业融合发展的新格局。

2. 民族村落依托型模式

该种模式的乡村旅游点主要聚集在民族地区，以民族民俗、建筑风格、饮食习惯、服饰特色、农业景观与农事活动等独具一格的资源以及原生性、参与性与质朴性的文化特点为依托，按照补齐功能、强化亮点的发展思路，因势利导发展旅游，推动特色资源变现，让群众吃上旅游饭，并依此形成一股动力推动民族地区实现乡村振兴。我国民俗旅游开发资源丰富，因投资少、见效快的优势逐渐成为民族地区经济发展中的新增长点与旅游亮点，得到在地政府的大力支持。

3. 城郊依托模式

该种模式的乡村旅游点多数聚集在城镇周边的乡村地区，背依城市客流市场、交通条件等优势，发展具有观光、休闲、度假、娱乐、康体、运动、教育等功能的乡村旅游产业，是积极响应当代城市人向往自然、返璞归真等旅游需求的具体表现。经历多年发展，形成了以乡村生态景观、乡村文化和农民生产生活为基础，以家庭为具体接待单位的规模较大、发展较好的环城市乡村旅游圈。在多元产业布局中，环城市乡村旅游以及与乡村旅游紧密结合的现代农业、休闲度假和特色购物，形成了基于乡村特色风貌的农业、旅游业、商业"三业合一"发展模式，成为代表未来环城市乡村社会经济发展的一种重要模式。

4. 景区依托型模式

该种模式的乡村旅游点多分布在重点景区的周边区域。景区发展往往带动周边公共服务基础设施建设水平提升，对于景区周边乡村旅游点而言，可同等享受到较为完善与便捷的公共服务，此外，景区与景区周边的文脉、地脉和社会经济发展水平等方面存在一致性，在游客"来都来了"的顺道思想与探奇等旅游心理驱使下，景区周边的乡村旅游点可分流景区部分游客，当地村民还可依势经营农家乐餐厅、售卖土特产等，推动乡村发展并促进农民增收。周边村民目睹景区发展历程，为维护景区或地区良好的发展局面，村民会不由自主地约束自身不良行为、热情对待外来游客，比较容易形成旅游服务意识，为乡村旅游发展提供较好的民众基础。景区优美的自然景观和厚重的历史沉淀，携手周边恬淡的田园风情，实现了乡村和景区的携手共赢，带动了区域大旅游的发展。

5. 创意依托模式

民间艺术是区域大众生活的反映，是我国重要的非物质文化遗产，代表了一个民族和地方的文化特征，具有地域独特性，也逐渐成为推动乡村文化创意旅游发展的动力。以乡村民间艺术为基础，通过传统艺术创新，开发具有鲜明特色的乡村旅游产品，在丰富乡村旅游体验的基础上还能强化旅游目的地的品牌形象。

6. 科技依托模式

该模式的乡村旅游点多集中在农业科技、农业生产具有一定基础的乡村区域，以农业科学技术为支撑,以各种农业科技资源为吸引,将科技产品与旅游服务、农业景观建设以及休闲娱乐活动密切融合起来,实现科技园、科普基地等景点形式,满足旅游者增长知识、开阔视野、丰富阅历、休闲娱乐等旅游诉求,是现代旅游业的重要组成部分。特别是在当下推进科技建设、科技赋能的热潮中,以科技为引导,展现农业风貌,形成集教育、体验、观光、展示为一体的现代乡村旅游业,成为我国乡村旅游未来发展的重要方向。

(五)乡村旅游新业态

乡村旅游领域,许多企业将数字文化创意与乡村旅游、民俗文化、现代农业紧密结合,数字经济新业态加速发展,为游客带来新体验,也为乡村旅游注入新活力。"云旅游"、在线直播带货等营销方式不断涌现,催生了一批新的就业、创业机会。

业内人士认为,互联网平台具有集聚能力强、覆盖范围广等优势,可以将分散的乡村旅游资源聚集起来,让乡村旅游变得更加"触手可及"的同时,开辟了乡村旅游发展的新空间,释放了新动能,创造了更多的创业与就业机会。

例如在浙江省杭州市临安区,游客只需要登录"临安旅游主题页",就可以轻松订购临安范围内所有的景区门票、酒店、民宿和农家乐,足不出户就可以选择高品质的旅游产品;浙江省"浙里好玩"旅游综合服务平台的建立,为打通乡村旅游"最后一公里"贡献了力量;浙江省杭州市千岛湖景区开展的"云上千岛湖,原生态味道"的直播活动,20分钟的直播推介环节,售出了500单有机鱼,是景区直播带货的积极探索;新疆维吾尔自治区阿勒泰地区喀纳斯景区指导农户通过直播形式销售自有农副产品,实现增收。

二、存在的主要问题

(一)乡村智慧化基础设施建设水平有待提升

智慧旅游涉及大量的信息技术,如物联网、大数据、人工智能等。这些技术更新换代速度极快,导致智慧旅游项目需要不断跟进新技术,否则容易落后。智慧旅游涉及大量个人信息和交易数据,如果安全防护不到位,很容易发生数据泄露、被黑客攻击等事件,给用户和企业带来损失。有些智慧旅游项目在技术应用上还不够成熟,导致系统不稳定、操作不便捷等问题,影响了用户体验。

具有乡野情怀、能够激起游客乡愁思绪的乡村旅游目的地,大多位于比较偏远的农村地区,其经济发展水平和信息化基础设施建设严重滞后。与此同时,在进行基础信息设施建设也面临着需要投入更多的人力、物力等困难,使得乡村智慧化程度相对较低,有些乡村旅游景点在旅游旺季这一问题尤为突出。

此外,一些邻近城市的乡村,在时代发展背景下完善了一系列信息化设施设备,但由于后期使用和维护工作没有做到位,使得其利用率极低,有的甚至成为摆设,发生故障后也未得到及时有效的维修。

（二）传统理念制约造成新模式接受慢

智慧旅游虽然在我国一线城市及各大旅游景区景点已全面开展，然而乡村旅游领域的实践起步相对较晚，导致乡村旅游经营者对智慧旅游普遍缺乏了解。此外，由于对智慧乡村旅游缺乏了解，大多数乡村旅游从业者倾向于维持传统的商业模式。再加上信息壁垒、交通不便、基础设施缺乏、技术人才短缺，许多农村地区的智慧旅游建设滞后。

（三）乡村智慧旅游专业人才缺失

我国信息化起步较晚、但发展迅猛，数字化进程处于世界前列，但数字化与乡村旅游的融合仍存在不足。其中，人才缺乏是限制性因素之一。乡村旅游项目包含了农业种养、康体娱乐、餐饮住宿等多种业态，因此，乡村智慧旅游的发展需要既懂乡村旅游又掌握现代信息技术的专业人才。但目前这类复合型人才相对稀缺，同时，行业内的专业培训体系也不够健全，导致产品和服务跟不上，经营困难，乡村旅游项目经营者更无力升级。需要形成从理论教育到实践操作、从在校学习到职业发展全链条的人才培养体系，为乡村智慧旅游产业输送高质量的专业人才。

（四）乡村智慧旅游资金投入不足

智慧旅游领域尚未形成统一的技术标准和管理规范，导致各地智慧旅游建设水平参差不齐，难以实现互联互通。智慧旅游涉及多个政府部门和企业，各部门之间的协同难度较大，容易出现信息孤岛、资源浪费等问题。智慧旅游建设需要大量资金投入，包括技术研发、设备采购、运营维护等。如果资金投入不足，项目难以持续推进。

（五）乡村智慧旅游用户体验较差

乡村智慧旅游涉及大量新技术和新设备，对于不熟悉这些技术和设备的用户来说，操作门槛较高，需要花费较多时间学习。由于技术和管理层面的原因，乡村智慧旅游的服务质量有时会出现波动，如系统故障、服务不及时等，影响了用户满意度。尽管智慧旅游带来了便利，但对于一些老年人、农村地区等数字化程度较低的用户群体来说，他们可能难以享受到智慧旅游带来的服务。

三、乡村旅游智慧化发展路径

（一）整合农旅融合产业链，塑造乡村旅游目的地品牌形象

农业转型升级是乡村旅游发展的重要基础，传统农业在向现代农业发展的过程中要寻求与旅游的融合，乡村旅游则要从三产的角度以带动二产促进一产发展为目标，两者重新组合，实现一体化发展。各乡村要充分认识自身的农业基础与旅游发展的条件，将其有机整合于农旅融合的产业链中，发挥各自特长，分工合作，形成完整的上下游供应链，并非每个乡村都要成为旅游接待的节点。

跳出旅游业、农业的行业思维以及产品思维模式，站在乡村旅游目的地与乡村经济社会发展角度，充分挖掘乡村本地文化特色，展示现代农业的发展成果，统筹策划品牌形象与对外推广。围绕品牌形象打造系列主题化乡村旅游产品，创新乡村旅游的业态，并对村民行为提出规范要求。

（二）完善村民参与制度，融入区域旅游发展

村民参与是乡村旅游本土化的关键，特别是在"三权"（土地所有权、承包权、经营权）分置试点不断推广、外来资本投入逐渐增加的背景下，保障村民参与、共享发展成果是乡村旅游可持续发展的关键。乡村旅游发展能否给村民带来实质性的经济效益是重要的考量指标，要设计符合乡村旅游发展的村民参与制度，对于经济效益预期良好的旅游项目，要让村民人人参股，通过股权激励，使每位村民意识到是在为自己工作，旅游项目的经营情况与自己的收入息息相关，进而自愿服从制度规定；也可提供项目众筹平台，让村民自愿参与。

设计村民社区治理参与机制，更好地提升村民的获得感和满足感，对于重大外来乡村旅游投资项目，要赋予村民更多的话语权，甚至一票否决权。政府需要对乡村旅游资本结构、业态结构、经营主体结构以及外来企业聘用劳动力人员结构等方面做出合理安排并设置底线，给村民参与提供机会。

此外，将乡村旅游发展整合于区域旅游整体发展之中，在功能上形成互补，在公共服务上实现共享。探索乡村旅游与区域旅游融合发展的多种路径与合作模式，根据乡村自身的资源禀赋与发展条件、区域旅游发展的目标与功能配置要求，寻求融入的突破口。针对目前大部分乡村旅游目的地品牌知名度不高的现状，需要借助区域周边知名旅游景区的影响力及产生的流量，通过提供差异化的产品来吸引游客。已具有一定品牌知名度的乡村旅游目的地，则要充分发挥其集散与辐射作用，带动周边乡村与周边小景点的开发，打造全域乡村旅游产业集聚区。

（三）创新乡村旅游投融资模式，推动乡村智慧景区建设

基础设施不足和资金短缺是中国智慧乡村旅游建设面临的挑战，表现为政府投资不足、居民参与积极性低、科技企业合作松散。应借鉴国外智慧乡村旅游建设的成功经验，一是农村地区应积极寻求政策资金支持，引进技术支持，提高数字设施水平；二是激发当地居民的投资意愿和主人翁意识，构建政府主导、企业协调、居民共建的公共服务平台体系，实现村民自主带动农村经济发展的目标。

（四）采用"外引内培"方式，不断夯实乡村旅游人才队伍

党的二十大报告提出，全面推进乡村振兴，加快建设农业强国，扎实推动乡村产业、人才、文化、生态、组织振兴。为应对乡村普遍的人才短缺与流失困境，政府须发挥主导作用，通过优惠政策（如住房补贴和社会福利等）吸引专业复合型人才，并注重选拔培养本土青年领袖，实行"引育并举"。同时，定期邀请专家培训以提升服务人

员素质和村民科学素养，结合实情提供免费数字化技能培训，增强村民的数字意识，提高运用数字技术进行自我宣传的能力，并以此打造具有地方特色的数字化营销和品牌形象。

(五)"特色文化+智慧旅游"相结合，赋能乡村文旅高质量发展

面对市场同质化挑战，乡村旅游破局的关键在于以游客个性化需求驱动高质量创新，深度融合本土文化与民族风情，锻造独具特色的乡村文旅产品。通过虚拟现实技术（VR）等科技赋能，激活静态文化资源，打造情境互动体验和云穿越动漫知识产权（动漫IP），以提供现代化、智慧化的深度旅游体验，提升乡村旅游产品的品质特色与吸引力。乡村文旅高质量发展依赖数字化宣传本土文化与民俗，可通过互动小程序嵌入公共服务平台以增强文化活力和传承性，并深度结合地方特色打造独特旅游品牌。

第四节 代表性领域及案例

一、乡村旅游智慧升级

在"互联网+"、5G的推动下人类社会步入数字时代，数字经济日益成为经济发展新动能。自党的十八大以来，党中央将发展数字经济上升为国家战略。数字经济与旅游产业深度融合，是提高旅游、赋能乡村发展的一项重要举措，更是技术赋能产业、加快发展新质生产力的具体体现。文化和旅游部资源开发司启动实施乡村旅游数字提升行动，从推进新兴技术与当地资源相融合、产业转型升级、培育壮大新型消费、文旅深度融合等方面进行乡村旅游提升，实现数字赋能乡村振兴。自2023年以来，乡村旅游数字提升行动已使31个省份的1 138个县域及超2万个乡村旅游经营主体受益，带动近2 000万名游客，成为地区增大乡村旅游效益的重要抓手。

(一) 乡村旅游智慧升级举措

1. 深化数字化平台开发力度

依托政务云端与政务网站，整合乡村的精神文化、自然风光、民俗风情等旅游资源，并以此搭建、及时更新数据库，实现数字资源统一共享。推动政企信息互动开放、聚力拓宽旅游空间，基于乡村旅游信息的完善建设大数据平台，提供交通、餐饮、住宿等旅游资讯，推进数据与服务平台一体化发展。利用小红书、微博等平台宣传优势，推出乡村旅游特色专栏，建设乡村旅游信息展示、乡村风景可视化展示等线上功能，推动平台服务数字化与人性化。

2. 增大数字化设施建设力度

抓住5G时代发展契机，加速推进乡村宽带网络和移动通信建设，实现乡村旅游互

联互通智慧服务。利用大数据平台的实时更新道路实况功能，为游客前往景区（点）提供最佳出行路线。建设"智慧化+美丽乡村"发展模式，着重推进以停车场、旅游厕所、游客身份识别等为主体的公共服务设施以及垃圾处理、污水排放等废弃物处理设施的智慧化建设，以基础服务智慧化提升游客体验。

3. 提升数字化技术应用程度

以本地资源与文化禀赋为依托，借助数字技术优势，开发"数字+"的乡村旅游新模式。在引导乡村旅游顺应当下经济发展情形与满足大众旅游需求的前提下，因地制宜发展科普研学、户外探奇等特色旅游项目并推出具有独特性与代表性的"土特产"和文创精品，树立主题鲜明的乡村旅游品牌。利用抖音、快手、淘宝等短视频平台与电商平台进行带货营销，线上线下双结合扩大产品营销覆盖范围，提升乡村经济效益。

4. 加大数字化人才培育力度

优化乡村旅游营商环境，发挥金融与社会资本在其中的作用，对重点项目给予信贷支持并设立帮扶基金。出台开放的人才培养和激励政策，通过高校对接、企业对标等方式进行产学研接洽合作，吸引优秀青年人群到乡村就业创业。加大对群众的培训力度，塑造鲜活的乡村旅游代言人形象，发挥其懂乡村、明乡情、知乡语的独特优势，实现乡村旅游整体服务的提质增效。

(二) 案例一：林芝市推进乡村旅游智慧升级

林芝市是西藏自治区热门旅游目的地之一，2023 年，林芝市累计接待游客达 1 317 万人次，旅游总收入 116.44 亿元，位居西藏自治区前列；林芝市农牧民家庭旅馆总数达 648 家（其中星级农牧民家庭旅馆 192 家），接待游客 101.68 万人次。自 2021 年林芝市旅游接待量突破 1 000 万人次以来，乡村旅游产业成为推动地区与社会经济发展的强劲动力。根据社会经济发展趋势与大众旅游需求，林芝市全面提升智慧旅游信息与基础设施建设水平，增大智慧旅游产品供给，以智慧化建设为抓手促进旅游产业提质升级，提高产业效率。

1. 推进数字化基础设施与平台建设，拓宽增收渠道

推进旅游基础设施"智慧化"示范工程应用发展。林芝市以旅游施惠于民与旅游使民富裕为着眼点与立足点，以"一部手机游林芝"为目标，2016 年起开始推进建设，现已建成西藏自治区首个智慧乡村旅游信息化平台，开发完成智慧语音讲解系统，出版《林芝市导游词精编》规范导游讲解工作。

依托数字技术全面提升运营管理智慧化。林芝市充分运用人工智能（AI）、云计算等现代信息技术，以信息服务精准化、旅游要素数字化、产品供给个性化、运营管理智慧化为内容，已建成应用普及、对接市场、功能完善、有效统一的乡村旅游信息系统。

数字成果惠及群众。推进手机客户端开发，便利农牧民家庭旅馆经营户完成订单浏览、客房管理与农副产品售卖，节约游客查询食宿情况及土特产购买等相关资讯的时

间,畅通以牧民等为经营主体的旅游业态同游客的连接,提升"土特产"流通速度,促进农牧民增收,将旅游打造为推动地区发展的新动能。

2. 多措并举搭建旅游文化输出路径

突破制约,编制文化传播工具书。受限于语言文字的差异,外界游客不易与林芝当地文化建立起直接联系,同时,为解决导游词讲解不规范、商业氛围浓郁、文化内涵不足等问题,林芝市以《林芝区域文化丛书》为依据,编撰《林芝导游词精编》,并先后发行汉文与藏文两个版本,满足藏区内外游客需求。《林芝导游词精编(汉文版)》收纳了西藏自治区213个景区(点),涵盖林芝概况、故事传说、特产及手工艺品、旅游资源、民俗文化、藏传佛教小知识六大方面内容。

3. 完善与提供便捷的旅游听觉服务

建设语音讲解系统。以"一部手机游林芝"为契机,设立516个点位,涵盖88个景区(点),建成西藏首个智慧导游(语音讲解)系统。游客可通过林芝旅发局官方公众号获取景区(点)旅游路线与自助语音讲解服务,还可根据使用需要即时更换藏汉两种语言。

(三) 案例二:以数字化推动张家界旅游高质量发展

张家界坐拥丰富的绿色资源与旺盛的游客流量,是湖南全域旅游的龙头与美丽中国的亮丽名片,是国家"十四五"旅游发展规划的25个重点旅游城市。张家界坚持旅游经济高质量发展与时代同行、与世界共振。在旅游产业规划、产品营销、服务落地和市场管理等方面主动运用大数据、云计算思维和技术,推动产业规划符合向康养度假型目的地转化的趋势、符合拉动全域旅游和振兴乡村经济的目标,产品营销和服务做到面向不同地域来源、年龄层级、职业身份的群体具备精确有效的差异化,市场管理做到触角深入、关注细致、即时反馈、处理有效、兼具人文关怀。张家界地区推动旅游高质量发展的建设方向如下。

1. 大力支持各类市场主体筹划一批新质业态

聚集全球行业力量和专业智慧,系统推进旅行生活化、康养功能化、目的多元化,吸引全球一流创新人才和团队,打造独具特色的旅游业创新生态集聚地、创新现象原生地。在旅游智慧升级方面可研发虚拟导游,通过数据信息互动,虚拟导游经大数据分析形成游客的个人画像,推荐智能生成的旅行攻略,一键生成吃、住、行、游全流程订单,同时可将旅行需求贴近的人群自动分配至一个人工导游的旅行团队。另外,还可利用虚拟现实技术,开发沉浸式旅游体验项目,例如,融合张家界本地特色的元宇宙场景体验,将非遗项目进行数字化开发,将张家界地貌形成过程通过现场数字化空间复原等。

2. 加强数字基础设施建设应用

加快构建完善的新型数字基础设施体系,加大投入数字基础设施和智慧旅游服务平台建设,提升网络覆盖范围和质量,建设数据中心和云计算平台,通过收集和分析大数据信息,服务于在线预订系统、智能导览服务、基于大数据分析的游客行为研究等。

3. 持续发展电子商务,拓宽特色产品销售渠道

以"张家界好山好水好空气""把土货带出山,把健康带回家"等为宣传着力点,利用网络直播与销售平台对天门山等特色自然资源及莓茶等特色农产品进行大力度宣传。深度研发大数据应用,开发"地标农产品地图"等软件,点击进入可浏览文字、图片、音频视频及真人在线直播介绍产品详细信息及健康提示,通过该系统人工智能客服实现各类产品零售和批发。

4. 积极推动传统产业数字化转型

聚焦数字经济和实体经济深度融合的重点领域与新兴领域,促进各类要素资源向企业汇聚,激发企业创新活力与融合发展能力形成。鼓励数字经济企业"走出去",积极融入数字经济全国、全省产业链,加强数字化经贸合作。加强分类指导、分业施策,深入实施制造业数字化转型行动和智能制造工程,推进互联网、大数据、云计算、区块链等数字技术在设计研发、生产制造、经营管理、市场服务等各环节应用,加快制造业数字化、网络化、智能化发展。同时,培养一批高水平高素质的科技人才,开展数字技能培训项目,提升当地管理和服务的数字化水平。培训可涵盖从基础计算机操作到高级编程技能,将为数字经济长期发展储备人才。

5. 着力优化数字经济发展环境

积极构建适应数字经济和实体经济融合发展的政策体系,政府出台一系列支持数字化经济发展的政策措施,包括税收优惠、资金扶持和市场准入等,为数字化企业提供良好的发展环境,推动建立健全协同监管机制,提升常态化监管水平,营造良好市场环境和政策环境,吸引更多的投资和创新项目落户张家界。同时,强化网络和数据安全保障,完善数据资源管理,加强数据要素应用场景指引,保障数据要素规范有序流通。

二、数字化乡村旅游

(一) 数字化乡村休闲度假

乡村休闲度假大多发生在城市周边的乡村,利于城市中工作生活的人在周末进行短途的放松旅行。这种旅行方式被称为"5+2"模式,即5天在城市上班,周末2天在城郊乡村过田园生活,给休闲农业带来了发展契机。休闲农业是农业和旅游业融合发展的典范,对推动农业供给侧结构性改革、促进乡村振兴意义重大。休闲农业的发展,有利于推动农业转型升级,促进农业产业发展;有利于延长农业产业链,提升农业产品价值;有利于促进农民参与社会分工,推动农民增收;有利于催生农村新业态,形成农村经济新增长点。

然而,当城市人群涌入乡村的时候,将会带来大量的管理问题。例如,乡村对游客的管理能力、接待能力,安全、防盗、应急处理能力,以及乡村现有资源和设备是否能满足游客需求等,都给村委会增加了巨大的管理压力。此外,一些拥有优质旅游资源的

乡村，需要通过数智化手段让城市居民知晓并产生兴趣，这样才能吸引更多城市居民以"5+2"的方式与乡村进行良性互动，从而实现农民增收。

5G 数智化手段能改善目前乡村旅游管理水平低、缺少推介方式、游客体验差等问题，其架构方案如图 4-1 所示。

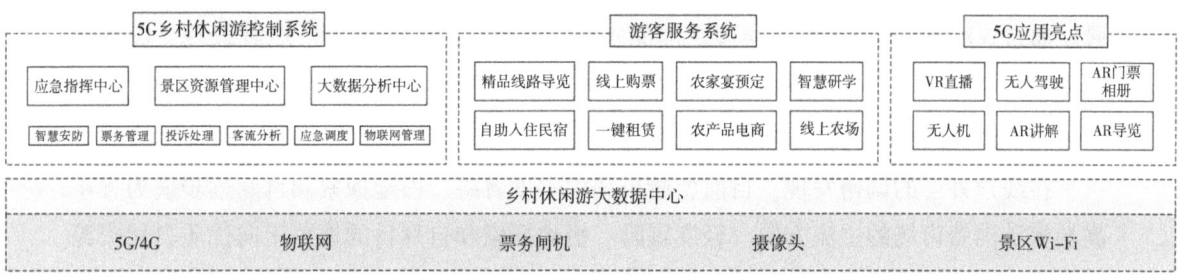

图 4-1　数智化乡村休闲旅游大数据中心架构

1. 5G 乡村休闲游控制系统

该系统的建设主要用于村委会、乡村旅游运营商等的管理，分别从以下 3 个方面提供乡村旅游管理方面的服务。

一是应急指挥中心。村一级应急指挥中心主要提供整个村落的视频监控集中管理、交通及车辆监控、村落出入口安全保障等服务。村内物联网、全球定位系统（GPS）和运营手机定位等数据通过应急指挥中心进行搜集汇聚，提供给应急指挥管理者进行决策，通过该系统的监测预警、突发事件处置、协同会商、信息发布、指挥调度等功能，及时有效处置自然灾害和事故灾难等突发公共事件。同时，为实现应急指挥市、镇、村（社区）三级指挥体系贯通，村一级应急指挥中心打通镇、市一级的应急指挥调度平台，面对村一级应急指挥人员无法处理的特殊情况，通过该平台及时上报给上一级进行处理。

二是景区资源管理中心。基于 5G 覆盖的技术优势，使景区内的人员、车辆、基础设施等互联互通，进行状态监管、定位系统、数据监测、车位寻找等。

三是大数据分析中心。基于乡村旅游运营商的数据、乡村景区视频数据、乡村旅游票务数据等多方位数据，进行数据挖掘和分类统计，提供该乡村的旅游大数据分析，并生成统计报表。通过生成的数据分析该乡村客流量、游客来源地、游客停留时间、喜爱的景点等，有助于乡村旅游的建设和发展，并可以预测乡村未来一段时间内的客流走向。

2. 游客服务系统

基于该系统，通过"一部手机"即可无偿向游客提供旅游景区、线路、导航、交通、气象、住宿、旅游须知等必要信息和咨询服务，并可以"一键下单""一键预订"实地游览、田园采摘、农耕体验、田间娱乐等旅游项目，为游客提供便捷的预约预订服务，扩大交易渠道，实现引导70%的游客通过网络预订旅游产品。

通过该系统，可以实现乡村休闲度假旅游前的咨询、预订，旅游过程中的导览、消费及服务，旅游结束后的点评反馈、口碑传播、乡村特产销售等。

3.5G应用亮点

利用虚拟现实（VR）和增强现实（AR）技术，为游客提供沉浸式的乡村文旅体验。通过VR/AR设备，游客可以更加深入地了解乡村的风土人情、地域景观、民俗文化等，提升游客的参与感和体验感。

（二）数字化特色乡村民宿

在线户外游的调研发现，目前旅游市场中轻度冒险、极地探索和自驾逐步成为青年高端旅游消费市场的主流方向。轻度冒险、极地探索和自驾目的地也正向优质自然资源以及生态敏感区域聚集靠拢，这些地方集聚了大量的优质生态景观资源。高原、冰川、草原、森林、沙漠区域是人们向往的自然环境，但往往景观环境优质的地方，生态环境也非常脆弱。所以，在乡村旅游项目建设过程中，民宿建设和环境保护的矛盾一直存在，一方面积极寻求可持续性开发和合理利用模式，另一方面无法快速提供合格的旅居空间产品与服务。这些矛盾点是有解决路径的，即设计和科技进行强有力的结合。例如，大量运用具备轻型结构特征的可移动建筑（Mobile Architecture）替代传统土建进行民宿建设。因为相比其他建筑，大部分的可移动建筑都属于轻型结构，轻而强的结构优势能够使空间获得更大的自由度和舒适性；再辅以设计和科技手段，不仅建设周期短，生态、经济、环保，在安全上也更有优势。它可以适应不同的场地，对于建设基础要求偏低，适用性非常强。

按照移动重组的方式，轻型结构的可移动民宿分为三类，即拆卸式、半拆卸式和便携式。从投资和建设角度来看，以上三类可移动建筑体系均采用了现代装配工艺，科技赋予了民宿建设更多的可能性。森林、草地、沙漠……只要有拖车，去哪里都可能实现；从生态角度出发，可移动民宿建筑完全具备建造和拆卸耗时短、工业垃圾较少、商业投资回报比较快、可重复利用等优势；从使用角度而言，利用科技手段还可以挖掘整合可再生资源利用、独立发电、数字化硬件改造、智能控制等，不断探索新的运用模式。

（三）案例一：云南勐巴拉5G+数字雨林小镇

勐巴拉5G+数字雨林小镇位于云南省西双版纳傣族自治州勐海县，是中国移动"百个集团级5G示范项目"之一，是2019年云南省委、省政府挂牌的唯一一个数字小镇，是中国移动践行"五纵三横"发展战略、响应国家发展5G等新基建政策的具体体现，更是中国移动以"5G+"助推文化旅游行业发展的重要尝试。

勐巴拉5G+数字雨林小镇以中国移动5G网络为依托，以提升游客互动体验为中心，全面推进管理、运营、服务等方面数字化建设，促进小镇自然、人文等资源与旅游信息的系统化整合和深度开发利用,其具体体现在以下方面。

一张图管理平台 以地理空间为框架,以"全域资源一张图管理、全部设备一张图控制、全部事件一张图展现"为发展目标,有序整合票务、安防、交通、支付、监测等多元化场景应用,缩短当地管理者消化信息所需的时间,帮助其快速做出合适决策,进而向游客提供更好、更及时的服务。

环境监控 以中国移动5G+环境监测应用为依托,展现勐巴拉气温适宜、负氧离子高、森林覆盖率高、雨林湖泊资源丰富、天然温泉资源丰富、海拔高度适合人类居住和地处五大长寿带等得天独厚自然优势,并收集通过物联网传感器采集的多项环境数据,按照环境监测与显示发布一体化的要求进行建设,为现场环境数据采集、传递、存储、分析、发布等难题提供一站式、一体化的解决思路,同时也便于小镇的日常管理、分析、预警和决策。

智慧安防 中国移动基于5G网络已建起视频监控系统,管理人员可远程实现对监控对象的录制回放、制定监控策略等操作,并联动报警安防、应急指挥等应用,推动监控系统多样化与智慧化发展。此外,中国移动为让小镇管理更为轻松便捷、环境更为安全舒适,应用了人工智能、大数据等技术,实现信息采集与智能分析功能。小镇的智慧安防建设在推进景区有效管理的同时,还能对游人的人身与财产安全起到强有力的保障作用。

智慧票务 为解决购票渠道不一、购票支付方式不一、入园核验类型不一等环节交叉管理应用中的问题,中国移动为小镇提供线上线下一体化的智慧票务系统,该系统支持刷身份证、二维码等数字化核验及支付方式,并能依据游客人像开展销售统计及客户来源分析。此外,系统可通过实时监测重点区域人流来保障景区客容量的安全,实现景区科学管理与票务精细管理,形成集购票、检票、服务于一体的轨道交通互联网业务发展闭环。

智慧停车场 为缓解景区旺季停车难问题,小镇以数据平台为支撑,发展车位引导、停车场管理等功能。使用网络处理收费应用平台,对所有外来车辆实现全自动电子收费。为做好景区停车管理,应用平台还可对停留车辆做多项数据分析,实现停车智慧化、管理可视化与运营高效化。

智慧厕所 为解决旅游景区用厕难、管理难的问题,中国移动综合运用互联网、物联网、数据分析技术与相关设备对小镇内的旅游厕所实施数字化提升行动。一是将厕位使用情况可视化。男厕、女厕等每一类型厕位前均设置一块电子显示屏,使用"有人"或"无人"的标注对应厕位使用情况;二是利用空气传感器反映厕所氨气、硫化氢等异味情况,便于管理人员及时做好清洁工作;三是实时监控卫生间内湿度、温度、光照等情况,确保厕所时刻处于良好的开放状态。

全维度全景VR直播 充分利用小镇独具特色的自然旅游风光资源节点,通过全景摄像机采集360°全景影像并借助5G网络发送至服务器作为直播背景,客户利用VR眼镜便可观看小镇美丽的视频景象。与普通直播相比,360°全景VR直播是全新的视觉体验，游客能以第一视角自行决定观看方向、范围，抬头仰望可见蓝天，低头俯视可见绿地，平视远方则是优美的自然景观。

无人机视频直播　小镇里部署5G+无人机直播系统，无人机飞行中采集视频并通过5G网络传输到分发服务器上，身在外场的人们可以观看实时视频直播。借助中国移动5G网络大宽带、低延时特点，人们可以看到更加气势磅礴的画面。从完全不同的视角看来，一切都会显得格外新奇。

慢直播　中国移动利用小镇中的9个点位开展无音乐、无旁白、无字幕、无干预的慢直播，并借助"一部手机游云南"平台将小镇风光如实以视频的形式传送至游客眼中，实现只需一部手机、足不出户与不用花钱便可领略小镇风光。

智慧民宿酒店　随着游客消费习惯升级，人工智能将广泛地运用到酒店的经营、管理等方方面面，智慧酒店对于改善游客入住体验、降低酒店运营成本、提升管理和服务效率将发挥重要作用。在勐巴拉小镇，中国移动运用云计算、物联网等技术，以智能设备为载体，帮助酒店实现了智能化和个性化服务。首先是带给客户入住全流程的智慧化体验，客户可以自助办理入住，无须等待前台办理。客人还可以选择刷脸完成登记入住的全流程。

无线网络全覆盖　小镇采用AC+Fit AP网络框架，设置24个无线网络覆盖点位，推动小镇无线网络全域覆盖。游客接入网速可达200兆，能及时将小镇所遇见的趣事同外界亲友分享，由此提升游客在小镇的舒适度与满意度，以更佳的体验提升小镇名声与口碑，进而吸引更多潜在游客前往。

勐巴拉5G+数字雨林小镇一期、二期建成后，将成为"一张图+N项应用+大数据中心+运营感知体系+5G"和相关应用的数字小镇示范标杆，是配合当地政府数字工程建设与服务于地方高质量跨越式发展的具体表现。未来，中国移动将建设更多的"特色、产业、生态、易达、宜居、智慧、成网"的特色小镇，通过5G+旅游行业其他应用，从线上到线下、从消费到生产、从平台到生态，推动旅游行业向信息化、科技化和智能化全面发展。

（四）案例二：广东清远"治理"变"智理"

2021年起，清远市全力推进"数字乡村"建设，在"数字乡村"治理和33个先行村试点建成公共服务的基础上，截至2022年4月，已完成85个乡镇（街道）与1 078个行政村（社区）"数字乡村"智慧平台接入，是广东省率先实现"数字乡村"全覆盖和"综合管理一张图"的地区，为乡村治理、惠民服务、智慧农业提供坚实保障，在乡村振兴路上展现大"治"慧。

1. 全市加快乡村信息基础设施建设

清远市"数字乡村"智慧平台主要功能板块包括森林防火（秸秆燃烧）、河道监控、居家养老、网格化管理、智慧党建、智慧消防、智慧农业等，有效提升乡村治理精细化、智能化水平。例如，在乡村河道监控功能方面，AI视频技术在乡村河道设立虚拟警报区域，若有儿童进入警报区域，平台会立即接到报警信息，并及时反馈给网格管理员，同时通过大喇叭进行劝返。如果干预不成功，网格员将采取下一步处理措施，有效防止溺水事件的发生。

数字乡村是乡村振兴战略和数字中国建设的结合点，建设数字乡村，离不开网络基础设施建设。清远实现"数字乡村"全域覆盖的背后正是近年来持续加快农村信息基础设施建设的硕果。全市所有行政村已实现光纤宽带、4G网络全覆盖，在纳入省域规划清单的13 146个20户以上自然村光纤宽带和4G网络实现100%覆盖的基础上，相关部门督促电信、联通、移动、铁塔等公司加快5G基站建设，已建成5G基站1 536个，实现市、县主要城区全覆盖和有条件的镇、村覆盖。

清远电信5G基站建设在中国电信集团内部开通进度名列全国第一，清远铁塔建设进度全省名列前茅。如今，遍布在全市各乡镇的"乡村新闻官"正是借近年来全市加快信息基础设施建设的东风，以短视频平台为媒介，以5G网络为桥梁，连接村里村外。新闻官们在田地里精准把握当地农产品数量、质量与供需关系，确保线上精准营销与线下售后服务快速对接，打通农产品销售"最后一公里"。

2. "数字乡村"推进乡村治理体系建设

清远市连州市西岸镇东村以古村落保存完整而闻名，在村委会的大厅里，安装了两台液晶电视，一台用于展示数字乡村微服务平台，另一台用于展示村里所有监控视频。负责该村"数字乡村"运营的数字服务官和村委会负责人随时可从屏幕上看到游客、车辆出入的监控图像，实时掌握热门景点人员及安全情况，全村所有监控视频也一目了然，工作人员不出大门就能掌握全村动态。

该微服务平台是清远村级数字乡村的统一入口，可接纳村级数字乡村的各个应用模块，并将所有数字化信息在统一的界面进行展示，全面直观展示乡村的人、事、物。以AI视频大数据平台为例，可接入现有的监控视频，加载AI能力，能够通过人脸、车牌、电子围栏、烟感识别、火灾识别等技术实现智能立体式的村级智能监控，助力建设智感安防平安乡村。

为了确保平台稳定运行，清远各级电信部门还为全市配备了千名数字运营官，定期走访村委会、巡检软硬件、快速排查故障，并辅导村委会成员使用平台，提升乡村数字化管理能力，协助网格员推进信息化建设，完善乡村治理"最后一公里"。同时，运营官将推动"互联网+政务服务"延伸覆盖，推进涉农服务事项在线办理，提高突发公共事件应急处置能力，使广大农民群众的获得感、幸福感、安全感更加充实、更有保障、更可持续，助力乡村全面振兴。

清远将切实做好"数字乡村"智慧平台运营管理，充分发挥平台效能，加快推进乡村治理体系和治理能力现代化，在信息网络、信息应用、信息技术和信息产业等方面开展全面的良性互动，全力以赴建设一个5G智慧乡镇门户、打造一个乡村治理App、发展一个智慧农旅产业，推动"5G+现代农业+乡村旅游+乡村治理"三大建设，让清远乡村振兴插上智慧科技的翅膀。

三、植物园内涵提升

植物园在改善人居环境，促进生态良性循环，促进社会全面、协调、可持续发展中发挥着重要作用，是一个国家与现代化国际接轨的重要方面之一。随着国家的迅速发展，人类日益渴求回归自然，植物园在国民经济中的地位将越来越重要。植物园的概念在我国相传最早出现于5 000多年前的"神农百草园"。汉代的皇家御苑上林苑种植了3 000余种植物，包括从西域引进的黄瓜、葡萄、石榴等，可以说是我国古代植物园的雏形，也是人类植物园发展史的重要组成部分。随后，伴随着华夏药草文明与园艺园林的发展，以植物搜集、引种和展示为目的的苑圃也不断发展。当然，中国园林虽然具有上千年的历史，但我国现代植物园的建立是西方科学在中国传播之后形成的。现代植物园起源于欧洲，历经400余年的发展，至今全世界约有2 000多座植物园，分布在上百个国家，收集保存了维管植物约10万种，每年接待游客约5亿人次。我国的现代植物园从1871年香港建立动植物公园算起，已经经历了150多年的发展历程。根据中国植物园联盟2019年的统计数据，我国现有植物园（树木园）162个。当前，这些植物园已经不仅是开展植物科学研究和向社会传播植物知识的科普教育基地，还是植物观赏休闲的专类公园绿地，更是一个城市生态文明建设的展示窗口。

2021年12月28日，国务院批复同意在北京设立国家植物园，明确要求"坚持对植物类群系统收集、完整保存、高水平研究、可持续利用，统筹发挥多种功能作用；坚持将植物知识和园林文化融合展示，讲好中国植物故事，彰显中华文化和生物多样性魅力，建设成中国特色、世界一流、万物和谐的国家植物园"，这表明我国对于建设植物园提出了新的时代要求和内涵。同时，习近平总书记还提出，科技创新、科学普及是实现创新发展的两个方面，其地位同等重要。科普工作被提到了前所未有的战略高度，植物园在传播和推广植物知识中发挥着重要作用。可以说，随着国家植物园体系建设的展开，我国的植物园发展迎来了一个新的历史机遇。

在具有旅游资源的乡村，可以依托当地的苗圃、作物生产基地、特色植物资源等建立植物园，以乡村经济类植物为基础，配以同科属的观赏类植物为观赏点，同时配置乡村所在地域的特色新奇植物作为配景。此外，还可通过花径、花海、模纹花坛等植物景观和优美的园林空间为游客提供独具特色的观光游憩体验环境，使植物园成为乡村旅游中的一个亮点。植物园还可为青少年科普研学游提供场地和研学素材，丰富乡村旅游产品，满足游客的各类需求。植物园内具有生产价值的植物，可二次加工成特色产品，在植物园或乡村进行展销，增加乡村旅游的收入渠道。植物园不仅能使乡村旅游景区达到观赏与应用、科学与艺术的完美统一，成为展现乡村旅游经济性、艺术性、科学性的重要场所，更能作为旅游景点带动乡村其他旅游项目的发展，提升乡村品牌效应，创造巨大的社会价值。

（一）国内外植物园发展现状

在国外，植物园兴起于文艺复兴时期的意大利，早期建设目的主要有两类：一类是药用植物、食用植物的栽培与教学展示；另一类是以观赏植物为主的植物园。20世纪，一系列环境问题引发了人们对可持续发展的重视，这一时期植物园的研究主要集中在植物资源和植物多样性保护、可持续发展及环境保护教育。同时，植物园设计开始注重人与自然的互动。21世纪，全球化进程加快，资源危机和环境意识大幅提升，生活水平显著提高，人们更加渴望亲近自然、了解自然和回归自然。植物园在这一时期更加注重景观品质、游憩功能和科普功能，注重体验式设计、交互式设计和植物空间景观营造。在植物园内涵研究上，主要从科学和文化两个方面进行，科学内涵包括植物的收集与保护、植物科学研究和科普教育，文化内涵主要体现在对乡土植物的合理利用。

与国际现代植物园近500年的发展历史比，我国现代意义上的植物园历史较短，仅有100多年的历史，大规模建设现代植物园则始于1950年，与国际现代植物园相比还存在一定差距。在植物园内涵建设方面，我国比较侧重于植物科学研究、科普宣教、地域植物文化展示几个方面。在植物园景观营造方面，则经历了"绿化观念普遍流行""注重种植设计的画境和意境""注重科学营造植物群落""生态园林营造"四个阶段。另一方面，由于规划定位不高、资金投入较少、管理经验不足等原因，目前我国的植物园也存在着活植物收集和迁地保育管理明显不足、植物资源应用研究有待加强、植物园管理存在泛公园化等现象。

（二）植物园数字化提升

1. 植物园智慧旅游管理系统

植物园智慧旅游管理系统（图4-2）的使用者主要是植物园管理者和技术人员，对植物园传统管理体系办公效率低、突发事件决策分析慢等问题进行有效解决，是植物园智慧化转型的基础。

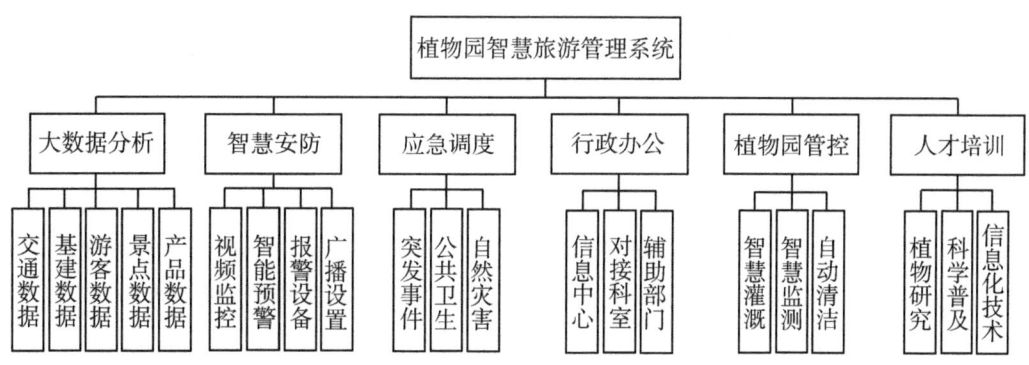

图4-2 植物园智慧管理系统

(1) 大数据分析

利用云计算、人工智能等领域技术，在大数据分析模块中对游客来源、年龄、停留时长等数据进行分析、统计整理后，通过传感器设备，将游客数据、交通数据、基础设施数据等结果反馈给植物园管理者，为植物园的科学管理和决策提供数据支撑。

(2) 智慧安防

旅游安全是游客的基本需求，是植物园必须重视及完善的一个环节。只有在游客安全得到保障的前提下，才能更好地满足其多样化、个性化的需求。通过搭建和完善植物园内安全监控与智能预警系统，建立服务站点，实现对植物园环境的实时智能监控，预测将要发生的危险并进行预警。

吸烟识别警示功能 利用智能热成像云台摄像机，具备高温检测、气体检测等功能，可感知高温、烟雾等警情，自动识别吸烟行为，播报提醒游客禁止吸烟的语音，制止不文明行为。同时后方系统也会收到告警提醒，并会展示和存储抓拍到的画面，作为事后排查分析和处罚的有效证据。

热感应防火功能 摄像头在识别吸烟人员的同时，还可识别环境温度，当有区域温度超80℃时，会自动报警，同时，后台人员会收到警报提示，在第一时间发现火灾隐患。能提高植物园应对火灾险情的能力，有效降低火灾风险。

静园功能 闭园后识别在园人流并清人，可实现监控报警与远程喊话功能。支持24小时不间断无人巡航监控。能够在夜间、雨天等场景下进行全天候监控作业。可实时传输1080P画质的可见光和热成像两路监控画面，并可对摄像机视角进行远程操控。支持录像回放查询等功能。"一键报警"方便现场人员通过无人车进行报警，并可实现后方与无人车的双向"语音对讲"功能。

(3) 应急调度

综合当代最先进的通信技术、网络技术、多媒体技术、视频通信技术于一体，串联植物园的监控系统、广播系统、车辆指挥调度等系统，实现景区的综合统一管理调度。根据应急处理预案，通过应急指挥调度系统及时受理旅游咨询和投诉事件，对旅游突发事件进行综合指挥调度和协调救援服务。有效保障游客生命财产安全，也保证了景区资源的安全。

(4) 行政办公

行政办公功能主要包括职工去向报备、文件档案保存、办公用品购置、会议室预订等功能，方便各科室与部门有效对接，减少科室之间相互推诿、权责不清等问题，解决植物园监管不力的部分问题，减少内耗，提升植物园整体办公效率和办公质量。

(5) 植物园管控

智慧灌溉，主要用于植物日常管理维护。将整个灌溉过程数字化、智能化，通过感知系统监测种植培育环境和植物生长状态，精确地计算出灌溉水量，避免不必要的水资源浪费；智慧勘测系统，利用物联网识别通信进行植物数据整合，完成"智慧勘测"，有效避免人工操作带来的数据误差与不确定性。智慧灌溉与智慧勘测系统打破了传统人工灌溉体力劳动繁重和植物信息难以记录和查询的弊端,使得植物数据管理科学化,利于植物数据资源的交互与共享。

清洁机器人具备定位、识别、清洁、避障等功能,同时兼具超快的信息响应与数据交互能力以及超高的作业能效,在有效降低植物园劳动力成本的同时,使植物园清洁维护工作更精准、更极致、效率更高。

(6) 人才培训

千秋基业,人才为本。作为智慧旅游运营主体,植物园应加强景区互联网人才、大数据技术人才与新媒体人才的引进、培养和使用,为植物园实现高质量发展提供有力的人才支撑。依托新媒体进行营销是智慧旅游背景下植物园发展的必然趋势,因此全面了解新媒体并能熟练地进行网上营销是植物园工作人员必备的技能。可通过线上线下学习相结合,与国内走在前列的数字化植物园搭建交流平台,助力人才稳步成长。

2. 植物园智慧旅游服务系统

在植物园微信公众号或 App 上不断创新推出适合的服务方式和内容,满足游客多样化需求,见图 4-3。

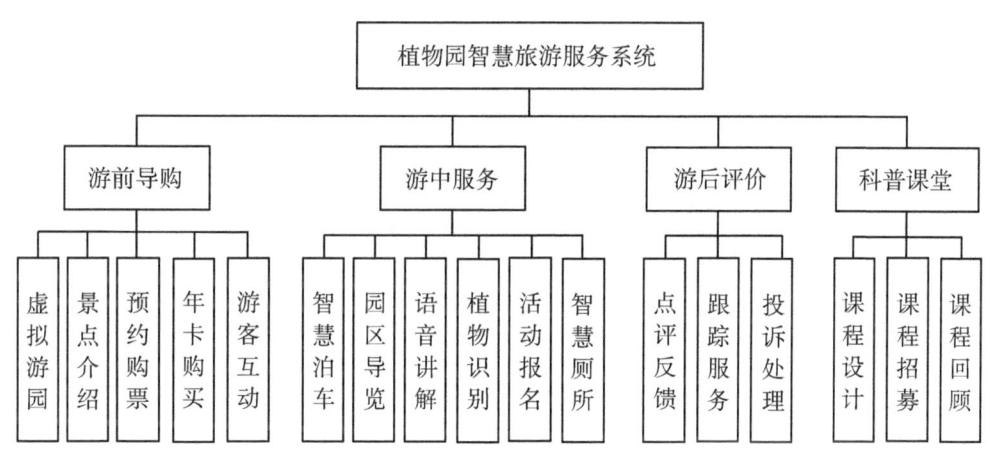

图 4-3 植物园智慧旅游服务系统设计架构

(1) 游前导购

通过植物园微信公众号或 App,游客可以预览熟悉景点的基本内容和旅游看点,以此为基础决定是否游览。如确定游览,可在"游前导购"模块预约计划时段的门票,有效减轻现场排队购票的时间成本并减少景点拥堵现象,节省植物园运营的人力成本。

(2) 游中服务

游中服务主要是针对游客在植物园游览期间的服务,包括智慧泊车、智慧厕所、语音讲解、植物识别等,满足游客游览中各种体验需求。

(3) 游后评价

满足游客旅游结束后的点评反馈、口碑传播，对游客提出的问题有针对性地进行跟踪服务，对游客游览过程中的投诉进行处理并有效沟通。

(4) 科普课堂

植物园是大众认识自然、亲近自然的最佳场所，也是人们提高科学素养、学习植物知识、培养环境保护意识的重要场所之一。通过云课堂，把设计好的植物科普课程放置上去，并进行课程招募，帮助课程学员深入了解植物学相关知识，达到开阔视野、增强环境保护意识的效果。与传统科普教育相比，云课堂是一种真正完全突破时空限制的全方位互动性学习模式。科普教学采用直播加录制的方式，具备课程回放功能，让错过课程直播的学员可回放课程视频，进行自主学习，使学习途径更加广泛。

3. 植物园智慧营销系统

植物园主要通过新媒体及微信小程序进行智慧营销，从广告宣传、游玩指南、产品推介3个方面入手（图4-4）。

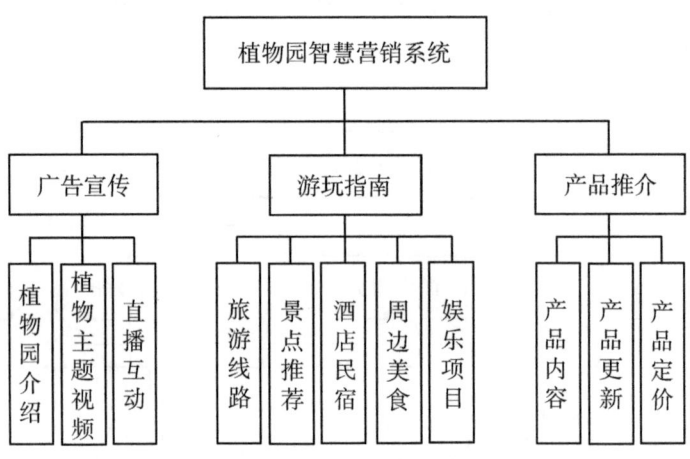

图4-4 植物园智慧营销系统

(1) 广告宣传

广告宣传主要在微信小程序上进行。在小程序页面设置精美的动态背景图案，再附上植物园宣传视频，同时搭配园内植物介绍和科普，并通过链接跳转植物园新媒体平台进行直播互动。游客可以通过一部手机更加便捷地体验园区自助导航、真人语音讲解、自助购票等多项功能，提升游客游园便捷性，实现智慧游园。

使用抖音平台与游客展开互动，对植物园的"网红"旅游景点强化营销，塑造旅游形象。利用新媒体平台上的"热评""热搜"加深游客对植物园的印象，提高宣传的深度、广度，树立植物园品牌形象，从而挖掘和创造品牌价值。在"互联网+"的营销宣传模式下，通过与受众互动获取良好的口碑，并增加植物园的公众知名度及美誉度。

（2）游玩指南

为了满足游客在植物园游玩中的个性化需求，在微信小程序中植入餐饮、购物、交通、娱乐等功能栏，向游客展示园区内各店铺经营的食品和文创商品。游客可在小程序中选择需要的食物或商品，即刻前往享用或购买，方便快捷，减少等待时间。同时，为游客推送评价高的景点、旅游路线、美食、酒店民宿及娱乐项目，与周边市场互联互通，带动区域经济，实现双赢。

（3）产品推介

产品推介主要针对植物园内的文创产品，包括文创产品的更新，产品内容的管理，产品价格的拟定。在小程序产品推介栏目，用优美的平面设计展示植物园文创产品，以此吸引顾客的关注和停留；在文创产品内容的把控上，严格按照植物园主题设置文创产品，在商品数量、销售额等各类数据上进行加密存储；在文创产品价格的拟定上，严格按照政府市场监督管理部门的要求，确保定价符合当下物价消费水平，保障游客的基本权益。

（三）案例：嘉兴种子艺术中心植物园——亲生物设计结合 AI 智慧

亲生物（Biophilia）是人类对生物的自然亲和、对感官体验的增强。Biophilia 直译为"热爱生命"而后延伸为人类与其他生命形式建立联系的意愿。人类对自然有一种天生的亲和力，将自然引入建筑，将空间最大程度地让渡于自然，回归最原始的山野地形及植物风貌，让植物、光、水、土壤等自然元素在室内空间中融合，是亲生物设计的初衷，也是顺应自然、关爱生命、永续滋养、健康至上的植物园设计理念。

设计团队引入亲生物设计理念，让建筑空间内包含了完整的生态系统，包括动物、植物、岩石、土壤和水；最大限度地利用自然光和通风；使用可远程控制的全光谱照明，模拟自然光照；选用最适宜地域植物的山泥土和更自然的装饰材料。

应用仿生生物 采用仿生萤火虫灯光，每当夜幕降临，萤火虫出现在植物生境中，背景音乐模拟夜间虫鸣，增强听觉体验交互，最大限度唤醒感官体验。

设计生物星球 采用模拟微自然植物生态系统，在有限的容器里营造无限的生物多样性的星球，星球表达不同气候下的植物形式，有热带星球及原生星球两种不同的风格，在方寸间体现某种协同共融的生态体系，植物有狼尾蕨、幸福树、空气凤梨、绿珊瑚、碰碰香、仙人球、仙人掌、大灰藓、白发藓、多肉植物、桉树、尤加利等。

AI 智慧管养 植物园搭载 AI 智慧系统，实现无人化管理，AI 算法精准实现了植物全生命周期的水、肥、光、温、湿全自动管养。同时，配备的远程控制系统可以检测植物园的各项数据，可以通过远程辅助操作来减少运营人员和运营费用。

远程控制系统 通过手机端 App 可远程查看到植物园的各项数据，对各项异常数据和警报做出处理，以保障植物正常的生长环境，在未来，全国各地的项目不论数量和距离，所有的数据都将传输到控制系统总部，由总部远程辅助操作，将很大程度上减少运营人员和运营费用。

漂浮烟圈 水是亲生物设计中不可或缺的元素,在这个植物园的空间里水的形态是多样化的,有瀑布、小溪、喷雾等。在植物里设计了奇妙的烟圈装置,以雾化形式将水转化为气体再通过动力驱动从石头中喷射而出,在空气中短暂地形成一圈烟云后消失,增加了空间趣味性。

生态俱乐部 在这个微型的空间内,营造了相对稳定的生态环境。还原了热带雨林的"雨林缸",主要是用雨林植物和附生植物来营造,模拟热带和亚热带的森林。维持"雨林缸"内的环境需要喷淋加湿、通风、灯光、控制等。

参考文献

陈莹盈,欧荔,郭歌,等,2019. 福建乡村旅游智慧化建设的影响因素及其阶段特征[J]. 厦门理工学院学报,27(4):28-34.

丁熊,刘毅,刘珊,等,2016. 智慧旅游背景下的景区公共产品与服务系统设计[J]. 包装工程,37(12):149-154.

何珊,2020. 江西省乡村旅游智慧化研究[D]. 南昌:江西师范大学.

胡春,2020. 无线通信技术在智慧植物园平台的应用[J]. 无线互联科技,17(6):5-9.

黄睿,2022. 后疫情时代数字赋能助力乡村旅游经济高质量发展路径探究[J]. 农村经济与科技,33(7):111-113,134.

黄松,李燕林,戴平娟,2017. 智慧旅游城市旅游竞争力评价[J]. 地理学报,72(2):14.

贾慧,2020. 重庆市智慧旅游景区创新开发管理模式研究[J]. 现代营销(经营版)(12):56-57.

景新明,章丽君,2006. 迈向国家植物园——北京植物园建设的回顾与展望[J]. 中国科学院院刊(3):255-257,174,263.

李宝东,2020. 新时期休闲农业和乡村旅游发展探讨[J]. 农业农村部管理干部学院学报(1):30-34.

李桂熙,2018. "互联网+"背景下贵州乡村旅游转型升级研究[D]. 贵阳:贵州大学.

李伟静,2020. "互联网+"背景下乡村旅游创新创业生态体系构建[J]. 产业创新研究(18):31-32.

李文雯,2024. 数字经济赋能乡村旅游高质量发展:动力机制与路径研究[J]. 对外经贸(2):78-81,157.

李云鹏,胡中州,黄超,等,2014. 旅游信息服务视阈下的智慧旅游概念探讨

［J］．旅游学刊，29（5）：106-115．

林卉，2019．"互联网+"背景下的永泰乡村旅游智慧化发展研究［D］．福州：福建农林大学．

吕利云，2015．基于智慧旅游平台的婺源乡村旅游提升研究［D］．南昌：江西师范大学．

毛婧，2022．贵州省智慧旅游发展探索［J］．西部旅游（12）：31-33．

孟娇娇，2009．乡村旅游发展动力机制研究［J］．经济研究导刊，8（8）：116-117．

乔向杰，2022．智慧旅游赋能旅游业高质量发展［J］．旅游学刊，37（2）：10-12．

秦浩森，2022．智慧旅游背景下植物园竞争力评价与提升策略研究［D］．重庆：重庆大学．

王辰，刘雅聪，王宇乐，2024．数字赋能南京乡村旅游高质量发展的路径与机制研究［J］．市场周刊，37（10）：59-62+169．

王谦，2015．智慧旅游公共服务平台搭建与管理研究——基于物联网模式下的分析［J］．西南民族大学学报（人文社会科学版），36（1）：145-149．

王婷，2017．基于旅游体验的智慧旅游信息服务系统设计研究［D］．上海：华东理工大学．

熊家欢，周维邦，彭伟峰，等，2020．植物专类园在乡村旅游景区中的建设方式——以茶花专类园为例［J］．现代园艺，43（22）：126-127．

负靖，2021．"直播带货"助力乡村振兴 陕西直播产业研究院5G+电商助农新模式引发广泛关注［J］．通信企业管理（9）：33-35．

袁晶，张彰，2018．"互联网+"思维下智慧旅游平台优化探讨——以江西省为例［J］．企业经济（12）：143-147．

张凌云，黎巎，刘敏，2012．智慧旅游的基本概念与理论体系［J］．旅游学刊，27（5）：66-73．

张猛，王珊，2022．推进乡村旅游"智慧"升级［N］．西藏日报（汉），2022-06-14（002）．

张星，2018．基于互动体验的乡村智慧旅游发展研究［J］．乡村科技（24）：18-19．

张琰飞，朱海英，2023．数字经济赋能乡村旅游高质量发展的机制与路径研究［J］．河北旅游职业学院学报，28（2）：6-12．

赵腾泽，2024．乡村旅游数字提升行动方案实施［N］．中国旅游报，2024-06-07（001）．

赵芸，2017．基于智慧旅游的贵州旅游业发展策略研究［J］．宏观经济管理（S1）：8-9．

郑昕怡，万么项杰，2022. 智慧旅游时代下的景区营销推广［J］. 旅游与摄影（7）：27-29.

郑耀星，曾祥辉，2014. 福建省乡村智慧旅游发展创新策略研究［J］. 资源开发与市场，30（9）：1138-1141.

第五章 宜居：乡村建设信息化

第一节 乡村建设信息化的内涵

一、概念界定

早在1963年，日本社会学家梅棹忠夫就在其《信息产业论》一书中提出"信息化"这一概念，他提出"信息化社会"是社会进化的结果，是在工业社会后出现的以信息为中心的社会，后被国际社会广泛使用。人类社会在完成工业化以后，随着信息技术广泛地开发和应用，信息化成为越来越多的国家应对挑战、解决问题、推动经济发展的重要工具。

乡村建设信息化就是利用现代信息技术有效地开发、利用和管理乡村各类资源，从而实现信息自动化服务的过程。广义上的乡村建设信息化指的是通信、信息、光电、微电子等技术在农村生产生活层面的应用和普及，主要包括农业生产信息化、乡村治理信息化和居民生活信息化3个方面。其中，宜居层面的乡村信息化建设主要包括乡村治理信息化和居民生活信息化两个方面。

（一）乡村治理信息化

乡村治理信息化是通过网络和信息化技术把村民、基层村委组织、乡镇政府、上级县市政府组织联系起来，系统打造乡村管理信息化平台，让村务"上网"，提高乡村治理的效率和水平，有效地解决乡村治理难题。

在网络和信息化技术的加持下，乡村治理的信息化、系统化是不可避免的趋势。乡村治理的主体和主要参与者利用网络对杂乱无章的信息进行收集、传递和处理。村民可以通过网络了解国家政策，也可以在网络平台上发表对于乡村治理的看法和建议；基层村委组织可以通过网络平台进行日常管理，包括村务公开、政策下达等，同时，可以了解村民的生产生活动态，以便更有针对性地制订乡村治理工作方案；乡镇政府或者上级县市政府组织，可以通过网站、微信公众号、移动客户端开展"互联网+政务处理"工作，提高了工作效率。此外，随着互联网技术在教育、医疗、公共安全等领域的普及和应用，乡村治理的"互联网+"模式覆盖范围不断扩大，"互联网+教育"助力城乡教育资源的统筹分配，"互联网+医疗"帮助城乡医疗资源实现共享，"互联网+公共安全"利用大数据技术维护乡村社会治安、打击犯罪，并且通过环境监测系统对部分自然灾害进行预测和报警，在灾害发生时保障村民及时避难，并提供灾害处理数据，为救援提供帮助。

（二）村民生活信息化

村民生活信息化是指村民充分掌握现代信息技术并得以利用的生活方式。通过智能终端（手机、电脑以及电视、空调等智能家居设备）和互联网快速获取服务信息，实现乡村生活信息化全覆盖。

随着信息化技术的深入，乡村生活方式逐渐向城镇居民生活方式靠近。在娱乐方式上，现代农村居民能熟练使用各种网络 App 获取娱乐资源，并进行线上沟通；在消费方式上，现代农村居民能通过电商平台远程购物，这也得益于邮政快递网络的快速发展；在信息获取方式上，现代农村居民可以通过网络获取生活缴费信息，并利用智能支付手段在线支付，大大方便了日常生活。此外，智能家电、家庭监测系统也逐渐在农村家庭中得到普及。

二、乡村建设信息化的内容

近年来，我国乡村建设信息化进程不断推进，其中，基础设施建设进程是前提。据统计，我国 2022 年底已经完成所有县域城区 5G 网络全覆盖，实现了"村村通宽带""县县通 5G"，信息化技术在农村生产、生活、管理等领域的应用实现了跨越式发展。从 2022 年试行开展的数字乡村发展水平评价结果看，智慧农业建设快速起步，农业生产信息化率提升至 25.4%；乡村数字化治理效能持续提升，全国六类涉农政务服务事项综合在线办事率达 68.2%；数字惠民服务扎实推进，利用信息化手段开展服务的村级综合服务站点增至 48.3 万个，行政村覆盖率达到 86.0%。

（一）乡村建设信息化支撑数字产业发展

1. 信息化助力农业生产

当前，我国农业生产逐步走向现代化，农作物耕种收综合机械化率达到 71%。随着农业现代化进程的不断加快，更多的信息技术手段将应用于农业生产，包括但不限于大数据、物联网技术、5G 技术和人工智能技术等。

（1）大数据赋能农业生产

大数据在热带农业生产发展中的作用非常重要。一方面，大数据能够帮助农民对农业生产的细节进行调控，同时记录农业生产的全过程，进而分析农产品在流通过程中的动态变化。在科学技术的助力下，农民可以制定科学的农业生产调控和管理措施，促进现代农业有序健康发展。另一方面，依托大数据建设相关农情监测、农业设备智能化、农业大数据采集与存储、决策管理与信息发布等平台，可以实时掌握农业生产全过程，了解农业发展最新情况，推进农业产业结构转型升级。总之，大数据可以将农业生产带入新的发展阶段，使得农业生产在农作物育种、预测市场需求、农产品追溯、加强环境监控、串联农业生产链等环节将更具有科学性。

（2）物联网技术助推农业产业价值提升

随着物联网时代的到来，农业有了新的发展机遇，产业格局将被重新洗牌。面对着这样巨大的变革，农业须迎着风口而上，才能实现从我国从农业大国走向农业强国的目标。一方面，物联网的出现彻底颠覆了传统农业的耕作模式，将一切农业生产要素转向数据化、信息化、智能化，推动传统农业进一步向集约型、精准型、科技型农业方向转变。例如，在物联网技术的加持下，"农业生产工厂"逐渐兴起，即用物联网技术指导农民科学进行种子选育、农作物栽培，尤其是在温湿度控制、施肥、灌溉等多个环节严格执行标准，达到提升土地利用效率、提高农产品产量和质量的目的，促进农民增收。另一方面，物联网系统是现代农业发展的重要平台。"物联网+区块链+产品溯源"模式的兴起，让农产品生产过程全程可追溯，既能为食品安全提供保障，又能助力品牌建设，改变对传统农业的认知，树立良好的现代农业产业形象，提升产业价值。总而言之，智慧农业将是我国发展的趋势，也是未来农业的发展方向，随着信息技术的进一步发展，相信以物联网为基础的智慧农业将会得到更大范围的应用。

（3）5G技术助力高效农业生产

随着5G时代的到来，全球产业均面临着一轮全新的转型和升级，农业也不例外，在物联网技术和智慧农业发展热潮中，5G技术的加持是必不可少的，成为推动农业高效生产的重要路径。首先，5G技术助力农业生产极大地降低了人工成本。5G时代，以机械替代人工成为主流，机械作为农业生产的主力，具有高效、精准、广泛的特征，能够同时实现智能化农业数据的无人采集和分析，以及农业机械的智能化无人机耕、无人机播、无人灌溉、无人播撒农药化肥、无人机收，较传统的人工作业既节约了成本又提高了管理面积，一举多得。其次，5G技术助力农业生产更加精准。传统的农耕种植产品管理方式缺少精准度，具备一定的滞后性，利用5G技术进行农业生产管理可以改变这一状况。例如，采用高精度土壤温湿度传感器能够智能决策灌溉用水量，利用智能气象站可以自动进行气象墒情和旱情的预报等，这些智能设备通过5G网络将数据实时反馈给技术人员，以便技术人员及时调整温光水热等技术参数，制定最佳种植方案，真正实现精耕细作。最后，5G技术助力农业管理方式的改善。5G技术具备低时延、高速度的特点，这些特点将改变传统农业生产的"粗放式管理"和"事后补救式管理"，从众多层面促进农业生产的智慧化和科学性。在5G技术的加持下，未来农民只需要坐在电脑面前就可以实时查看农作物生长数据，农情一目了然。

（4）信息技术与人工智能助力打造无人农场

"无人农场"是大数据、物联网、5G技术和人工智能等现代科技手段在农业生产中的集合应用。在人工不进入农场的情况下,通过远程控制或者智能装备完成农业生产全过程。这一过程完全由"机器人"代替人的作用,进行自主决策和生产作业。"无人农场"的设备应具备信息收集、数据处理、信息反馈、决策执行等功能。一是通过物联网技术进行作物生长状态的感知并进行数据收集;二是通过大数据技术进行去伪存真、去粗存精的数据处理,并利用云计算、边缘计算技术等手段,保证数据计算高效及时,摸索农场管理的规律;三是 5G 技术则用来确保装备间的实时通信和机具作业的迅速反应。当将以上技术集合于人工智能的装备,该装备便具有了识别、学习、导航和作业的能力,既是"无人农场"的决策者也是执行者,完成以往在农业生产中需要人才能胜任的工作。

2. 信息化助力农产品销售

近年来,农村电商继续保持乡村数字经济"领头羊"地位,2023 年全国农村网络零售额达 2.49 万亿元,同比增长 14.75%;据《2021 全国县域数字农业农村电子商务发展报告》显示,2020 年,全国县域农产品网络零售额为 3 507.6 亿元,较 2019 年增长 29.0%,发展趋势迅猛。据统计,2020 年,在全国农产品电商销售 50 强县中,排名前六位的省份分别为江苏、山东、浙江、福建、湖南、云南,其中有 3 个热区省份。其中,4 个国家级贫困县进入国家农产品电商销售 50 强县,分别为云南文山、安徽砀山、云南勐海和湖南平江(表 5-1)。农产品电商将"新农业"与"新零售"有机结合起来,不仅减少了消费者的获取成本,也可以让农户直接参与利润的分配。阿里巴巴等农产品电商平台更是将数字化生产、数字化物流、数字化销售结合起来,打造农产品电商发展的典范。

表 5-1 2020 年中国农产品电商销售 50 强县

排名	县(区、市)	市(州)	省份	主要销售农产品
1	沭阳县	宿迁市	江苏省	花卉、绿植、多肉
2	安溪县	泉州市	福建省	茶(铁观音、金骏眉)*
3	栖霞市	烟台市	山东省	水果(苹果)
4	临安区	烟台市	浙江省	坚果(山核桃)
5	丰县	徐州市	江苏省	水果(苹果)
6	武义县	金华市	浙江省	茶(花果茶)
7	武夷山市	南平市	福建省	茶(大红袍、金骏眉)*
8	赣榆区	连云港市	江苏省	水产品
9	兴化市	泰州市	江苏省	调味品
10	福鼎市	宁德市	福建省	茶(白茶)*
11	寿光市	潍坊市	山东省	家庭园艺种子

(续表)

排名	县（区、市）	市（州）	省份	主要销售农产品
12	文山市	文山壮族苗族自治州	云南省	滋补品（三七）*
13	长葛市	许昌市	河南省	蜂产品
14	新沂市	徐州市	江苏省	果树、核桃仁
15	义乌市	金华市	浙江省	滋补品、肉干
16	北流市	玉林市	广西壮族自治区	水果（百香果）*
17	砀山县	宿州市	安徽省	水果罐头、水果（桃、梨）
18	平邑县	临沂市	山东省	果树
19	蒲江县	成都市	四川省	水果（橘子、猕猴桃）
20	龙海区	漳州市	福建省	多肉、绿植
21	邳州市	徐州市	江苏省	茶（花果茶）
22	东阿县	聊城市	山东省	滋补品（阿胶）
23	浏阳市	长沙市	湖南省	豆制品
24	海阳市	烟台市	山东省	水产品（虾）、水果（樱桃）
25	勐海县	西双版纳傣族自治州	云南省	茶（普洱）*
26	安国市	保定市	河北省	滋补品（药食同源）
27	古田县	宁德市	福建省	食用菌（银耳、白木耳）
28	抚松县	白山市	吉林省	滋补品（人参、山参）
29	东坡区	眉山市	四川省	泡菜、水果（脐橙）
30	五常市	哈尔滨市	黑龙江省	粮油（大米）
31	平江县	岳阳市	湖南省	豆制品（豆腐干）
32	常熟市	苏州市	江苏省	水产品（大闸蟹）
33	郯城县	临沂市	山东省	坚果（花生）
34	长沙县	长沙市	湖南省	坚果炒货（瓜子）
35	临猗县	运城市	山西省	水果（苹果）
36	龙口市	烟台市	山东省	水果（苹果）、水产品
37	普宁市	揭阳市	广东省	梅类制品
38	饶平县	潮州市	广东省	茶（凤凰单丛）*
39	靖江市	泰州市	江苏省	猪肉制品
40	沧县	沧州市	河北省	枣制品

(续表)

排名	县（区、市）	市（州）	省份	主要销售农产品
41	滕州市	枣庄市	山东省	调味品
42	高邮市	扬州市	江苏省	肉禽蛋（咸鸭蛋）
43	沛县	徐州市	江苏省	滋补品（养生茶）
44	东港市	丹东市	辽宁省	水果（草莓）
45	歙县	黄山市	安徽省	茶
46	桐乡市	嘉兴市	浙江省	茶
47	蒙自市	红河州	云南省	水果（石榴、枇杷）*
48	青州市	潍坊市	山东省	多肉
49	胶州市	青岛市	山东省	水产品（虾、海参）
50	安吉县	湖州市	浙江省	茶（安吉白茶）

注：根据《中国县域统计年鉴·县市卷·2020》数据整理，剔除非产销合一的县（市）。标注"*"的为热带农产品。

其中，四川省蒲江县借助农村电子商务示范县的优势，通过建设电子商务产业园，聚焦品牌、商品、网络、人才、物流等关键环节，实施免房租、免中转仓储费等"八免"，补贴物流包装、贷款贴息等"四补"，提供管理咨询、法律咨询等"十服务"扶持政策，大力发展农村电子商务。目前，浦江电子商务产业园共入驻电商企业93家，年销售额达8.5亿元，带动市州农产品销售1.6亿元。

（二）乡村建设信息化吸引新型人才

全面推进数字乡村建设，人才是关键和核心。只有解决好人的问题，真正做到人才的有效供给，乡村产业才能正常运转、迭代、发展，文化才能复兴繁荣，教育才能提质增效，新模式新业态才能不断涌现。

1. 新型农民引领现代农业发展

农民职业化是衡量现代农业的一个重要指标，高素质农民是引领现代农业发展和推行乡村振兴战略的先行者和佼佼者。传统农业主要依靠经验与人力，农民常年辛勤劳作，但收入却相对微薄，并且"靠天吃饭"，承担着巨大的风险。随着社会的发展，新型信息化技术不断融入农业领域，现代农业变成了不只需要体力劳动的行业，高素质农民和职业化农民的重要性逐渐凸显。2021年中央一号文件中明确提出："培育高素质农民，组织参加技能评价、学历教育，设立专门面向农民的技能大赛。吸引城市各方面人才到农村创业创新，参与乡村振兴和现代农业建设。"我国大力实施的高素质农民培育工程，已经培养了大批能创新、敢创业、有技术的高素质农民，与传统农民相比，他们更关注农村的统筹发展，以及农作物高效、精准种植。农民素养的提高，是推广智慧农业、数字农业、农产品电商等现代农业生产经营方式的基础。

2. 信息化人才回流助力乡村振兴

除了新型农民的培养，乡村振兴在"人"方面还有劳动力流失和农村人口老龄化的问题。乡村地区的发展落后导致大量劳动力和高素质人才涌到城镇地区，而缺乏人才又导致其发展速度更加缓慢，形成恶性循环。引导高端人才、信息化人才回流乡村，可以解决这一问题，为农业农村现代化提供支撑，使农旅融合、高端农业、农产品电商等新业态项目在乡村"生根发芽"，带活乡村经济，成为实现乡村振兴战略的关键资源。

（三）乡村建设信息化推进现代乡村文化建设

乡村文化作为一种精神价值和生活方式，在乡村建设中具有不可替代的重要作用。千百年来，乡村文化凝聚着乡土之美、人文之美，包括培育淳朴民风、文明乡风、良好家风等，加强思想道德建设和公共文化建设也是数字乡村建设的重要任务之一。在农业农村向数字化、网络化、智能化转型的过程中，要同时推进现代乡村文化建设，就必须树立科学的乡村文化发展价值观，解决科技与文化融合发展的问题。

1. 乡村信息化建设与乡村文化发展相互促进

信息技术和文化虽然分属不同领域，但融合以后，所创造的经济社会效益巨大。首先，信息化技术将更有力地引导农民对高质量精神文化的追求，就要使他们认识到新时代乡村文化丰富的内涵，让乡村群众的精神文化、身心健康、理想情操、科学文化素质都能得到涵养；其次，随着信息化技术在农村迅速普及，农耕文化的传统价值观和生活方式有了翻天覆地的变化，村民可以通过智慧终端自主学习和积累生产生活经验，为乡村文化的创新发展和传承献策。最后，文化是乡村进步的精神动力，它在乡村不仅可以调节邻里关系、化解社会矛盾及提高劳动生产效率，更能为乡村发展提供更多智慧方案，促进乡村信息化建设实现良性、可持续的发展。

2. 乡村文化建设需要信息化手段的支持

工业和信息化部发布的《"十四五"信息通信行业发展规划》明确提出，到2025年，我国行政村5G通达率将达到80%，随着数字化、网络化、智能化等多种信息化技术和手段在乡村发展各个领域的应用，信息技术在乡村文化发展中的推进作用逐渐凸显，实现乡村文化建设的数字化转型指日可待。现实乡村发展的客观需求，印证了科技和文化深度融合的重要性和必要性。

信息技术可以创新乡村文化发展的形式，为文化的发展带来更多的精彩。首先，现代化的信息手段可以将优质教育资源引入乡村，例如互联网教育、远程教学等，推动教育资源与农村学校、家庭、学生的远程对接，是建设现代乡村文化教育体系的重要途径。其次，信息技术激发农民探索文化创新和传播的积极性，如融媒体在乡村文化传播过程中的广泛应用，是农民利用信息化手段讲好农村故事、传播农村声音的重要方式。最后，信息技术是政府推进乡村文化建设的重要手段。政府是乡村文化振兴的政策引导者、条件支持者和实施保障者，现代信息技术可以帮助政府用群众喜闻乐见的方式把社会主义核心价值观润物无声地传递给乡村群众，并内化到他们的生产生活之中。

（四）乡村建设信息化促进乡村生态可持续发展

信息技术对乡村生态振兴具有基础性战略性支撑作用。"十三五"以来，我国在大气、水资源等领域的生态环境信息化监测分析，为重点区域/流域水、气、土、固废等污染防治、生态保护修复监管，以及环境基准和标准体系建设提供了重要的支撑，助力我国生态文明建设发生了历史性、转折性、全局性变化。

1. 信息化手段解决农村生态建设"卡脖子"问题的关键

当前，世界正经历以人工智能、机器人技术、虚拟现实、量子信息技术以及可控核聚变、清洁能源、生物技术等为突破口的第四次科技革命。经过"十三五"以来的攻坚克难，我国农村地区的生态环境已经有了明显的改善，但是破坏农村生态建设的根源没有彻底消除，农村人居环境差、农业面源污染问题严重等问题依旧突出，农村生态环境恶化的可能性依然存在，突发环境事件居高不下。解决这些问题需要实施精准治污、科学治污、依法治污，需要依靠信息化手段加强监测预警预报，分析环境问题成因机理、时空格局和内在规律，制定不同阶段污染治理的系统解决方案，增强治污的科学性和精准性。

2. 信息化手段促进环境监管

信息化技术可以帮助环境监管人员在工作中看到以往去不了的"角落"，仪器上的数字能探测到细小的"线索"，让环境违法违规行为难以遁形。例如，在农村人居环境整治工作的推进中，由于村庄多、分散、地形复杂等原因，巡查组往往难以获取各村环境全貌，而无人机巡航技术的引入，可以对不易发现的卫生死角进行抓拍，快速、清晰、准确地获取村容村貌资料，精准确定问题点位并及时反馈整改。现代信息技术使常态化的高压监管成为可能，促进乡村地区朝着"绿水青山就是金山银山"的目标稳步前进。

（五）乡村建设信息化赋能农村基层组织

组织振兴是乡村振兴的条件保障，要培养造就一批坚强的农村基层组织，通过信息化手段赋能农村基层组织，是数字乡村建设的重要内容。

信息化手段可以提高基层组织参与乡村治理的能力和水平。数字技术融入乡村社会治理的全过程是不可避免的趋势，互联网、大数据等信息手段的普及和应用改变了我国传统乡村社会的生活方式，原有的简约层级式乡村治理在很多方面具有明显的滞后性，已经很难适应社会发展的步伐，且无法满足当前农村生产生活的需求。数字化治理手段是基层乡村治理与数字技术的融合，它的引入可以实现乡村治理的转型升级，是提升乡村治理能力和治理水平的必然要求。现代信息技术在乡村治理中的应用，可以创新乡村治理的方式方法，解决乡村治理的难点痛点问题，推进乡村治理体系和治理能力现代化。

近年来，多地推行"数字乡村"建设，让乡村治理更高效、便捷、有序。例如，中国联合网络通信集团有限公司推出的"数字乡村服务治理云平台"，方便基层组织通过手机完成乡村事务智能管理，并结合物联网、5G等信息技术手段，与有线电视、数字乡村大屏、网络摄像头等实时联动，使农村网格治理、治安治理、监督治理、传播治理全部网络化，将农村治理大小事务"一网打尽"，既能提升基层组织治理能力，又能调动村民参与社会治理的积极性，形成组织有序、沟通顺畅、协同推进的乡村治理新格局。

1. "智慧党建"赋能农村基层党组织建设

"智慧党建"平台开发与应用推进数字党建进程。基层党组织建设是乡村振兴的条件保障，通过信息化手段赋能农村基层党组织，是数字乡村建设的重要内容。信息化手段推动"互联网+基层党建"系统建设，提高了农村党建质量和效率提高，数字党建工作在全国范围内全面展开。据统计，目前我国数字乡村治理体系中，全国党员干部现代远程教育终端点68.5万个，其中乡镇（街道）3.8万个、行政村50.1万个，以智慧党建引领强村善治，数字党建取得良好成效。"智慧党建"平台，基层党组织不仅可以为党员定制专属身份信息卡，还能以线上线下协同的形式完成主题党日、主题党课、民主生活会、党员大会、支委会等，利用信息化手段对活动进行记录、分析，对组织和个人进行考核评价等，大大提高了党建工作的效率，培养造就了一批坚强的农村基层党组织。

2. "一体化政务服务平台"提高基层组织数字化供给能力

政务管理是数字乡村建设的重要内容，其中村务治理平台的建设是重中之重，已取得显著建设成效。据统计，我国热区多地已建设成乡村"一体化政务服务平台"，且在村一级设有便民服务中心，力争实现群众办事"小事不出村、大事不出镇"，政务服务流程大幅度优化。服务平台的打造基本上实现了村级组织各项事务之间的数据资源信息共享，基层政府数字化供给能力进一步提高，基层数字化治理体系日渐完善。信息化技术不仅打通了服务群众的"最后一公里"，还规范了村务管理。例如，村委会可以通过网络，在公共服务平台上公开村务财务信息，进一步落实了群众的知情权、参与权和监督权，更好地实现村民自治。

3. 信息化技术助力乡村公共安全治理全方位发展

随着信息化技术在乡村公共安全治理领域的应用，城乡治安防控一体化建设取得了显著成效。自"雪亮工程"和"平安乡村"建设以来，乡村重要街道、路口、生产基地等均安装了视频监控设备并实现联网，通过县、乡、村三级综合治理中心将前端监控设备和数据处理中心协同，将治安防范措施延伸到群众身边。强化了基层政府与公安机关的协作，乡村公共安全治理全方位发展。此外，乡村产业安全、生态安全和网络安全也在信息化技术的加持下,与乡村公共安防建设实现了一网协同、精细管理。

三、乡村建设信息化的意义

国内学者普遍认为,信息化建设对农村发展具有积极的影响和促进作用。农业农村数字化转型需要持续夯实数字基础设施,优化和拓展应用场景,推动数字技术与农业农村各领域深度融合。

(一)促进农村全面发展,筑牢数字乡村信息底座

农村信息化程度的高低是衡量一国农村现代化的重要标准,农业全生产要素均与乡村信息化水平直接挂钩,呈现高度正相关的关系。在同等的资本投入和劳力投入的前提下,信息化水平的高低直接影响农业产出、农户收入和贫困发生的概率。乡村建设信息化从数字生产、数字治理、数字服务等多维度赋能乡村建设,使得数字乡村建设内涵不断丰富。一方面,加快乡村智能化基础设施的建设,有助于突破乡村建设与数字技术融合困境的关键。乡村数字基础设施不足是制约数字乡村建设的主要因素之一,城乡"数字鸿沟"明显存在。提升乡村数字设施覆盖率是新质生产力赋能数字乡村建设的前提,可以保障乡村在数字技术上的吸纳与应用。其中,农业软硬件设施的智能化改造,既能提高农业生产效率,又能推动现代农业绿色可持续发展,保护和改善农村生态环境,实现乡村"生态美、产业兴、百姓富"的有机统一;智能化生活和服务设施的引入,为乡村居民生活打造更加智能、便捷的环境,提升生活品质。另一方面,加快乡村资源开发与利用,推动农村衍生新兴产业链发展,为热区乡村发展注入新的活力。通过引入现代化的理念,推动农业与文化、旅游等产业相融合,同时,利用科技手段提高基础设施建设和服务水平,提高产品竞争力,为乡村发展注入新的活力。

(二)提升管理水平,赋能乡村治理提质增效

信息化还是农村公共服务的"助推器",能有效提升农村公共服务效率,进而促进农民民生的改进。与城市相比,乡村治理的难度较高,因此长久以来,我国乡村地区的社会治理一直处于相对落后的水平。习近平总书记指出,要用好现代信息技术,创新乡村治理方式,提高乡村善治水平。数字技术融入乡村社会治理的全过程是不可避免的趋势,互联网、大数据等信息手段的普及和应用改变了我国传统乡村社会的生活方式,原有的简约层级式乡村治理在很多方面具有明显的滞后性,已经很难适应社会发展的步伐,且无法满足当前农村生产生活的需求。数字化治理手段是基层乡村治理与数字技术的融合,它的引入可以实现乡村治理的转型升级,是提升乡村治理能力和治理水平的必然要求。

信息技术手段引入乡村治理,大大提高了乡村治理的效率、科学性和有效性,为构

建乡村数字治理新格局作出巨大贡献。数字化治理手段是基层乡村治理与数字技术的融合，它的引入可以实现乡村治理的转型升级，是提升乡村治理能力和治理水平的必然要求。现代信息技术在乡村治理中的应用，可以创新乡村治理方式方法，解决乡村治理的难点痛点问题，推进乡村治理体系和治理能力现代化。随着乡村建设信息化的发展，数字乡村治理新格局将呈现以下特点。第一，信息处理手段更加高效，对乡村治理数据的处理和分析的速度不断加快，乡村数字治理决策的科学性和精准性将进一步提升。第二，沟通手段更加便捷。新质生产力的引入，可以更好地实现管理者和村民、社会之间的信息共享和协同合作。第三，决策的精准性更高。新质生产力对治理数据的自动分析及预测，可以为乡村治理决策提供科学支撑，提高决策的科学性。第四，乡村治理模式呈现多样性。新质生产力为乡村数字治理模式的创新和改进提供动力，丰富创新手段，以适应不同地区的发展需求。

（三）弥合城乡"数字鸿沟"，促进城乡经济社会统筹协调发展

长期以来，我国城乡居民在拥有和使用信息技术、享受信息化时代红利方面均存在巨大的差距，这一差距带来的贫困称为技术贫困，其与经济贫困叠加会使城乡差距进一步扩大，可能陷入恶性循环。据统计，我国农村居民在使用互联网方面比城市居民要落后67%，城乡差距显著。中国统计年鉴数据显示，2022年我国城市宽带接入用户41 332.6万户，农村宽带接入用户仅17 632.2万户（表5-2和图5-1），但随着乡村信息化建设的推进，自2022年起，农村与城市宽带用户的差距呈现缩小趋势。

表5-2　2018—2022年中国城市与农村宽带接入用户数量

年份	城市宽带接入用户数量（万户）	农村宽带接入用户数量（万户）	农村与城市宽带用户数量的比例
2018	23 996.5	11 741.7	1∶2.04
2019	31 450.5	13 477.3	1∶2.33
2020	34 165.3	14 189.7	1∶2.41
2021	37 808.2	15 770.5	1∶2.40
2022	41 332.6	17 632.2	1∶2.34

数据来源：历年中国统计年鉴。

信息化是农业生产方式的"转换器"，是农村发展的"倍增器"，是农村公共服务的"助推器"，加强农村信息化建设，能有力地推进新农村建设，促进城乡经济社会统筹协调发展，逐步缩小城市与农村的发展差距，优化城乡二元化经济社会结构，助推"共同富裕"的实现。此外，信息化能重塑城乡之间的地理空间结构，促进经济的统筹协调、人员的有序合理流动、思想与价值观念及文化的交融创新，进而有效促进城乡一体化。

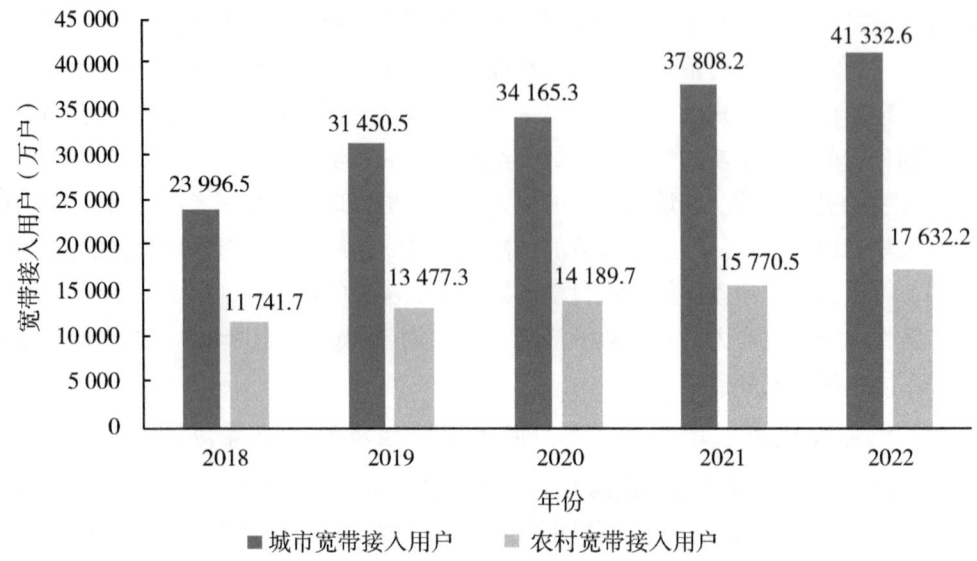

图 5-1　2018—2022 年中国城市与农村宽带接入用户数量变化趋势

第二节　中国热区乡村建设信息化概况

一、基本情况

（一）信息化基础设施不断完善

1. 网络和宽带建设

我国农村地区的信息化基础设施建设已经较为完善，截至 2022 年年底，全国互联网宽带接入端口 107 104.2 万个，互联网接入用户 58 964.8 万户，其中，农村宽带接入用户 17 632.2 户（表 5-3），农村电网供电可靠率均超过 99.8%，全国行政村通光纤率、4G 覆盖率、全国行政村通宽带比例等标志性工作均达到 98% 以上。"互联网+"应用快速发展，新一代互联网技术创新应用更加普及，农村地区电商服务支撑能力进一步提升，乡镇快递网点覆盖率超过 97%。

表 5-3　中国互联网宽带接入端口及宽带接入用户数量

年份	互联网宽带接入端口数量（万个）	互联网宽带接入用户数量（万户）
2018	86 752.3	40 738.2
2019	91 578.0	44 927.9

(续表)

年份	互联网宽带接入端口数量（万个）	互联网宽带接入用户数量（万户）
2020	94 604.7	48 355.0
2021	101 784.7	53 578.7
2022	107 104.2	58 964.8

数据来源：历年中国统计年鉴。

近年来，我国热区九省（区）不断加强乡村信息化基础设施建设，农村宽带接入用户数量2018—2022年有大幅度提升，尤其是西部热区省份。其中，海南、贵州农村宽带接入用户增长率超过100%，广西、四川、广东、云南农村宽带接入用户增幅超过70%（表5-4）。

表5-4 中国热区九省（区）2018—2022年农村宽带接入用户总增长率

省份	增长率	省份	增长率
福建	34.30%	海南	147.94%
江西	49.41%	四川	82.32%
湖南	57.32%	贵州	162.46%
广东	75.29%	云南	70.58%
广西	84.93%		

数据来源：历年中国统计年鉴。

经过近几年的快速发展，热区九省（区）互联网宽带接入端口覆盖面较为全面，农村宽带接入用户数量有了大幅度提升（表5-5），为热区农村信息化建设打下了坚实的基础。

表5-5 中国热区九省（区）互联网宽带接入端口及宽带接入用户数量

省份	年份	互联网宽带接入端口数量（万个）	互联网宽带接入用户数量（万户）	城市宽带接入用户数量（万户）	农村宽带接入用户数量（万户）
福建	2018	3 245.0	1 629.1	1 061.1	568.0
	2019	3 232.1	1 179.0	990.5	788.5
	2020	3 370.0	1 831.0	1 253.5	577.6
	2021	3 546.6	1 985.1	1 383.8	601.4
	2022	3 726.2	2 145.3	1 382.5	762.8

(续表)

省份	年份	互联网宽带接入端口数量（万个）	互联网宽带接入用户数量（万户）	城市宽带接入用户数量（万户）	农村宽带接入用户数量（万户）
江西	2018	2 032.7	1 323.4	908.1	415.3
	2019	2 369.5	1 448.8	987.9	460.9
	2020	2 532.9	1 510.5	992.0	518.5
	2021	2 642.3	1 700.2	1 143.4	556.8
	2022	2 705.3	1 958.3	1 337.7	620.5
湖南	2018	2 821.1	1 635.3	1 115.1	520.2
	2019	2 997.9	1 873.8	1 228.3	645.5
	2020	3 242.4	2 113.2	1 411.5	701.6
	2021	3 513.0	2 323.0	1 546.3	776.7
	2022	3 728.0	2 475.1	1 656.7	818.4
广东	2018	8 149.1	3 597.8	2 970.5	627.3
	2019	8 538.0	3 801.6	2 871.6	930.1
	2020	8 653.2	3 890.0	2 873.0	1 017.0
	2021	9 333.7	4 277.7	3 243.7	1 034.1
	2022	9 892.2	4 628.7	3 529.1	1 099.6
广西	2018	2 760.1	1 230.6	754.8	475.8
	2019	3 023.0	1 447.4	845.9	601.5
	2020	3 356.2	1 650.8	950.2	700.7
	2021	3 579.2	1 827.4	1 043.9	783.6
	2022	3 836.1	2 054.2	174.3	879.9
海南	2018	726.1	279.1	196.5	82.6
	2019	794.1	323.2	223.5	99.7
	2020	852.3	351.5	240.3	111.2
	2021	1 096.0	450.2	307.8	142.4
	2022	1 044.7	508.2	303.4	204.8
四川	2018	5 400.5	2 624.5	1 772.6	851.9
	2019	5 864.0	2 811.7	1 830.7	981.1
	2020	6 284.7	2 975.5	1 866.2	1 109.2
	2021	6 708.5	3 220.9	2 013.9	1 207.0
	2022	6 434.0	3 566.1	2 012.9	1 553.2

(续表)

省份	年份	互联网宽带接入端口数量（万个）	互联网宽带接入用户数量（万户）	城市宽带接入用户数量（万户）	农村宽带接入用户数量（万户）
贵州	2018	1 535.4	732.0	568.0	164.1
	2019	1 759.9	892.9	715.6	177.2
	2020	1 744.5	1 002.4	778.1	224.3
	2021	2 045.1	1 187.4	815.2	372.2
	2022	2 386.4	1 384.1	953.4	430.7
云南	2018	1 962.6	1 019.4	713.6	305.9
	2019	2 091.1	1 156.1	783.9	372.2
	2020	2 218.0	1 278.1	874.1	404.0
	2021	2 431.9	1 451.9	989.4	462.6
	2022	2 655.4	1 627.2	1 105.4	521.8

数据来源：历年中国统计年鉴。

2. 邮政投递路线建设

截至2022年年底，我国农村地区的邮政业务投递路线长度达到4 146 853千米。2023年我国建制村全部通邮，中国邮政建成1 061个县级、6 010个乡镇级邮政处理中心和40万个邮政及邮乐购村级站点；邮政和快递企业合作投递的建制村覆盖率达75%，快递进村年业务量达27亿件，较2021年年增长了10倍。开通客货交通邮政联运线路4 115条。西部地区建制村投递频次达标率提升至99.89%。

据统计，2022年我国热区九省（区）农村地区的邮政业务投递路线总和为1 452 867千米，是城市投递线路的两倍（表5-6）。众所周知，受地理环境限制、业务量分散、运营成本高等因素的影响，农村邮政投递线路建设的难度远高于城市。但近年来，我国在改善农村地区的物流配送条件方面进行了巨大投入，包括政策支持、投递点建设、技术培训、业务合作等，打通了农村物流快递的"最后一公里"，为热区乡村信息化建设提供了便利条件。

表5-6 2022年中国热区九省（区）的邮政业投递路线里程

省份	农村投递线路里程（千米）	城市投递线路里程（千米）
福建	118 183	71 236
江西	87 065	49 868
湖南	205 620	95 719
广东	294 717	254 319

(续表)

省份	农村投递线路里程（千米）	城市投递线路里程（千米）
广西	116 696	47 810
海南	33 125	19 031
四川	223 075	80 249
贵州	158 860	49 800
云南	215 526	53 690
合计	1 452 867	721 722

数据来源：历年中国统计年鉴。

（二）信息化服务产品的开发与应用逐渐深入

信息惠民服务产品开发取得良好成效。乡村就业、社保、医保服务信息化水平大幅提升，乡村公共服务数字化水平与城镇的差距不断缩小。信息进村入户工程持续推进，基层信息服务体系不断健全，全国共建成运营益农信息社42.4万个；供销合作系统的惠农服务网点更加密集，全国供销系统共发展各类综合服务社41.98万个；全国农业科教云平台线上用户数523.6万个，其中包括36.5万名基层农技人员、100万名职业农民；重点农产品市场信息平台已接入各类数据约20亿条，每天新增数据10万余条；农村土地承包经营权信息应用平台基本建成，截至2019年年底，各地农村土地承包信息数据库已经基本建成，信息应用平台主要功能已经初步具备并开始发挥作用；农村"三资"数字化管理平台普及应用，实现对农村"三资"高效、科学的管理，围绕农业农村的"放管服"电子审批、"互联网+政务"进一步完善；中国移动、中国联通、中国电信三大运营商均积极推进数字乡村信息惠民服务，大力促进实现城乡信息一体化、弥合城乡"数字鸿沟"，通过通信场景服务，积极拓宽"三农"信息通信服务边界。

二、存在的主要问题

数字乡村建设是全面乡村振兴、实现农业农村现代化的关键。在乡村振兴战略提出之后，信息技术在农业农村发展中深度应用是时代的要求，但随着应用的逐渐深入，乡村建设信息化领域各种问题也逐渐暴露，主要包括以下方面。

（一）乡村信息基础设施仍需进一步完善

乡村信息化建设离不开完善的网络、宽带、物流系统。在网络和宽带建设方面，经过近几年的快速发展，热区九省（区）互联网宽带接入端口覆盖面较为全面，农村宽带接入用户数量有了大幅度提升，乡村共用通信基站建设日益完善。但仍然存在基站覆盖不全面、信号不稳定、网速相对较慢等问题。在乡村物联网建设方面，物联网设备尚未普及，导致数据采集、处理、共享等信息化技术的应用受到限制，影响乡村信息化建设的真正实现。在乡村信息服务平台建设方面还存在与农民需求契合度不高、农民数字素养与信息化建设要求不匹配等问题。

（二）乡村信息化技术人才缺乏

主要是缺乏掌握高科技技术或者能指导推广先进技术的人才。一是大部分热带农业大省（区）处于西南地区，存在人才短缺、人才吸引力差的问题，尤其是农村地区。科技人才市场流动目的是追求效用和收益的最大化，大部分热带农业大省（区）经济发展水平较低，受地势地形影响，农村地区的条件更是艰苦，在"人才大战"中不具备竞争优势，难以对科技人才尤其是高端人才形成吸引力。二是存在业务与需求"两张皮"的问题。即投身到农村建设中的信息化技术人才不熟悉农村和农业，而乡村本土人才不掌握专业技能和知识，使得信息化技术难以真正运用到农业农村发展中来。

（三）基层政府和干部对信息化建设的认识不足

一是长期受传统治理观念的影响，部分干部对于乡村信息化建设的认识不足或者存在误区，缺乏对信息技术的了解，对信息化产品的使用存在排斥心理，不愿意学习和自我提升，更是无法发挥带头引导的作用。二是未能切实落实乡村信息化建设的各项要求，没有制定切合实际的发展规划，对信息化宣传存在"走过场"的情况，流于形式的居多，导致农村信息化建设的推进受阻，成效甚微，无法从根源上改变现状。三是对于信息化建设方案的制定缺乏系统性认识。例如，有的干部认为数字乡村建设仅仅是信息基础设施建设和数字平台搭建，但在推进其建设过程中没有融入乡村现实和文化，使之成为一种单纯的技术呈现，这样就会导致数字乡村建设不能满足乡村的个性化需求，从而使用频率过低，不能真正发挥其效能。

（四）乡村居民信息化素质有待提高

乡村地区的发展落后导致大量青年劳动力从农村流向城市，我国乡村居民以中老年人居多。第七次全国人口普查数据显示，我国60岁及以上人口占总人口的18.70%，较2020年上涨5.44个百分点。《中国乡村振兴综合调查研究报告（2021）》数据表明农村人口老龄化超过全国平均水平。我国农村人口存在年纪偏大、受教育水平偏低等特点，面对信息化与数字化浪潮，他们对乡村信息化建设的理解和认识非常欠缺，对物联网设备和系统功能更是知之甚少，且学习和使用相关技术的兴趣较低、意向偏弱，数字素养的提升难度较大。以智能手机为例，已经成为乡村信息化建设的重要工具，但是多数中老年人不能熟练使用，或者仅仅把其作为通信或者娱乐工具，这严重限制了乡村信息化建设的速度。

第三节　乡村建设信息化趋势

一、发展机遇

（一）全面的政策保障

党和国家站在把握数字化发展机遇和乡村振兴战略相结合的高度，在2018年中央一号文件中首次提出数字乡村战略，并于2019年出台了《数字乡村发展战略纲要》，对数字乡村战略作出具体部署。此后，《数字农业农村发展规划（2019—2025年）》《关于开展国家数字乡村试点工作的通知》《数字乡村发展行动计划（2022—2025年）》等政策文件的陆续出台，将数字乡村建设推向高潮，搭建起我国数字乡村建设的宏观设计。

从政策趋势来看，中共中央、国务院高度重视数字乡村建设工作，大量国家级政策和文件都在强调该项工作的重要性，热区省份纷纷响应。广东先后印发《广东省贯彻落实〈数字乡村发展战略纲要〉的实施意见》和《广东数字农业农村发展行动计划（2020—2025年）》；湖南省委网信办等6部门联合印发《湖南省数字乡村发展行动方案（2023—2025年）》，全面贯彻落实中共中央、国务院的部署要求，加快推进数字乡村建设，充分发挥信息化对乡村振兴的驱动引领作用；云南省委办公厅、云南省人民政府办公厅印发了《关于加快推进数字乡村建设的实施意见》，旨在创新城乡信息化融合发展体制机制，建立与乡村人口知识结构相匹配的数字乡村发展模式，统筹推进农村经济、政治、文化、社会、生态文明和党的建设等各领域信息化建设，助力乡村全面振兴，助推"数字云南"建设。国家及热区各省（区）科技发展及乡村振兴政策的不断出台，为热区乡村信息化建设提供了全面的政策保障。

（二）蓬勃的创新活力

自党的十八大提出创新发展战略以来，我国科技事业取得了辉煌的成绩，科技创新活力不断提升，科技实力和科技创新能力大幅跃升。一是各类科技创新平台布局优化，在农业领域，表现为重大科技创新平台建设成效突出。农业农村部学科群重点实验室、国家级农业现代化示范区、农业科技园区等农业领域的重大科技创新平台的建设，为农业科技创新提供了创新源头，为科技支撑热区乡村振兴打下了坚实的基础。以海南热带农业科技创新平台为例，中国热带农业科学院建有热带作物生物育种国家级重要平台，以及国家重要热带作物工程技术研究中心、国家热带植物种质资源库、海南儋州热带农业生态系统国家野外科学观测研究站、省部共建国家重点实验室培育基地等146个国家级和省部级科技创新平台，12个院士创新平台，6个博士后科研工作站，共同推动海南高水平热带科技发展。二是科研软环境逐渐提升，表现在对科研人才的重视度逐渐提高、科技人员待遇大幅度提升、科学家精神被大力提倡、科技评价机制逐渐完善，科研政策软环境良好。科研软环境的提升可以激发科技人员创新动力，激活科技创新活力，为热区乡村信息化建设提供了良好的背景与环境。

（三）区域协调发展的契机

我国大力推行区域协调发展战略，减少了科技资源在热带农业农村中配置的制度性阻碍。"十四五"规划将区域协调发展作为我国"十四五"期间的重要发展任务，重点强调要以协调发展促进相对平衡。我国热带地区与区域协调发展战略中的西部地区、欠发达地区、革命老区、边境地区，以及粤港澳大湾区、海南自由贸易港等重点发展地区均存在重合关系，区域战略统筹和区域间融合互动发展是国家确定的战略方向，区域合作、区域互助、区际利益补偿、区域政策联动等机制，都将为热区范围内科技创新资源的流动提供机会和平台。以"泛珠三角"区域科技合作为例，其目标是以"泛珠三角"区域为单位，在区域内形成高效的科技资源流动，优化产业结构布局，进而提升区域竞争力。近年来，广东和广西以此为契机，持续推进粤桂科技创新合作，科技交流与合作十分频繁，尤其是广东省科技发展对广西的外溢效应、互补效应日益明显（这也体现了优势地区对弱势地区的带动作用），为热区科技合作提供了良好的示范作用，为科技支撑热区乡村振兴提供了良好的契机。

（四）旺盛的信息化需求

需求是创新之母。随着社会的发展和人民对高品质生活的追求，热带农业农村不仅要发展，更重要的是要高质量发展，对科学技术手段的需求也逐渐旺盛，成为倒逼科技创新的重要因素。以热带农业发展为例，如果按照传统的生产方式，我国的热带农产品供给难以满足国内消费者的需求，尤其是热带果蔬。而基于有限的地区、土地、气候和人力资源，要想满足国内日益增长的消费需求，必须大力发展热带高效农业，将科技创新作为确保热带农产品有效供给的根本手段。此外，随着农村科技推广方式的不断优化和科技手段带来的效益显著提升，我国农民对于科技成果的接受度也在不断提高，设施农业、有机农业、数字农业、生态农业、循环农业等现代农业生产方式已经逐渐融入农业农村发展的日常，农民逐渐成为科技应用的内行，这些都是科技支撑热区乡村振兴的重要前提。

二、发展趋势

（一）信息化资源公平化

我国热区的信息化资源存在区域差异，人、财、物高度聚集在发达地区以及东部省份，大部分热区省份，尤其是热区农业大省（区）存在缺信息化人才、资金和技术的问题。要实现乡村建设信息化，科技资源公平化分配是必不可少的前提。在资源的分配上，一般有3种倾向：第一种是强势倾向，即所谓的"虹吸效应"，这种倾向会让资源好的地区越来越好，但是会对其他地区形成资源剥夺；第二种是补偿倾向，即通过宏观调配手段，使资源的二次分配向弱势地区倾斜，在一定程度上可以缩小地区间的绝对差距；第三种是一视同仁，即不采用过多的干预手段，将资源流向的决定权完全交给市场。在我国社会发展的大背景下，一视同仁的手段可以实现形式上的公平，但无法达到真正公平，所以，未来很长一段时间，要通过宏观调控，也就是带有补偿倾向的手段，促进信息化资源的公平化分配，进而达到以乡村建设信息化支撑乡村振兴的目的。

（二）创新趋势实用化

当今世界正经历百年未有之大变局，在信息化创新领域亦是如此。当前，世界各国均在持续加大信息化建设力度，从而促进信息化产品和系统服务加速诞生，经济社会转型向信息索要答案的趋势越来越明显。在未来信息化技术研发与应用的过程中，实用性强的信息化产品才是社会生产关注的重点。现实生产力转化不足是我国科技创新成果一直存在的痼疾，科技创新的效率不高、实用性不强，科研和经济长期脱节，对经济社会发展的支撑力度不足。要加强乡村信息化建设的脚步，加强信息化技术手段创新的趋势是必然的。应习近平总书记"把论文写在祖国大地上"的要求，未来信息化技术手段的创新升级既要面向科技前沿，也要面向生产生活，把技术创新成果应用在热区数字乡村建设的过程中，真正发挥信息化的支撑效率。

（三）信息使用综合化

现代科学技术之间的相互渗透、彼此促进是一种趋势。据不完全统计，能够应用在热区数字乡村建设中的信息化技术手段有5G、物联网、大数据、人工智能、云计算、区块链等，这些技术的不断排列重组，将一次次刷新农业农村对信息化的认识和使用范围，不断丰富热区乡村在产业发展、生态保护、乡村治理等各场景应用信息技术，信息化手段的综合应用呈现越来越明显的趋势。随着新一轮科技浪潮的到来，热区乡村建设网络化、平台化、数字化特征不断加强，数字乡村的工作模式也将持续做出改变，这与信息化技术使用的综合化密不可分。

（四）支撑内容和应用场景的多元化

随着热区乡村发展和人民生活水平的提高，信息化在热区乡村振兴中的应用场景逐步呈现多元化趋势。以最常见的互联网为例，从其在日常生活中的应用进程变化，可窥见未来信息技术在乡村振兴中的应用亦是如此。互联网最早是应用于军事领域，后来发展为现代互联网，主要用于信息传输；随着"互联网+"的兴起，智慧农业、智能家居、网络金融等产业互联网化热潮逐渐兴起，互联网在日常生活中的应用越来越广泛。未来，在乡村产业振兴、人才振兴、生态振兴、文化振兴和组织振兴的各类场景中，信息化手段应用的领域会越来越广泛，而且场景驱动创新的现象会倒逼科技的创新和迭代升级。

第四节 代表性领域及案例

一、乡村数字基础设施建设

(一)数字基础设施建设内容

1. 通信基础设施数字化

信息基础设施是数字乡村建设的前提和基础。数字乡村建设指南要求将网络基础设施建设覆盖乡村生活场景和生产运营场景,根据实际情况,利用移动通信网络、宽带网络、卫星网络、窄带物联网等多样化方式,使网络覆盖农业生产、加工、流通等领域,满足农业农村对网络的需要。在全国范围内,积极开展电信普遍服务普及和4G基站补盲工作,促进边疆地区5G、千兆光纤网逐步向有条件、有需要的乡镇扩展,助力实现边疆地区移动信号全覆盖。

2. 农村公路设施数字化

在"四好农村路"建设的基础上,继续提高农村公路路面状态自动检测率,并进一步加强对农村公路养护规划、预算安排和绩效评估等方面的运用。以信息技术为支撑,创新农村公路的管理和养护模式,探索利用App、小程序等方式,对道路基础设施进行日常监测、事件上报、养护施工、验收结算、统计分析等环节的数字化。认真做好普通省道和农村公路"以奖代补"评估系统的数据填报,积极推进县级以下乡镇道路"一路一档"的信息化建设。

3. 农村水利设施数字化

对农村区域中小规模水利工程进行智能化改造,健全小型水库的降水量预报与防洪安全监控体系。在小水电绿色化改造和现代化升级的基础上,进行小水电站集中控制中心的建设。实现已建的相关系统与农村水利水电管理信息系统之间的互联互通,并扎实开展"数字孪生"灌区试点工作,做好大中型灌区的信息化建设。

4. 农田设施建设数字化

实施农田建设数字化管理,以国家农田建设信息化管理平台为依托,使自然资源"一张图"的优势得以充分发挥,将农田建设项目立项、实施、完工、验收等全流程信息上图入库和统一管理,对建设、管护、利用等全环节实现有据可查、全程监控、协同管理,构建农田基础数据库。推进数字技术在农田建设与管理中的应用,基于各类智能控制设备,完善农田新型基础设施,因地制宜建设一批农田智能监测与巡查设施、智慧水肥一体化管控设备、无人化作业设备等,提高农田数字化管理水平。充分利用全国现有耕地质量调查监测站点、耕地质量科学试验观测点、第三次全国土壤普查地面样点等,建立耕地质量长期定位监测点网络,布设智能监测设备,基于"天空地"一体化监测大数据资源，结合数字孪生、人工智能等深度分析技术，准确掌握耕地质量退化、农田因灾毁损等情况的发生。

5. 农村电网设施数字化

有条件地区可稳步推进智能配电网建设，提升农村电网分布式可再生能源承载能力，保障农业生产、乡村数字经济、农民消费升级的用电需求，结合清洁供暖等需求加快农村电网升级改造。做好农村电网规划与充电基础设施规划的衔接，结合乡村自驾游的发展加快公路沿线、乡村客运站等场所的充电桩建设。

6. 农产品设施数字化

一是在农产品冷链物流方面，支持和引导邮政快递、供销合作社、电子商务、商贸流通、物流企业、农业产业化龙头企业等主体在具备条件的地区加强农产品冷链物流数字化建设，改造提升现有产地设施的数字化水平。鼓励龙头企业、行业协会、第三方数据平台等搭建市场化运作的冷链物流信息平台，整合共享市场和信息资源，积极与各级各类公共农产品市场、电商平台、冷链物流信息平台对接，为仓储保鲜、分拣配送、冷藏加工等业务提供平台组织支撑。二是在农产品追溯数字化方面，支持有条件的地区针对列入国家农产品质量安全追溯目录的农产品追溯加强数字化建设。鼓励应用5G、区块链、物联网、地球遥感等技术采集、记录产地农产品生产信息、投入品使用信息和承诺达标合格证开具信息，应用电子耳标、生物芯片、RFID芯片等先进的防伪技术，确保追溯信息真实性。

（二）案例一：江西省宜春市丰城市"互联网+第四方物流"

1. 基本情况

2022年8月，丰城市被列为全省首批县域物流配送体系建设试点县，趁着机遇主动适应改革新要求，在产业发展、基础设施建设和社会事业进步等方面不断深耕，多年来县域经济得到较快发展，民生得到改善，先后获得了"全国社会管理创新试点城市""中国物流实验基地""全国信访工作先进县市""全国社会治安综合治理先进县市""全国科技进步先进县市"等众多荣誉称号。近年来，丰城市为构建县乡村三级物流配送网络，促进县域物流配送体系建设，着力推进"互联网+第四方物流"供销集配体系规范化、标准化、品牌化建设，至2023年年底，完成丰城市供销集配中心升级改造，实现乡镇快递服务网点全覆盖、村级快递服务网点覆盖率达到82.2%，并被评为2023年全省数字乡村创新发展优秀案例。

2. 典型经验（模式、做法）

在供销集配体系建设方面。采取开放式办社、联合合作的方式，与江西创云供应链管理有限公司共同组建丰城市创云集配物流有限公司，在高新工业园内建立了"互联网+第四方物流"的供销集配中心，占地面积共31亩，投入资金累计400万元，引入了自动化分拣设备，实现了5家快递公司快件同时处理。丰城市投资供销集配中心，购置了扫码枪、手动液压搬运叉车、不锈钢推车、冰柜等设备，使物流中心的快件处理效率大大提高。同时,在大数据中心的基础上,丰城市以基层社区、乡镇连锁超市、惠农服务中心等平台为基础,对农村人口数量、交通便利度等进行了全面的分析,并对乡村地区的高效物流配送网络进行了优化,使其能够有效地投递和配送。目前,全市乡镇街道集配网点覆盖率达到100%,建设村级集配网点499个,覆盖率达到82.2%。

在供销集配标准制定方面。丰城市将供销集配中心分为快递分选区、物流配送区、展示体验区、电商办公区、智能仓储区和综合服务区,配备员工184人,各类货车30辆,电动三轮车50多辆。供销集配中心利用现有的服务器集群、海量数据和自动化设备,将人力利用率从90%降至31%,并将票件处理量从每小时5 000票提高到12 000票。目前,集配中心已形成了3种运营模式:快递、快消品、同城生鲜。此外,丰城市整合韵达、极兔和申通三大物流企业的运营资源,发展淘宝买菜(淘菜菜)生鲜配送服务;同时,与圆通、中通等快递企业进行合作,使快递的仓储、分拣、运输、配送、揽收实现一体化。截至2023年,丰城市集配中心的进出港数量达2 176.4万票,较2022年同比增加了23.4%。

在供销品牌形象树立方面。丰城市农村物流配送中心根据"统一供销形象、分散式布局"的原则和供销集配系统的品牌申请标准,采用统一的商标和形象,对供销配送中心的品牌标识进行定制,一些运输车辆和设备上统一印有"供销集配"的商标,大大提高了供销集配的品牌效应。同时,丰城市积极扩大日用消费品的物流配送、农资的物流配送、农产品的集散交易、农产品电子商务等业务,为农民提供快递收发、日用消费品供应、农产品收购、农资供应、服务代理代办等服务。截至2023年年底,全市服务范围内商品流通、居民寄件费用下降了15%,上下行快递业务量增长50%。

3. 已取得的成效

交通基础设施　丰城市先后启动推进36个重大交通基础设施项目建设,总投资额179亿元,S309公路石滩至丰城段改建工程、温泉大道等项目全面通车。完成"四好农村路"项目46.8千米,推进县道升级改造和建制村双车道改造项目21个,为客货邮的发展提供了有力支撑。

信息智能服务平台　建立了丰城智慧交通客货邮+城乡交通一体化平台,开通公交智能手机App,实现App与生活场景相结合。同时,县级配送中心投入全智能分拣设备,已建设的220个客货邮网点均已实现信息数字化管理。

物流运输体系　目前,已完善县、乡、村三级物流网络节点的建设。市级层面,完成3 000米^{2}县级快递物流分拣中心改造升级,开通客货邮融合公交线路14条;乡级层面,升级改造6个乡镇综合运输服务站;村级层面,建成村级电商点220个、村级物流点468个,打通了物流共配"最后一公里"。

4. 可推广的价值

第一,通过推进"互联网+物流",丰城市有效解决了农产品流通的"最先一公里"和工业品下乡的"最后一公里"问题,这不仅提高了物流效率,还促进了农产品和工业品的流通，有助于增加农民收入和满足城市居民的需求。

第二，通过整合资源，加强了农村地区的交通基础设施建设和物流配送体系建设，实现了客货邮的融合发展。这一举措不仅提升了城乡交通运输一体化服务水平，还打通了农村物流"最后一公里"，使得到村物流快递覆盖率达到100%，到村快递成本降低50%以上，到村快递单量增长300%，极大地提高了物流服务的可达性和效率。

第三，积极探索"互联网+第四方物流"供销集配体系建设，通过与快递物流龙头企业合作，整合资源，构建覆盖广、效率高、服务优的乡村物流集中配送网络。这一举措不仅降低了物流成本，还提高了配送效率，为农村地区的发展注入了新的活力。

第四，通过推进"互联网+物流"，不仅优化了城乡物流服务，还促进了电子商务和快递服务网点的发展，提高了商业设施服务延伸到乡村的能力，满足了居民一站式多样化的需求，有效带动了商业发展。

（三）案例二：四川省广元市利州区"数字+乡村交通管理"

1. 基本情况

利州区地处川陕甘三省交汇处，四川盆地北部边缘，嘉陵江上游，面积1 538千米^2，辖5镇3乡10街道，187个村（社区）。全区总人口62.9万人，是成都、西安、重庆、兰州四大中心城市的交会节点，拥有京昆、兰海、恩广3条高速公路，G108、G212、G542 3条国道，兰渝、宝成、广巴和西成4条铁路（高铁）在此交会，广元机场开通15条航线，广元港千吨级轮船可直达上海。把区位优势、交通优势发挥好，发展乡村智慧化动态监控管理，将更有力地优化乡村管理，推动乡村振兴创造新的局面。

2. 典型经验（模式、做法）

健全工作机制，确保有序运转　组建综合指挥机构，健全规章制度，完善工作体系，明确职责分工，形成"1+1+N"联合办公机制，由区级交通运输主管部门牵头，以平台运维部门为支撑，公路管理、公路养护、营运管理等业务部门为主力，确保信息平台规范有序、高效运转。与传统管理手段充分有机结合，落实"发现问题—制定方案—解决问题—持续改进"的闭环管理机制，实现传统与现代的优势互补，不断提升工作效率和管理水平。

强化资源整合，形成工作合力　通过整合交通建设、管理、养护、运营等数据资源，将区域内主要道路、站场枢纽、渡口码头、客货运输、营运车船等纳入智慧化动态监控管理，加强与应急管理、水务、规划、气象等部门信息共享，搭建交通运输全行业综合管理平台，构建"互联网+统一指挥+综合监管"的现代化监管模式，加快推进行业治理体系和治理能力现代化。

加强数字运用，提升管理效能　针对各类营运车辆超速等违规行为系统自动提示提醒，并将情况实时通报至管理部门及企业，督促车辆安全、规范运行；同时，对道路情况通过巡查进行实时反馈，帮助管理人员高效开展应急处置，按应急风险评估、智能报警、指令下达、资源调配的公路应急保障管理体系，确保及时开展应急处置工作。系统化管理实现了巡查监督实时化、公路资产数字化、考核评估精准化、安全监控融合共享化。

3. 已取得的成效

高效助力农村道路安全监管　借助物联网手段，建立路产数据平台，实现了公路资产的数字化和可视化，实现"一物一档"公路资产信息数据管理。共纳入监管国道3条160.589千米，省道2条17.450千米，县道26条523.062千米，乡镇道路85条743.508千米；监控客运车234辆、货运车5 672辆、危险品运输专用货车117辆、公交车349辆、出租车627辆、网约车510辆，码头5处，航道1条，船舶22艘，共计7 500余个监控点位。

精准助力农村客运事业发展　利用计算机技术和视频监控等综合采集、实时传送和智能分析，为管理部门提供实时动态监管，保障农村客运安全稳定。同时利用系统记录进行统计和分析，帮助形成评价结果，为营运企业考核工作提供重要依据，进一步强化市场化监管，助力农村客运市场有序发展。

常态助力农村道路管养维护　通过系统落实各级路长分级管理责任，实现县、乡、村道专管员网格化管理，同时开启"掌上养护"，通过路长巡查实现快速定位、隐患排查及日常养护。通过手持终端将巡路人员在巡查过程中采集的数据、照片等信息反馈，通过系统对事件进行上报，智能协调处置，实时跟踪处理进度。

4. 可推广的价值

智慧化动态监控管理　通过整合各类交通数据资源，实现对区域内交通状况的实时监控和管理，提高了交通管理的效率和准确性。

信息共享机制　加强与多个部门的信息共享，有助于形成合力，共同应对交通管理和应急处理。

数字化和可视化管理　通过物联网技术和公路资产数据平台，实现了公路资产的数字化和可视化，便于精准管理和维护。

管理效能得到极大提升　通过系统化管理，实现了巡查监督实时化，提高了管理效率，同时也为运营企业考核工作提供了重要依据。

助力农村道路安全监管、客运事业发展及道路管养维护　通过数字化管理平台，有效提升了农村道路的安全监管水平，促进了客运事业的发展，同时也优化了道路的维护和管理。

二、数字化技术辅助乡村景观设计

21世纪，随着一系列颠覆性数字技术的运用，景观设计迎来了发展机遇，进入"4.0数字景观"时代。基于数字技术应用，科学与艺术在景观设计中进一步融合，增强了园林景观设计中环境信息采集、分析、建造、模拟、评估和可视化等多个阶段的工作效率和设计满意度。新的发展阶段，园林景观设计领域中广泛实践和推广数字景观技术，有助于塑造更人性化、智慧化、科学化和精细化的景观空间。

(一) 数字技术在景观设计中的运用

1. 数字化立地环境分析

传统的园林规划设计，前期分析的资料主要来源于甲方提供的场地资料（包括场地基础数据、等高线、红线范围等）和设计人员现场收集的资料，在进行项目前期分析时耗时较长，分析结果也很难达到目标，主要依据设计师主观经验判断，面对复杂项目时常难以发现本质问题，导致项目前期分析与最终设计方案的关联性较弱，从而使得设计方案不足以解决项目实施中的实际问题。

数字化立地环境分析，是指设计师利用数字化的技术和手段对项目现状用地进行分析。在前期数据处理阶段，利用倾斜摄影建模方法规划无人机飞行航线并进行图像采集，利用ContextCapture等相关软件，对图像采集结果进行处理，最终生成研究区三维实景模型；在场地分析与设计中，利用Rhino和GH软件，对场地进行初步分析，选取多个视点进行模拟，标记出视野开阔或能够观赏独特风景的视点，作为备选观景点，以利于后期方案设计的整体布局。通过断面分析场地不同位置的地形轮廓及变化趋势，辅助设计师直观地掌握不同场地的空间形态及空间围合类型；在上述场地初步分析与人工勘测数据的基础上，评价识别出场地的生态修复区域与适宜建设区域，确定地形修整、水体修复及植被恢复的生态修复策略，明确观景点营建所在位置、游览路径设计以及场地遗存再利用的景观游憩子策略，为项目景观设计提供指导。

2. 数字化景观方案设计

在方案设计过程中，一般非线性造型表达、雕塑构筑物、复杂表皮生成等，都需要参数化设计来提升设计的效率与逻辑性。也可进行参数化分析，包括土壤、高程、坡度、汇水、日照、阴影、风环境模拟分析等。

在方案设计完成后的展示阶段，除去以往的PPT方案汇报，还可以将效果渲染、视觉设计、影视动效等可视化表达，作为传达景观设计方案的重要媒介，提升设计方案的视觉传达效率。

3. 园林管理智慧化

基于大数据平台，结合智能控制系统、传感器、无线网络技术实现园林管理智慧化，提高管理效率，实现精准化管理。数据及控制中心设于综合办公处，一方面接收和存储终端层采集的数据并加以分析，另一方面通过控制中心对绿化养护、灯光、环卫、信息发布等进行控制管理。

(二) 案例：浙江省衢州市龙游县溪口镇未来社区——可持续智慧化未来乡村模样

随着"乡村振兴战略"迈入高质量发展的新阶段，如何通过数字化赋能乡村建设受到了各方高度关注。浙江在推出"千万工程"、特色小镇、"最多跑一次"等金名片之后,又首次提出"未来社区"这一高质量发展的新路子。2023年1月,浙江省政府办公厅印发《关于全域推进未来社区建设的指导意见》,明确到2035年,基本实现未来社区全域覆盖。那么,让幸福触手可及的未来社区究竟为何物?

1. 什么是未来社区

未来社区在国内仍处于新生事物,其具体内涵国内外学术界至今没有形成统一的定论。2018年,未来社区的概念在浙江省率先被提出,并于《2019年浙江省政府工作报告》中将未来社区概念界定为以实现民众美好生活愿望为根本目的,以社会全生命链服务为需要,以人本化、生态化、数字化为社会价值发展导向,以未来在社会、文化、卫生、创新、建筑、交通、低碳、公共服务和管理九大领域蓬勃发展为主要导向的新兴都市功能单元。通俗意义上讲,未来社区即"满足人民美好生活的向往"。

在国际社会,未来社区已成为全球热点话题,关于未来社区的探讨与建构也在世界范围内日益增加,并有多个国家已付诸了实践,如新加坡的 Complex 模型、日本的共享住宅、欧美的 Block 模型等,都是未来社区的尝试。

2. 国内乡村版未来社区——龙游溪口黄泥山片区

黄泥山片区建于1959年,是一个拥有60余年历史的黄铁矿职工生活区,区内500多户1 000余人陆续建了31栋风格迥异的房子。壮硕的水杉和松树环绕在红墙绿瓦中,有种在看一部老电影的错觉。随着现代文明的不断推进,属于黄泥山的工业文明按下了暂停键,为了留住一份淡淡乡愁,再现一场时代记忆中的情景,一个根植于往昔亲近邻里关系的未来社区悄然而生。

功能打造上,依据乡村的历史确定了乡村版"三化九场景":"三化"即人本化、生态化、融合化;"九场景"即健康、教育、交通、乡貌、乡愁、乡里、共享、创业、田园。九大场景在黄泥山片区有机交融,打造出独属于溪口镇的鲜活乡村版未来社区,为居民、游客、管理者、企业提供集成式、定制化服务。场景设计上,以溪口黄铁矿地方特质为本底,保留场地内历史风貌建筑,并植入现代设计语言,使居民和游客记得住乡愁,看得见发展,让历史与未来在黄泥山片区产生对话。

溪口"乡村未来社区"保留有原铁矿职工家属生活区的医院、职工子弟学校、大礼堂等不超过3层的工矿风貌建筑。改建后的建筑群及其广场空间成为整个社区最有辨识度、最有时代记忆的场所,且更具开放性。原先单调、不连续的建筑立面,通过一组轻质屋顶,不仅功能整合,空间也有效连接。

(1)乡味:共享食堂

一道道浙西风土美食,如龙游发糕、沐尘水库鱼、溪口咸肉笋等在社区共享食堂重现。设计将原职工食堂改造为共享食堂,在满足公共和接待用餐的同时,为黄泥山小区80岁以上老人提供配送餐服务。

(2)乡情:乡村礼堂

与共享食堂毗邻的乡村礼堂由原电影院改造,采用相同的屋顶形式复刻,增加半室外空间，成为"远亲不如近邻"的未来邻里场景。礼堂现面向社会开放，已成为龙游县域内举办各种大型论坛活动的首选之地，同时提供线上会务预订服务，发挥礼堂的全时性利用。特别设置的一台老式电影放映机，更让社区老居民们能够追忆起曾经奋斗的年代。

（3）乡邻：邻里盒子

邻里盒子由3座白色盒子状建筑组成，外观清新亮丽，是"优质生活零距离"的未来服务场景展示。其内部设计融合了当下最智能的休闲元素，如生鲜茶水吧、共享卡拉OK、智慧寄存柜、无人售卖柜、无人医药柜等智慧便民设施，为社区居民、创客、游客提供更多的便利。

（4）乡业：众创公社

众创公社是由原老职工招待所改造而成，为"大众创新"未来创业提供场景和场所，顺应未来生活和就业融合新趋势。众创公社以共享办公模式运营，为乡贤、返乡青年创业提供一站式服务与支持。室内被分割成公共区和独立办公区，公共区须通过线上预订方可使用，可满足会议或办公需求，并配置咖啡吧、乒乓球室、瑜伽室等，其数字智能化设备、统一管理门禁系统和安防监控系统为众创公社的管理和运营带来了便捷。

（5）乡教：共享图书馆

共享图书馆结合众创公社而设置，是一处读书、学习、社交的空间，满足社区人群学习交流的需求，目的是构建"终身学习"的未来教育场景。通过组织策划活动向社会和个人募集手中闲置的书籍，让参与进来的人可以享受到社区的信用积分；激励社群自发举办各种线下活动，并通过捐书活动形成社交圈层，向外输出传播，增强和带动了社区学习氛围。

（6）乡健：智慧运动场

原篮球场及绿地改造为社区智慧运动场，是倡导"健康风尚"的未来健康场景。将原有老旧的场地和空间重新打造，通过明亮的色彩营造社区年轻、健康的氛围，同时植入智慧运动短视频功能，自动捕捉每个人运动过程中的精彩瞬间，并可通过手机端制成短视频发布传播，将智慧运动场打造成一处年轻人的网红打卡地，更使这里成为除了运动场功能之外，还具有社交场所的功能，真正体现体育"以友谊、团结和公平精神互相了解"的魅力。

（7）乡谈：创客花园

设计以轻介入的手法改造原有水池，保存树林现状形成的半围合空间，移除水池中杂乱的假山，改造为钢格栅打底的旱池喷泉，花瓣形的水池壁与外部种植池改造为花瓣型趣味座椅，成为一处轻松舒适、体验低碳邻里互动的空间。改造后，假山水池变成了旱池喷泉，封闭的空间被打开后，村民们可坐可躺可"唠嗑"。创客花园成为附近居民最爱的去处，尤其是炎炎夏日夜晚，小孩们在喷泉间蹦蹦跳跳，品味世间最纯真的快乐。

3. 可借鉴经验

(1) 未来社区建设须因地制宜

溪口立足自身资源，以浙江省相关政策为指导，在场景中创设"乡愁、乡里、共享、创业"四大溪口特色场景。为了让未来社区真正实现全镇共享，以"5分钟共享核心圈""15分钟农民聚集转化圈"和"30分钟幸福生活圈"统筹一镇三村。

(2) 未来社区建设需应用数字化

溪口乡村未来社区依据自身的需求，在网络平台、移动支付、5G网络等数字化产物的普及下，创设"龙游通"数字平台以实现信息的整合与分析，有效促进了未来社区的建设与管理。

(3) 未来社区建设须全民共享

溪口未来社区以"共享+治理"为核心，创新营造开放共享大生态，改造原大食堂为三合一的共享食堂，即满足游客用餐、居家养老配餐、镇干部工作餐三重需求，通过打造开放式办公环境及服务设施，创新探索"政府+企业+居民+旅客"共享办公、共享生活模式。

三、乡村信息化人才引进与培育

乡村地区的发展落后导致大量劳动力和高素质人才涌到城镇地区，而缺乏人才又导致乡村发展速度更加缓慢，形成恶性循环。培育农业信息化创新人才以及引导高端人才、信息化人才回流乡村，可以解决这一问题。

(一) 乡村信息化人才引进与培育的方向

1. 加强农业信息化创新人才培养

农业类高校是农业信息化人才的培养的重要基地，国内多所院校已经开设了农业工程、信息技术、智慧农业等相关专业。高校培养信息化创新人才是乡村信息化的保障，可以为农业机械化技术应用与推广、农业技术应用开发及推广、农村信息化发展培养输送大量具有综合职业技能的应用型、复合型高层次人才。

2. 鼓励人才下乡返乡从业或创业

一是鼓励生长在城市的人才下乡从业或创业，利用自身知识储备助力"新农村"建设；二是引导已然跳出"农门"的青年农民和农村大学生带着新的见识和技能返乡创业，他们回归家乡如同大雁归巢，其中的高端人才则如同雁阵中的"头雁"一般，其专业技能和人格吸引力可以形成"雁阵效应"，带动更多的人才投身于回乡创业中，并以此激发乡村活力。"下乡族"和"城归族"的到来，可以为农业农村现代化提供支撑，使农旅融合、高端农业、农产品电商等新业态项目在乡村"生根发芽"，带活乡村经济，成为实现数字乡村的关键资源。

（二）案例一：吉林农业大学信息技术学院——"4+1+X"农业信息化创新人才培养模式

1. 基本情况

吉林农业大学信息技术学院是吉林农业大学的二级学院，下设计算机科学与技术、信息与计算科学、电子信息技术、信息管理与信息系统、物联网工程5个专业，并附设农业信息化工程中心。

2. 典型做法

近年来，学院积极探索"4+1+X"的农业信息化创新人才培养模式，提高了人才培养质量，完善了人才评价体系，提高了教师团队的实践育人能力和水平，并积极拓宽校外实习基地，将社会资源优势转化为教学优势。具体做法如下。

（1）人才培养模式中的"4"

指的是4个体系，分别为人才培养体系、资源共享体系、教学质量评价体系和"农业+"实践教学体系。

人才培养体系 充分将学校教学和科研资源整合起来，制定有效的创新型人才培养方案，开设"农业信息化创新"课程，并将"课外培养计划"的学分列入培养方案，提高工程实践训练的学分比例，让学生课堂与创新实践有机融合。

资源共享体系 通过开放课程、在线课程和资源共享定位与教学发布平台，构建信息化时代背景下"线上线下集成"教学资源共享体系。依托省级和校级在线课程的建设，搭建校园资源共享系统定位与发布教学平台，科学调整课堂教学时间比例，有策略地分配课程资源，多角度交叉地将农业信息化教学融合到课堂教学中。

教学质量评价体系 通过教师（专家）、企业、学生共同参与的方式，创新教学质量评价方法，确保人才培养适应社会需要。通过在校生反馈、典型毕业生跟踪、定期校内外专家评价、用人单位调查等方式，建立全方位的评价体系，提高人才培养教学质量。该评价体系中，教师（专家）、企业和学生的评价比重分别为70%、20%和10%。同时，在学院设立人才培养教学督学委员会，对创新人才的质量评价体系建设起到监督作用，确保培养人才质量评价落到实处，真正起到推动人才培养的作用。

"农业+"实践教学体系 一是鼓励和引导学院专任教师与学校其他涉农专业教师或团队联合申报项目，打造"农业+科研项目"实践教学平台。充分发挥平台的示范和辐射作用，将优秀教师群体聚集在一起，推动其成为农业信息化的社会引领人。教师可以将自身承担的农业类科研项目引入教学中，通过"农业+科研项目"的形式，培养学生的实践能力和创新意识，形成教学、科研、项目相互辅助促进的局面。二是与学校的大学生科技创新基地结合，搭建"农业+创新"实践教学平台，引导学生参加国家级、省级竞赛，培养学生的创新能力，营造良好的创新氛围，为学生创新提供有力支持。

(2) 人才培养模式中的"1"

指的是 1 个队伍,采用"培养+聘任"机制,打造"双师型"教师队伍。

培养 注重教师培养手段的多样性。一是定期举办专业讲座,丰富教师自我提升的路径;二是选派优秀教师在合作企业驻点学习,既可以为企业提供技术支持和指导,又能够在这一过程中实现自我能力的提升,尤其是解决问题的能力;三是鼓励教师指导学生技能竞赛,和学生共同进步,提高其创新实践能力。

聘任 聘任农业信息化专家为学院特聘教授,包括校外农业信息技术领域专家、校内农业信息类交叉学科专家、校外合作企业专家等。特聘专家定期来院进行教学和实践指导,帮助学生获取农业信息化相关领域前沿信息。

(3) 人才培养模式中的"X"

指的是 X 次的企业实践培训,打造高校与企业联合培养人才的模式。

与涉农企业联合建立实践基地,建立长期的产学研合作关系,把社会资源转化为实践教学资源。一是在学生培养方案中,要求大学二年级以上的学生要到涉农企业中参与实践培训 X 次,且 $X \geq 3$。学生可以通过在农业信息类岗位的工作实践中成长,也可以在参与企业活动中为未来就业打好基础,真正做到在科技实践中培养人才,在人才培养中为社会服务。

3. 已取得的成效

(1) 平台建设成效显著

目前该学院已建成 6 个工程实践中心,包括吉林省藜麦工程研究中心、吉林省信息技术与智能农业工程研究中心、农业物联网科技协同创新中心、吉林省物联网工程技术研究中心、吉林省智能环境研究中心、吉林省生物信息学研究中心。

(2) 学生的创新实践能力得到明显提升

2019 年以来,该学院学生在吉林省和国家举办的电子设计、传感器设计、"挑战杯"等竞赛中,取得省级、国家级大学生科技创新奖项 200 余个,位居学校各学院科技创新之首。其中,"吉林农业大学农业信息化科技创新团队"被评为国家级大学生"小平科技创新团队";"多功能 EPS 板材切割机"项目获得"挑战杯"竞赛国家级金奖;"启元电子科技有限公司"项目获得"挑战杯"全国大学生创业计划竞赛国家级铜奖;"iRemember 智能药盒"项目获得国际大学生 iCAN 创新创业大赛国家级二等奖。

4. 可推广的价值

第一,人才培养目标符合社会需求。该模式十分重视人才的实用性,着重培养其实践能力,改变了传统的课堂教学模式,以农业信息化领域创新人才实践能力、社会适应能力和持续发展为目标,符合目前社会对于农业信息化创新人才的需求。

第二,资源的多向整合能发挥更大的乘数效应。除了充分调动校内资源外,该模式还将校外专家、企业,甚至社会力量整合到人才培养过程中,有助于打造农业高校和涉农企业联动、信息化优质资源共享、教学与实践紧密结合的人才培养环境。

(三) 案例二：塔里木大学信息工程学院——校企协同育人机制

1. 基本情况

塔里木大学信息工程学院成立于 2003 年 9 月，是学校专门培养信息科学专业人才的学院，学院一直坚持胡杨精神育人，致力于打造南疆现代信息技术人才培养基地。学院开设计算机科学与技术、通信工程、应用统计学、物联网工程、网络工程 5 个本科专业，并设有农业工程农业电气化与自动化、农业信息化等硕士学位点。其中农业信息化专业注重产学研或产教融合，目标是培养适应新时代信息农业和现代农业的新型跨学科复合人才。

2. 典型做法

学院以促进人才培养供给侧和产业需求侧深度融合为目标进行教学综合改革，致力于培养既具有理论知识，又具备实践经验的复合型人才，具体做法如下。

（1）完善课程设置

以农业信息技术行业的职业需求、岗位需求和社会需求为依据，开展社会调研和毕业生跟踪，明确学生的培养方向。在此基础上，进一步修订和完善课程体系设置，使课堂理论教学和实验实践教学紧密结合，以适应社会经济发展的需要和企业的要求。其中，课堂理论教学侧重于农业信息采集、分析、处理和管理技术，设立农业生产、管理、经营、服务信息化相关选修课程；实验实践教学依托课程实验平台和实践基地开展，侧重提升学生的工程创新实践能力，制定切实可行的学生培养方案。

（2）充分利用校际合作提升学生培养水平

加强和促进校际合作，探索和对口支援院校联合培养专业学位研究生的教育模式，践行"教、学、研、创"结合的教学理念，结合专业课程和科研项目，加强学生实践能力的培养，进一步提升综合人才培养水平。目前已与学院达成合作的兄弟院校有中国农业大学、华中农业大学、东华大学等。

（3）探索产教融合模式

与企业共同打造教学实践基地，将企业工程项目融入教学中，提升学生工程创新实践能力。校企协同育人，引进企业专家为研究生导师，试行"双导师制"。目前学校合作的企业或单位有京创太极有限责任公司、西安深蓝软件有限责任公司、北京蓝桥软件学院、南疆农业信息技术研究中心等，学院还参与了第三师图木舒克数字兵团建设项目，企业实习和项目参与对学生农业信息技术水平和工程创新实践能力提升起到了强有力的促进作用。

（4）创建具有自身特色的应用性评价体系

借鉴高水平院校的项目制人才培养模式，根据学院教学实际制定符合自身特色的指标评价体系，评价内容包括教学课程设置、教学过程、项目研究、实践成果、创新能力等方面，评价指标多元全面、特色鲜明，能够为提高人才培养质量做好把关。

四、乡村数字治理

乡村治理是国家治理的基石,是乡村全面振兴的重要保障。习近平总书记指出,要用好现代信息技术,创新乡村治理方式,提高乡村善治水平。数字技术融入乡村社会治理的全过程是不可避免的趋势,互联网、大数据等信息手段的普及和应用改变了我国传统乡村社会的生活方式,原有的简约层级式乡村治理在很多方面具有明显的滞后性,已经很难适应社会发展的步伐,且无法满足当前农村生产生活的需求。数字化治理手段是基层乡村治理与数字技术的融合,它的引入可以实现乡村治理的转型升级,是提升乡村治理能力和治理水平的必然要求。现代信息技术在乡村治理中的应用,可以创新乡村治理的方式方法,解决乡村治理难点痛点问题,推进乡村治理体系和治理能力现代化。

(一) 信息化技术在乡村治理中的应用内容

1. 信息化技术赋能基层党建

"智慧党建"平台开发与应用推进数字党建进程。基层党组织建设是乡村振兴的条件保障,通过信息化手段赋能农村基层党组织,是数字乡村建设的重要内容。信息化手段推动"互联网+基层党建"系统建设,提高农村党建质量和效率,数字党建工作在全国范围内全面展开。据统计,目前我国数字乡村治理体系中,全国党员干部现代远程教育终端点共计68.5万个,其中乡镇(街道)3.8万个、行政村50.1万个,以"智慧党建"引领强村善治,数字党建取得良好成效。"智慧党建"平台不会受到时间和空间的限制,基层党组织不仅可以为党员定制专属身份信息卡,还能以线上线下协同的形式完成主题党日、主题党课、民主生活会、党员大会、支委会等,利用信息化手段对活动进行记录、分析,对组织和个人进行考核评价等,大大提高了党建工作的效率,培养造就了一批坚强的农村基层党组织。目前,多地争相推出党建信息化服务产品,如吉林省的"新时代e支部"、云南省的"云岭先锋"、江苏省的"智慧党建"等平台。

2. 信息化技术赋能乡村政务管理

政务管理是数字乡村建设的重要内容,其中村务治理平台的建设是重中之重,已经取得显著建设成效。据统计,我国热区多地已建设成乡村"一体化政务服务平台",且在村一级设有便民服务中心,力争实现群众办事"小事不出村、大事不出镇",政务服务流程大幅度优化。服务平台的打造基本上实现了村级组织各项事务之间的数据资源信息共享,基层政府数字化供给能力进一步提高,基层数字化治理体系日渐完善。信息化技术不仅打通了服务群众的"最后一公里",还规范了村务管理。例如,村委会可以通过网络,在公共服务平台上公开村务财务信息,进一步落实了群众的知情权、参与权和监督权,有助于更好地实现村民自治。

3. 信息化技术赋能乡村公共服务

《数字乡村发展战略纲要》中指出要繁荣发展乡村网络文化、深化信息惠民服务等，为深化农村公共服务体系作出了系统的制度安排。信息化技术与农村公共服务体系建设深度契合，重塑了农民生产生活体系，智慧乡村公共平台的普及应用，更是加快乡村治理有效和产业兴旺的协同互促，将农村公共服务模式带入数字化新阶段。近年来，我国热区乡村公共服务质量不断提升，乡村居民的幸福感和获得感也有了大幅提高。据不完全统计，目前信息化技术在乡村公共服务方面的应用已经涵盖农村普惠金融、医疗卫生、文化教育、特殊人群照护、社保与就业等方方面面。

4. 信息化技术赋能公共安全建设

随着信息化技术在乡村公共安全治理领域的应用，城乡治安防控一体化建设取得了显著成效。自"雪亮工程"和"平安乡村"建设以来，乡村重要街道、路口、生产基地等均安装了视频监控设备并实现联网，通过县、乡、村三级综合治理中心将前端监控设备和数据处理中心协同，将治安防范措施延伸到群众身边。强化了基层政府与公安机关的协作，乡村公共安全治理全方位发展。此外，乡村产业安全、生态安全和网络安全也在信息化技术的加持下，与乡村公共安防建设实现了一网协同、精细管理。

（二）案例一：中国联通——乡村治理一站式服务

1. 基本情况

为落实国家数字乡村建设战略布局，中国联通紧密围绕国家"十四五"要求的乡村振兴数字化五大场景要求，构建"中国联通数字乡村一站式服务体系"，主要业务分为乡村治理（党建引领+网格化治理一张网+群众服务积分治理）、电商进农村（农产品电商公共服务平台）、（农）产业数字化（乡镇智脑+"三农"大数据一张图+农业物联网）三大板块，全方位提供数字乡村全套软件解决方案。

2. 典型做法

乡村治理一站式服务主要由综合治理一张网（网格化治理平台）、基层党建、群众积分治理3个方面，具体做法如下。

（1）综合治理一张网（网格化治理平台）

中国联通网格化治理平台架构如图5-2所示。

通过网格员对居家检查（入户走访，扫户所二维码实现对户所的检查走访信息上报）、问题上报、下沉统筹数据、案件立案、任务派发等全流程多维度统一管理，统计分析网格化协管治理数据。网格员可通过移动端信息采集设备，将通过人员入户走访、随手拍、问题上报等配置表单形式（文字、音视频、位置定位），上报到网格或网格员本地化数据采集上报。网格中心平台操作员跟进接收到的上报问题，通过查看照片或听取录音视频等方式了解案情，平台操作员审核案件是否完整，确定案件是否立案。然后依据案件信息，确定处置等级和处置部门，并根据要求规定，进行任务派遣。责任部门接到任务单后到现场进行处置，处置完毕，按要求将处置结果填写到反馈表单中。平台

第五章 宜居：乡村建设信息化

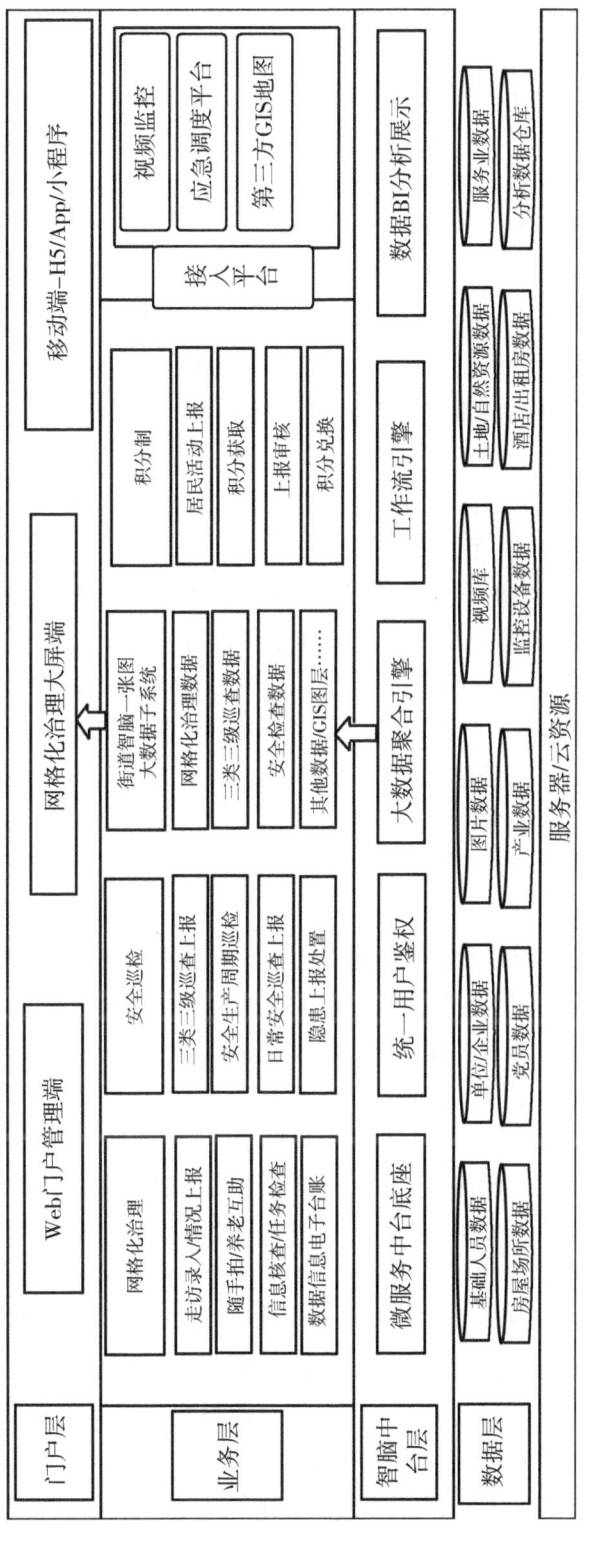

图5-2 中国联通网格化治理平台架构

操作员审核责任部门的处置结果,给网格员发送核查指令。网格员接到核查任务后,到现场实地拍照核查,确认案件处理结果是否满足处置要求,并将核查结果以表单形式反馈到网格中心。网格中心核对无误,确认结案。该平台移动端主要功能如下。

人员走访 协管网格内实有人口,对辖区内的常住人口、流动人口、出租房屋、重点人口等信息进行协助管理。掌控辖区内的人口构成,跟踪流动人口流入流出情况,定期对重点人口动态进行调查。

房屋登记 对网格内的所有房屋(包含自建房屋、自住房屋、出租房屋等)信息进行登记采集,包括地址、房主姓名、房主身份证号、房主联系电话、承租人姓名、承租人身份证号码、承租人户籍地址、出租时间、停租时间。

常住人员登记 对网格内的常住人口信息进行采集,包括姓名、性别、身份证号码、常住地址等。

流动人员登记 对网格内的流动人口进行登记,包括姓名、身份证号码、性别、联系方式、居住地址、户籍地址、流入缘由等。

重点人员走访 对网格内的重点人员进行走访,采集相关信息,包括姓名、身份证号码、重点人员类型、走访时间、走访地点、走访情况等。

养老互助 首先,提供老人数据表,系统导入到养老互助模块相关表单;其次,评估养老互助服务对象名单导入,在村民信息中增加标签,标注其是否为养老互助老人;然后,标记养老互助类型,包括巡视探访、帮办代办、助洁服务、助浴服务、养老服务政策宣传、安全检查、生活服务、心理慰藉、呼叫服务、助医服务、紧急救助11类;最后,根据类型关联内容提交走访服务记录,后台可以在养老互助模块查看走访情况。

(2)基层党建

基层党组织可以通过手机或后台发布党建活动,党员在手机端进行任务认领,完成后自动获得积分。并根据党员平时参加活动等渠道获得的积分对党员进行积分考核,按照贡献度进行排名(全区、街道、社区三个维度显示)。通过手机便可对党建活动进行发布、查看、统计、管理,也可以根据不同类型条件筛选所需的数据,大大提高了党建管理的效率。中国联通基层党建管理平台采用多层架构,该系统终端应用层以微信小程序、Web 应用为主,在手机移动端或 PC 端都可以访问应用。具体如图 5-3 所示。

同时,中国联通依托该系统推进全国党员干部现代远程教育系统优化升级,扩大网络党课在农村党员教育中的应用。丰富党建信息化综合平台功能,加快基层党组织"上云"。综合运用重点新闻网站、政务网站、"两微一端"等平台,积极稳妥、依法依规推动党务、村务、财务等信息网上公开,拓宽党群沟通渠道,畅通社情民意。以党建为引领,深化"街乡吹哨、部门(社区)报到",通过党建平台的党员社区吹哨子系统,利用随手拍、订单化服务(活动发布和认领、接单、下单、领取任务、评价)、自动化积分(扫码签到、积分排名、档案)、党建管理(活动发布、活动签到、排名)、系统管理(统计分析、权限及组织管理)等功能,将党建工作、全面治理机制下移到

第五章 宜居：乡村建设信息化

图 5-3　中国联通基层党建管理平台架构

基层单位，有效解决乡村基层治理问题。该平台的代表性功能如下。

社区报到　中国联通在职党员到社区报到平台包含 11 个业务模块，分别为小程序、实时统计、活动管理、志愿者管理、单位管理、社区管理、系统用户、统计报表、活动签到、排行榜、数据导出（图 5-4 和图 5-5）。

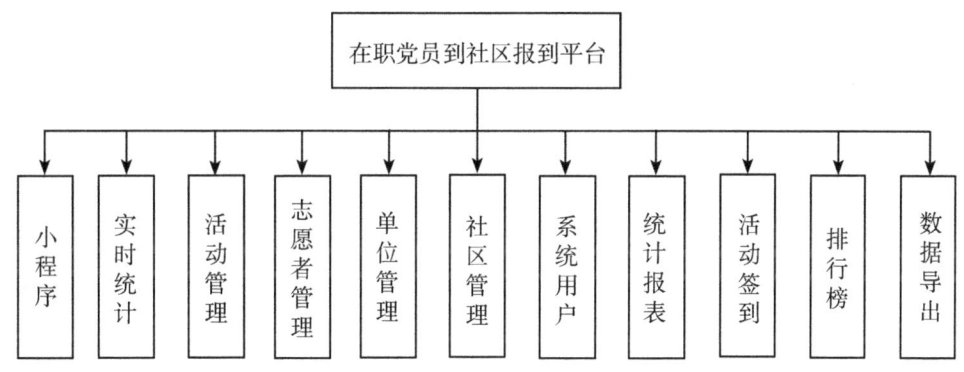

图 5-4　中国联通在职党员到社区报到平台构架之一

先锋排行榜　分为机关单位排行榜和党员中心户排行榜，其中机关单位排行榜具体单位明细由政府提供，可直接将明细中的单位按照规则排序；党员中心户排行榜，为村（社区）党员排名，根据积分数量进行排名。

群众点单　党员群众可以自行发布任务活动的申请，然后经过所在社区的管理员做审核，同意后发布到系统中。

我要报到　个人可以选择多个单位或者社区进行报到，报到后对应的社区或单位可查看人员的资料信息（包括手机号码等）；报到时除了选择服务社区外，还可选择服务意向，包括医疗服务类、扶贫济困类、环境卫生类、社区安全类、文明出行类、教育辅

171

图 5-5　中国联通在职党员到社区报到平台构架之二

导类、党建宣传类、法律咨询类、其他。

活动打卡签到　活动开始后，报名人到达任务位置地点，进入任务进行定位签到（定位签到位置需在任务地点 100 米范围内），然后由社区管理员在活动结束后进行审核确认，参加活动的党员们还可对参加的活动进行点赞。

精彩回顾　用户可以查询社区往期活动历史和完成情况。

活动确认　活动发起人可以针对自己发布的活动上传活动照片。

（3）群众积分治理

现代基层社会治理中，人民群众的广泛参与既是重要特征，也是关键所在。应设法调动广大群众的积极性、主动性、创造性，推动建设人人有责、人人尽责、人人享有的社会治理共同体，为此，创新推出"积分制"治理模式，成功破解了这道难题，让基层治理展现"鲜活"底色、拥有澎湃动力。该模式涵盖社区党建、社区管理、积分量化、工作治理、日常工作、卫生防疫、垃圾分类等（图 5-6）。系统分为两个部分，即积分管理系统和积分商城系统。积分管理主要通过积分激励居民解决镇、村两级的私搭乱建整治、房前屋后卫生、垃圾分类等疑难问题，让村民自觉提高环境卫生意识，改善人居环境。积分商城则由镇政府通过政策吸引商家入驻，通过一系列的积分兑换模式，使居民获得积分后，可到店铺用积分兑换商品，更大程度地调动了村民的积极性。

3. 可推广的价值

第一，网格化架构适应我国大部分乡村现状，具有可推广性。基层综合治理平台是

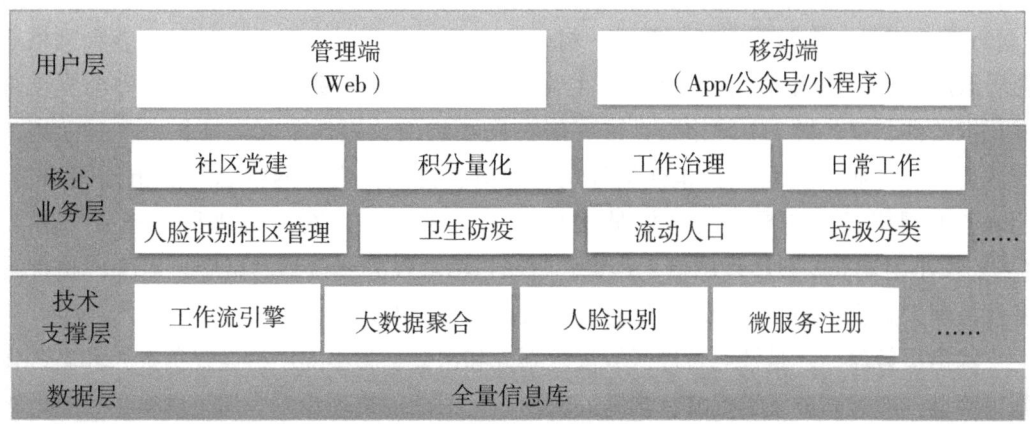

图 5-6 中国联通群众积分治理平台架构

以网格化架构为基础,全面整合综合治理、应急、安检、医疗卫生、组织部、民政等多个职能部门的各类社会治理资源,构建以信息汇聚中心、事件流转中心、指挥调度中心为核心的社会治理信息平台。

第二,利用数字效能提高村民参与积极性。通过平台对接、数据录入、信息采集等方式,建立村内(镇内)所有人/地/物/事/组织全量信息库,用于村镇内基层工作治理,包括日常工作组织安排、卫生防疫、流动人口、垃圾分类等工作,最终通过积分量化方式落实奖惩,实现引导和管理村民。

(三)案例二:中国联通——海南省乐东黎族自治县数字乡村试点村建设

1. 基本情况

中国联通根据乐东数字乡村的组织架构及平台的用户特点,设计打造乐东数字乡村试点村。乐东数字乡村试点村建设主要以乡村治理体系和治理能力现代化为主攻方向,针对村级组织工作中存在的突出问题、农民群众关心关注的重点难点问题,完善全农民参与乡村治理机制和基层党组织领导的法治、自治、德治相结合的乡村治理体系,建立健全基层党组织领导的线上线下相融合乡村智慧治理体系,为全面推进乡村振兴和自由贸易港建设做好基础保障。

2. 典型做法

(1)网格化管理

依托县委政法委综合治理网格化管理体系,优化网格化管理治理体系,建设县级部门领导、乡镇领导、村(居)委会成员、乡村振兴工作队员、村(居)民小组组长、党员、村民代表和网格志愿者组成网格工作队伍,明确各级网格长、辅导员、网格员责任分工。

网格化治理信息化建设主要以村(居)民小组辖区为单元网格,将全县域划分为县、镇、村三级若干乡村治理网格。由市县项目主管部门领导、乡镇领导、村（居）委会成员、乡村振兴工作队员、村（居）民小组组长、党员、村民代表和网格志愿者组成网格工作队伍，由市县项目主管部门领导、乡镇领导、村（居）委会党支部书记担任县、镇、村三级网格长，村（居）民小组组长担任单元网格长，乡村振兴工作队员、村（居）委会成员担任辅导员，党员、村民代表和网格志愿者担任网格员，明确各级网格长、辅导员、网格员责任分工，规范精简网格管理服务事项。在村（居）民小组建立乡村治理网格工作点，将乡村治理任务覆盖到网格中，以小网格促进乡村治理大融合。网格化管理的信息化建设内容主要有以下方面。

网格员管理 一是针对管理区域进行划分和组织，为不同网格设置负责人和基础设施等信息，通过划分管理范畴，辅助完成网格化治理的第一步——划小网格。二是针对设置好的网格管理员进行总体管理，通过该模块，可以进行网格管理员的信息录入和查询，对每个网格管理员进行权限设置和工作安排，并跟踪和评估其工作成果。三是对当前网格管理员所需完成的任务进行总体管理，列示当前需要网格管理员处理的任务清单，以及任务相关的各种信息和操作选项。通过该功能，管理人员可以详细了解任务的内容、参与人员、进度、附件等信息，任务详情功能通常包括任务名称、地点、描述、优先级、任务发布时间、任务结束时间、任务状态等基本信息。

日常管理功能 一是进行走访录入，通过该模块能进行走访录入，选择走访类型，选择入户成员；能够填报提交日常走访内容，以便留底。二是进行事件上报，主要基于网格员在管理过程中，对发生的具体事件进行拍照记录上报，记录乡村中的问题和情况。三是进行任务下发，县—镇—村的网格管理员能根据自己的管辖区域及管辖人员，对村民反馈的诉求进行处理及分派。四是建立任务台账，对县—镇—村各级任务进行总体梳理，形成标准化任务台账，方便各级单位进行任务总览、任务下达，直接找到长期未执行任务锁定具体责任人。五是进行数据统计，对整体网格治理情况进行数据总览，能够精确地看到各级网格员响应情况、任务触达情况、地方治理情况。

（2）精细化治理

充分运用互联网、大数据等现代信息技术，统筹推进乡村智慧治理基础设施、系统平台和应用终端建设，开发乡村智慧治理。乡村智慧治理平台主要包括以下内容。

乡村法治 一是矛盾纠纷来源精细化管理。当前社会矛盾纠纷发生范围广、调解难度大，需要结合职责明确、管理精细、信息共享、渠道畅通、服务有效的"网格化管理"体系进行管理。二是矛盾纠纷调解团队管理。在矛盾纠纷"网格化管理"的基础上，须根据网格内的产业特点和群众对法律服务的多样化需求，合理组建每个网格的服务团队，充分发挥团队人员的优势和作用，优先配备管理服务人员，明确团队人员工作职责并深入开展服务团队联系服务群众工作，实现网格内矛盾纠纷的零诉讼。三是矛盾纠纷调解全流程管控。平台针对矛盾纠纷受理难、调解难的问题，全面整合调委会、综合治理、公安、信访、民政等多个行政部门的各类管理服务资源，对网格内的所有矛盾纠纷从受理、交办、调处、结案等环节做了闭环处理，确保了矛盾纠纷处理的高效性。四是"6+N"联合调解。对于网格内调解难度较大的矛盾纠纷，有时候需要相关委办局工作人员（即调解专家）介入，对于调解专家以及专职调解员要做到统一管控，保证了调解资源的一致性以及调解任务的时效性。五是智慧广播。广播喇叭可以通过手机App一键喊话、文字转语音、定时任务等方式为村民提供广播服务，涵盖日常广播、公共应急指挥、政策法规宣传、农业气象播报、农业知识普及、农村文化教育、农村娱乐生活等应用场景。

乡村自治 一是村务管理。主要包括通讯录管理、政务公开、印章管理。公开展示村委会组织处理本村涉及国家、集体和村民群众利益事务的相关情况，让群众参与管理实施监督。二是乡村台账。对村民人口花名册信息进行统一管理，其中包含姓名、性别、是否脱贫户、职务、身份证、联系电话、与户主关系、所在组等，支持信息导入、信息导出、一键删除、查看等。三是乡村一张图。通过科技感效果大屏展示乡村建设情况，主要包含乡村纵览、产业兴旺、生态宜居、乡风文明、治理有效、生活服务多个模块，有助于村委会进行决策，有利于推进乡村智慧治理建设，实现乡村智慧治理的可视化、智能化。四是便民服务。将各类民生服务项目纳入系统平台建设，便捷服务农户。五是综合治理。包含民事直说、随手拍管理，民事直说融入了在线"说、议、办、督、评"五大环节。六是乡村特色展示。可以展示乡村特色农产品、招聘信息等。七是积分治理。包含积分管理、积分上报、时间银行积分规则。对村民的总积分、月度积分、季度积分、年度积分进行排名管理；村民可进行积分开户、存支、查看、销户。八是清单治理。包括清单目录维护管理、清单流程的定制、清单流程相对应的表单管理、清单流程过程监管清单评价、清单考核。

乡村德治 一是智慧党建。智慧党建突破传统以资讯为主导的模式，使用互联网+"学习""党务""交流互动""支部管理"和"考核评价"等内容进行整合，实现组织管理、党员管理、党建管理、学习教育、信息展示等功能的一体化、平台化，全面提升党建管理水平，并通过数据分析手段及时跟踪和了解基层党建工作情况，随时可以采用可视化手段直观展现党组织分布、党员分布、流动党员分布等，从而为党建管理和组织决策提供切实有效的数据依据，不断提升党建管理效率和科学化水平。二是清廉村居。围绕"清廉班子""清晰村务""清淳民风""清朗文化"等重点内容，在各镇打造"一村一品一特色"的"清廉村居"样板，推动基层党组织战斗堡垒更加坚强有力，权力运行制约监督机制更加有效，群众身边腐败和作风问题明显下降，崇廉尚廉文化更加浓厚，党风政风持续好转、村风民风持续上扬，实现党群干群关系更加融洽，群众获得感、幸福感、安全感显著提升，让全县各村居都能学有榜样、追有方向、干有标杆。同时对乡镇试点村居"两委"干部、驻村组长和乡村振兴工作队集中开展党支部建设、"三资"管理、"三务"公开等专题业务培训，进一步统一思想、提高认识。充分利用广播、微信群、宣传栏、乡村智慧治理平台等形式,宣传深化创建试点工作的总体要求、主要任务、实施步骤和工作要求,充分调动试点村居干部和群众参与试点创建工作的积极性,为"清廉村居"建设的顺利推进营造良好舆论氛围。

(3) 积分管理

共建积分制度 组织村党组织采取民主程序,广泛征求村民意见制定积分和评价办法,将自治、德治、法治、智治等乡村治理各项任务细化为积分事项,对农民行为进行评价形成积分,根据积分排名给予相应的精神鼓励、物质奖励或行为约束。积分和评价办法经公示以及村民会议或村民代表会议审议通过后实施。"一核两委一会"成员、党员、村民代表组成积分制管理小组,明确积分流程,建立农户积分台账和积分存折,以村民申报或专人采集信息方式,线上线下相结合,经评估公示后,将村民履行情况登记为积分,每月公开积分台账。

共治村庄事务 把错综复杂的村级事务标准化、具象化,让乡村治理工作可量化、有抓手,将"任务命令"转为"激励引导",将"村里事"变成"家里事",充分调动村干部、党员和农民群众参与乡村治理的积极性。将村民自治、公共管理、公共服务、公共基础设施管护、村庄规划、村规民约、争创荣誉、"七个倡导"(男女平等、勤劳致富、文明饮酒、远离私彩、厉行节俭、孝老爱幼、卫生整洁)等各项要求的鼓励事项纳入积分项,将禁止事项作为减分项,用小积分解决发展过程中问题,引导带动广大农民群众积极主动投入乡村发展、乡村建设和乡村治理。

共享积分成果 开展积分应用,设立积分奖品专柜或积分超市,支持农民根据积分兑换奖品或者享受特定优待。结合"红黑榜"制度,把"倡导性建议"转变为"激励性、约束性措施"。结合积分台账公开,每月组织一次全村积分奖品兑换,积分可积累至全年兑换,让广大农民从积分制中得到实实在在的实惠,提升农民的幸福感、获得感和荣誉感。

(4) 标准化场所建设

视频监控 随着经济社会的发展,人、财、物流动更加频繁,给社会治安管理带来极大压力,特别是"两抢两盗"案件比较突出,影响了群众的安全感。智慧乡村监控系统将建设成一套以打击、预防违法犯罪为目的,在治安复杂场所、重点单位、主要街道和社区、宗教场所、娱乐场所、案件多发地段、重要路口、车站等地点设立视频监控点,通过头端设备接入云智眼对多地监控视频汇聚管理,实现海量监控视频集中监控、快速检索、分权分级管理。通过远程监管,直观地了解和掌握监控区域的治安动态。同时,云智眼提供人流统计、人员入侵、口罩合规等AI分析增值服务,支持用户对重点监控点位配置AI智能分析服务,异常情况可收到告警通知,有效实现事前预警、事中可控、事后可查,有效提高社会治安管理水平。

移动办公 提供了高效、安全、便捷的虚拟化桌面服务,村干部可以通过各种不同类型的设备(如终端、笔记本、手机及平板等)随时随地接入办公,适用于经常进村走访调研的场景，随时随地进行乡村信息的填报，同时，对数据保留存储的权限进行管理，避免数据被非法拷贝。

数据驾驶 建立数据中心，通过数据中心大屏等形式，监控数字乡村运营平台的运行数据，及时处理异常情况。出现异常状况和突发事件时，可以及时报警，提醒管理人员及时处理需求，为管理者提供基础数据、数据分析及辅助决策。

3. 可推广的价值

一是坚持"党建引领、依法依规、问题导向、因地制宜"的原则，有序推进积分制推广的运用，完善智慧乡村治理设施配套，探索形成可复制、可推广、可持续的经验做法和机制模式，起到试点示范引领作用。

二是创新积分制、智慧乡村治理模式，梳理事项条目、分类设立积分清单，成立积分管理小组，编制运行流程，规范监督评价，建立可视化、智能化的乡村智慧治理体系，建立民主自治、权责明晰、运行规范、公开透明、简便高效、监督有力的运行机制，提高乡村治理效能，构建共建共治共享、便民便事便治的乡村善治智治新格局。

参考文献

陈国勇，2022. 未来社区创建的衢州实践［J］. 浙江国土资源（2）：37-39.

丁波，2022. 数字赋能还是数字负担：数字乡村治理的实践逻辑及治理反思［J］. 电子政务（8）：32-40.

工业和信息化部，2021. 工业和信息化部关于印发《"十四五"信息通信行业发展规划》的通知［EB/OL］.(2018-09-26)［2021-11-01］. https：//www.gov.cn/zhengce/zhengceku/2021-11/16/content_5651262. htm.

顾仲阳，2024. 为乡村全面振兴插上"数字翅膀"［N］. 人民日报，2024-05-31（018）.

侯丽新，李士军，邓蕾蕾，等，2019. 农业信息化创新型人才培养模式的研究与实践［J］. 教育现代化，6（24）：23-25，32.

胡燕萍，2022. 乡村振兴战略背景下乡村文化及其建设路径研究［D］. 成都：成都中医药大学.

胡扬名，2013. 农村信息化建设问题研究［D］. 长沙：湖南农业大学.

黄娟，2023. 新时代乡村治理数字化的现实困境与实践路径——以江西省赣州市F乡为例［J］. 村委主任（10）：37-39.

江盈盈，叶佳欣，孙文煜，2022. 数字化改革背景下乡村未来社区建设路径研究——以浙江省龙游县溪口乡村未来社区为例［J］. 农村经济与科技，33（3）：231-234.

蒋浩永，王春，王静，等，2023. 基于实景三维地理环境的数字乡村建设探析

［J］．现代农业科技（9）：210-212，220．

焦瑢，2019．开启"智慧党建"实践新路径［J］．新长征（党建版）（7）：28-29．

李婉玉，杨舒媛，马蕊，等，2024．她力量的回归：返乡直播创业女性的在地嵌入和身份协商［J］．中华女子学院学报，36（3）：95-102．

李砚忠，李全伟，2024．协同理论视阈下乡村治理数字化的四维分析［J］．河北农业大学学报（社会科学版），26（2）：70-83．

林杰，2023．未来社区高品质建筑绿色健康设计实践［J］．建设科技（13）：56-60．

刘彤，2023．多措并举推进数字乡村建设取得新突破［N］．人民邮电，2023-03-13（003）．

刘艳，闫国栋，逯家辉，等，2017．面向经济社会发展需求的实践育人模式改革［J］．实验室研究与探索，36（2）：189-191．

柳慧，2019．打造智慧党建云平台　助力新时代企业发展［J］．智库时代（27）：37，39．

罗可怡，张云，李晴晴，2022．短视频在农村电商中的应用策略研究——以庆元香菇产业为例［J］．财富时代（3）：114-116．

农业农村部办公厅，2018．农业农村部办公厅关于印发《乡村振兴科技支撑行动实施方案》的通知［EB/OL］．（2018-09-30）［2021-08-02］．http：//www.moa.gov.cn/gk/ghjh_1/201809/t20180930_6159733.htm．

农业农村部信息中心，中国国际电子商务中心，2024．2021全国县域数字农业农村电子商务发展报告［EB/OL］．（2021-09-09）［2024-08-19］．https：//www.gov.cn/xinwen/2021-09/11/5636759/files/55ff71aa99934732ad1e285adc65ec42.pdf．

欧阳爽，2022．未来社区邻里场景建设与邻里关系的影响研究［D］．金华：浙江师范大学．

庞亮，张慧，覃海珊，2023．"新基建"赋能乡村振兴的耦合机理和路径探索——以广西为例［J］．商业经济研究（5）：113-117．

芮国强，胡雯，2023．从"数字嵌入"到"数字包容"：乡村治理数字化转型的进路反思［J］．南昌大学学报（人文社会科学版），54（5）：93-103，132．

桑国胜，李共龙，2014．狠抓村级财务公开　力促村民民主监督［J］．中国农业会计（8）：36-38．

孙朝云，邢春燕，苏冬梅，等，2022．乡村振兴背景下乡村信息化建设策略研究［J］．农业与技术，42（3）：141-144．

索柏民，曲家奇，2024．以人才振兴促进乡村振兴的理论分析与路径探索［J］．沈阳师范大学学报（社会科学版），48（2）：58-64．

田建立，2023. "六个着力"为河南周口数字乡村赋能［J］. 中国农村科技（8）：63-66.

王林宇，朱炳元，2023. 数字乡村治理现状及未来展望——一个文献综述［J］. 贵州社会主义学院学报（3）：70-76.

王雯，2021. 加快推进数字乡村发展机制创新［J］. 中国党政干部论坛（6）：86-88.

吴丽燕，2023. 村落共同体视阈下浙江龙游"美丽乡村"政策传播机理研究［D］. 兰州：兰州大学.

吴韬，2021. 数字化变革赋能云南数字乡村建设发展［J］. 创造，29（9）：41-49.

新华社，2021. 中共中央　国务院关于全面推进乡村振兴加快农业农村现代化的意见［J］. 中华人民共和国国务院公报（7）：14-21.

邢之涛，王慧，2022. 新型职业农民研究可视化分析——基于CNKI（2006—2020年）数据［J］. 青岛农业大学学报（社会科学版），34（4）：30-39.

张超君，2021. 基于智慧园林思考的数字化景观设计研究［D］. 昆明：昆明理工大学.

张宏斌，2023. 数字乡村发展势头良好　金融服务场景将更为丰富［N］. 金融时报，2023-03-09（012）.

张军，2020. 以5G技术为支撑推动2.0版农业现代化建设［J］. 东岳论丛，41（5）：63-69，191-192.

张晓颖，2022. 环境规制对创新和生产力的影响研究［D］. 大连：东北财经大学.

张学东，高贤强，王彦群，等，2022. 产教融合背景下农业信息化硕士人才培养模式探析［J］. 科技视界（32）：136-138.

郑新钰，2021. 浙江省衢州市：未来乡村描绘"共富"新图景［N］. 中国城市报，2021-09-20（010）.

中共中央，国务院，2018. 中共中央　国务院印发《乡村振兴战略规划（2018—2022年）》［EB/OL］.（2018-09-26）［2021-08-02］. https：//www.gov.cn/zhengce/2018-09/26/content_5325534.htm.

中共中央，国务院，2021. 中共中央　国务院关于全面推进乡村振兴加快农业农村现代化的意见［EB/OL］.（2021-01-04）［2021-08-02］. https：//www.gov.cn/gongbao/content/2021/content_5591401.htm.

周远洋，2024. 数字经济对农民收入的影响研究［J］. 山西农经（3）：20-23.

宗成峰，潘琼阁，2023. 智慧党建引领多元主体　整体提升乡村治理效能——中国农业大学博士生导师宗成峰教授访谈［J］. 社会科学家（6）：3-6，161.

第六章 宜发展:国土空间治理现代化

第一节 国土空间治理的内涵

一、现代化治理的意义

1. 治理体系和治理能力现代化

在国家现代化治理体系中,国土空间治理是其中重要组成,进一步提升国土空间现代化治理水平,是新时代赋予国土空间规划改革与发展的重要使命,体系的构建须以中国式现代化为引领,将区域发展置于现代化国家的大局中。一方面要科学配置各类空间资源,通过政策法规和标准体系,强化战略引领和刚性管控作用;另一方面要转变空间治理范式,将分散的治理转变为综合性治理,将分板块割裂的治理转变为系统集成性治理,促进国土空间治理的整体效能和治理水平提升,可以为实现国家治理体系和治理能力现代化,提供国土空间方面的坚强保障。

2. 生产方式和生活方式现代化

国土空间是高质量发展要求下承载发展与保护、管控与建设的空间载体,坚持以人民为中心,科学有序统筹谋划生态、农业、城镇空间,实现高质量生产发展、高质量生活和建设美好家园的有机统一,统筹好粮食、水资源、生态等关键,探索适应新发展理念和新质生产力发展需要的国土空间治理模式,塑造创新为发展动力,协调为内在特点,绿色为普遍形态,开放为实施路径,共享为发展目标,将城乡空间建设成为以人民为中心的美好家园。

3. 治理方式和治理手段现代化

新技术的快速发展促进了新的生产力发展、激发了新的产业质态,也催生了新的智慧型社会治理。以数字技术为代表的新一轮科技变革亟待与国土空间及自然资源领域业务深度融合,推动自然资源领域演化并发展出新质生产力。现代化国土空间治理,更加注重国土空间的精细化和精准化治理,借助信息技术有效促进空间治理手段转型升级,高效精准掌握国土资源动态变化,为国土空间资源数字化治理注入了新动能,为实施全域全要素全周期用途管制和山水林田湖草沙一体化保护修复提供新的条件保障，促进高水平保护、高效率利用、高质量发展。

二、国土空间的内涵与外延

（一）中国式现代化与国土空间体系

党的二十大对中国式现代化的五个鲜明特征作出了科学概括，深刻揭示了中国式现代化的科学内涵，这五个鲜明特征与现代化的国土空间体系紧密关联，对国土空间体系的科学构建提出了时代性的新要求。

"人口规模巨大的现代化"要求统筹生产、生活、生态协调发展，实现人口与环境资源的相互协调与合理配置，促进区域间发挥比较优势；"共同富裕的现代化"要求统筹兼顾综合价值体现、经济增长与社会公平，要通过区域经济优化布局，解决区域间和城乡间发展不均衡的问题，促进欠发达地区的民生改善；"物质文明和精神文明相协调的现代化"要求协调文化与经济社会的关系，尤其是曾经被弱化的农耕文化、生态文化；"人与自然和谐共生的现代化"要求更加注重环境生态，促进全面绿色转型，挖掘生态服务功能，体现生态资源和生态产品价值；"走和平发展道路的现代化"要求构建更加开放的新发展格局，尤其是促进城乡间、跨区域间的资源要素双向流动。

对于面向中国式现代化的国土空间体系的科学内涵，张晋晋等将其归纳为"一个目标格局、两种能力支撑和两个体系保障"，彼此之间互为补充。要全面形成主体功能约束有效、国土开发协调有序的空间发展格局，增强经济发展优势区的综合承载能力、特殊功能区的综合保障能力，为加强国土空间的规划体系和治理体系提供保障，为中国式现代化发展和高质量发展提供国土空间保障。

（二）国土空间与国土空间治理

国土空间，一般广义的定义为在国家主权管辖下，由自然资源禀赋、地理环境条件以及人类社会经济活动、产业发展等各相关核心要素，经过高度耦合进而形成的具有一定结构和特点功能属性的开放系统，是自然环境与人类社会经济活动高度耦合的复杂开放系统，也是多种国土相关核心要素相互作用下形成的动态与静态融合复杂系统。空间要素和人类活动相互作用从而形成空间关系，国土空间功能的本质是"人地"关系，表现为特定地域范围内人与土地资源、生态环境、社会经济活动等要素互动耦合的复杂整体。

国土空间治理，是多元化利益主体参与制定的一定国土空间范围内的发展战略和实施路径，通过优化配置国土空间相关核心资源要素，促进国土空间结构和格局优化，进而实现国土空间功能提升和综合价值体现。空间治理是以空间资源分配为核心，统筹协调多元利益群体的诉求，实现国土空间的有效、公平和可持续利用，进而实现促进各地区间相对均衡发展的过程。朱从谋等在梳理国土空间的"要素—结构—功能—价值"

逻辑关系基础上，提出了国土空间治理包括要素整合、结构优化、功能提升和价值实现4个维度，以及由治理主体、治理理念、治理体制、治理方式和治理手段构成的5类治理形式，形成一个完整而复杂的相互影响、相互关联的体系，各个维度之间相互关联、层层深入。国土空间治理的本质是对空间关系的重建与重构，既包括"人地"关系，也包括"人人"关系和"地地"关系，也就是要协调处理多元利益群体之间的利益关系以及国土空间要素和结构的统筹治理。

（三）国土空间规划体系和治理体系

面向中国式现代化的国土空间体系，既需要形成与之匹配的国土空间规划体系，同时也需要与之配套的国土空间治理体系提供坚实的基础保障。面对现代化的发展趋势和新要求，国土空间规划体系和国土空间治理体系相互关联、相互作用，国土空间规划体系是国土空间治理的指导性和约束性文件，在规划过程中需要对国土资源、环境条件、经济发展等方面进行科学评估，有效调控土地利用，提高资源开发利用水平，为国土空间的合理开发和保护提供科学依据和发展指引，实现国土空间资源合理配置和优化利用。国土空间治理体系则更加注重实施规划的具体措施，是实施国土空间规划的具体行动和管理方式，以提高国土空间管理的科学性、规划内容的贯彻延续性和措施落地实施的可行性，保障国土资源的可持续利用和生态环境的持续改善。

新形势下，为了应对国土空间面临的挑战，规划体系和治理体系需要密切配合，通过合理规划和有效治理国土空间，在不同区域对国土空间因地制宜地实施差异化开发和保护，有利于提升国土资源配置精准性和利用效率，实现国土资源的合理配置、区域的协调发展和环境的可持续发展，以支撑更高质量、更加公平、更可持续、更为安全的发展态势，为贯彻新发展理念、构建新发展格局，提供多层次、全方位的国土空间基础，为实现中国式现代化提供更加高效与有力的国土空间支撑。

（四）国土空间治理与城乡融合发展

以人为核心的城镇化理念已成为城乡融合发展的应有之义，2024年7月，国务院印发《深入实施以人为本的新型城镇化战略五年行动计划》，提出了4项重大行动、19项重点任务及有关政策措施，特别部署了培育特色优势产业集群、促进产业园区提级扩能、强化产业发展人才支撑、增强城镇综合承载能力等工作。在新型城镇化战略的实施进程中，县域是城乡发展进程中的重要层级，积极有序推进"多规合一"实用性村庄规划编制，是全面推进乡村振兴与城乡融合发展的重要衔接环节。

在国土空间治理背景下，推进城乡融合发展应注意以下几个切入点：一是优化城乡空间布局，既要注重统筹城乡基础设施、公共服务、城镇开发、村落分布等空间布局，也要注重乡村的产业发展、基本农田、生态保护等方面的布局，形成高质量发展的动力系统。二是强化资源统筹配置，打通城乡要素平等交换、双向流动的通道，促进城乡统筹的人居环境设施、乡村产业要素的流通与互动。三是引导特色化发展，要求各地立足资源禀赋和发展需要，积极培育县域特色产业，推动一二三产业融合发展，尤其是乡村地区推动现代农业与文化、旅游业深度融合，培育新支柱产业和新业态。四是创新保障产业发展用地，尤其是在乡镇和村庄规划中允许"留白"，优先安排市县产业融合新增建设用地计划，围绕乡村休闲观光等产业分散布局，探索灵活多样的供地新方式。五是开展乡村全域土地综合整治试点。综合整治是以乡镇为基本实施单元，通过全域资源要素的整体科学规划，促进优化空间格局，尤其是系统谋划整体推进农用地、建设用地和乡村的生态保护与修复，实现耕地保护和土地集约节约利用，改善农村人居环境，助推乡村全面振兴。

（五）乡村空间治理与乡村振兴

乡村空间是国土空间不可分割的一部分，乡村空间治理自然也是国土空间治理体系中的重要组成和关键环节，尤其是在全面推进乡村振兴战略的背景和要求下，对乡村空间治理提出更高的发展要求。乡村空间具有结构不连续、功能多样、价值复合、关系复杂等特征，存在乡村涵盖范围广、涉及乡村利益主体人群多、乡村空间管控难度大以及人地关系紧张等现实问题。乡村空间治理就是摆脱要素配置困境、实现乡村转型发展的重要抓手，以乡村空间为治理对象，通过理顺乡村的物质空间及空间关系，构建城乡要素双向流动的通道，重构乡村价值体系、价值分配体系和价值实现体系，优化具有特色的乡村空间结构，促进乡村高质量转型发展。

乡村地理空间载体的一致性决定了乡村空间治理与乡村振兴的目标和导向是一致的，以"五大振兴"（产业振兴、人才振兴、文化振兴、生态振兴、组织振兴）为核心的乡村振兴体系为乡村空间治理指明了方向，乡村振兴因地制宜的差异性与乡村空间治理的多元性是二者逻辑衔接的基石，进入新发展阶段，推进城乡空间开发价值的重新塑造，有利于重构城乡关系，服务乡村振兴。戈大专等提出了乡村空间治理与乡村振兴衔接关系，认为要通过物质空间治理进一步促进乡村空间地域结构与功能的有机协调，要通过空间权属治理来体现和实现乡村空间的价值，要通过空间组织治理来凝聚乡村发展活力，重新塑造适应新时代发展要求的乡村空间发展基础。

产业振兴与乡村空间发展 产业发展空间用地审批难是突出的难点，造成产业发展空间受限、产业用地供给紧张。产业振兴是乡村振兴的前提，在乡村空间治理中，服务乡村产业振兴是其核心治理目标，需要进一步完善构建现代化产业体系。

人才振兴与乡村空间发展 村庄的"空心化"与"人地分离"是乡村空间治理弱化的明显表现，人才振兴是实施乡村振兴的保障，脱离了人的乡村是难以实现可持续发展的，合理优化乡村的人地关系，充分体现乡村的价值，才能吸引和留住乡村人才。

文化振兴与乡村空间发展 乡村公共空间和传统村落是传统乡村文化的重要物质载体和人们乡土情怀的重要寄托，乡村文化价值在城镇化快速发展的时期难以得到有效体现。文化振兴是乡村振兴的灵魂和内涵，是防止乡村空间被削弱的重要前提，乡村空间治理充分体现乡村地域特色的差异化治理策略，也为乡村公共文化传承和进一步创作提供了平台。

生态振兴与乡村空间发展 传统的乡村空间生态价值普遍被低估，生态振兴是乡村振兴的基础支撑，乡村空间功能多样性和复合性决定了其与乡村空间的生态价值化和产品化紧密相关，保护乡村自然生态资源，推动农业生产方式向生态化、绿色化转变是空间治理的重要导向，将为乡村振兴注入绿色活力。

组织振兴与乡村空间发展 乡村组织空心化、零散化、族群化既是乡村的特点，同时也造成了基层治理的难题，组织振兴是乡村振兴的保障，也是实现乡村治理现代化的途径，在以数字化为导向的乡村治理趋势下，强化组织振兴可以有效提升乡村治理效能并促进乡村社会秩序和谐稳定。

三、数字乡村空间的方向与要点

乡村具有空间资源、生产要素和经济社会等内涵属性，是城乡区域协调发展、资源要素优化配置和满足人民美好生活需要的关键抓手。乡村空间是资源环境协调、城乡生产要素双向流动和社会经济活动的载体，空间格局的科学性、资源效率的充分性、驱动机制的可持续性已成为衡量一个地区乡村空间规划、建设与发展水平的重要标志之一。

数字乡村是乡村振兴的战略方向，也是以信息化驱动中国式现代化的具体行动。由于热带资源禀赋和独特的热带乡村聚集形态，热区乡村呈现出城乡分布格局不够合理、空间资源利用不充分、数字化空间治理手段不足等短板与瓶颈。现代化国土空间治理是乡村建设与发展的落地基石，国土空间治理现代化能为数字乡村的落地提供了重要的条件支撑和技术支持。因此，需要加快国土空间智慧规划，深化推进全域土地综合整治，促进城乡与垦地协调发展，提升国土空间治理的数字化水平，从而提高乡村空间治理的效率和效果。在数字乡村战略背景下，乡村空间的发展需要注意以下3个方面。

一是加快推进国土空间智慧规划的应用进程。国土空间数字化治理是智慧国土建设的重要内容，也是空间治理能力现代化的重要标志。"向数图强"已得到各级政府的高度重视，加强数字基础设施建设，协同推进数字产业化和产业数字化，以实体经济数字化、智能化转型推动产业结构优化升级，促进实体经济和数字经济深度融合得到进一步强化。其中，国土空间的现代化治理，可以为推进和落实数字化理念起到重要的支撑作用。在乡村数字化发展的背景下，新质生产力作为在经济新常态背景下通过新一轮科技革命和产业变革而演进出的生产力质态，国土空间治理手段也有创新发展，借助数字技术来促进空间治理手段转型升级，通过构建与完善数字化平台，打通平台信息交互应用的堵点，实现对国土空间规划的全过程管理与监督，进而促进乡村空间数字化发展。

二是深化推进全域土地综合整治。全域土地综合整治是国土空间治理现代化体系中不可或缺的一环，是落实村庄用地布局规划的重要手段，也是塑造提升村庄景观风貌的重要手段。在村庄国土空间格局和村庄功能布局的引领下，以农用地整理、建设用地整理和生态修复为核心内容，通过盘活乡村土地资源、优化国土空间布局、改善农业生产条件、提升村庄人居环境和维护自然生态平衡引导村庄有序发展。一方面要加强农用地整理，农用地是进行农业生产的主要空间，通过实施农田基础设施建设、耕地提质改造等，提升农业生产效率，向着新质生产力方向提升。另一方面要加强建设用地整治，整理和有效盘活存量建设用地，优化村庄国土空间格局并改善村庄整体风貌，加强乡村生态保护与修复，提升乡村历史文化保护水平和内涵式发展水平，为宜居宜业和美乡村建设提供支撑。

三是促进城乡与垦地协调发展。当前，以人为本的新型城镇化战略加快部署，对乡村空间发展提出了时代性的新要求。热带地区是实施区域协调发展战略、优化区域开放布局的重要区域，以海南为例，2022年4月，习近平总书记在海南考察时强调，"要突出陆海统筹、山海联动、资源融通，推动城乡区域协调发展""要推进城乡及垦区一体化协调发展"。要积极破解区域协调发展的隔阂限制，建立健全国土空间要素自由流动的体制机制，促进垦地一体化融合发展中的空间规划、产业融入、公共基础设施建设和土地利用的"四个一体化"，促进垦地一体化的国土空间体系优化完善，为热区乡村空间体系建设提供海南以及海南农垦创新发展的思路。

第二节　国土空间治理的现状

一、模式演化历程

（一）国土空间治理模式演化

国土空间治理的模式演化历程，是伴随着人们在不同发展阶段的发展理念和治理重心而不断完善演变的。梳理国土空间治理的演变脉络和转型逻辑，对于指导下一步发展具有重要意义。一般将国土空间治理模式演化划分为以下4个阶段。

初期（中华人民共和国成立至1989年）　注重国土空间以要素管控为主。国土空间管理主要集中在建设用地和耕地要素，其重心在于保障地方开发建设的需要。

前期（1990—1999年）　注重国土空间要素管理的进一步完善，开始优化结构、强化功能、提升管理。国土空间以开发建设和耕地保护并重，国土空间结构和功能管理得到重视，国土空间管理模式转变为条线型"技术管理模式"。

中期（2000—2019年）　注重国土空间功能协调管理，国土空间生态价值管理受到关注。进入新发展阶段，国土空间治理的重心正逐渐从生产空间开发建设主导转向"三生"空间协调发展；治理手段从过去的"多规合一"到全域、全要素、全过程统一的国土空间规划，治理内容从以往的单一要素管理到关注结构优化和功能提升，再到重视功能协调和空间综合价值的实现，形成合力提升国土空间治理能力。

新发展阶段（2020年至今）　注重新质生产力赋能高质量发展，国土空间治理赋予了新时代的内涵和发展要求。面对新一轮信息技术和科技革命蓬勃发展，人与自然和谐共生的现代化加速推进，数字化治理得到进一步强化，以空间场景驱动数字化转型发展，以开放共享数字生态推动构建美丽中国的数字化国土空间治理体系。

（二）国土空间规划体系

国土空间规划是国家空间发展的指南，是践行可持续发展战略的蓝图，是配套和支撑实现各类建设和保护活动的基本依据。国土空间规划体系的改革与优化，紧密联系了新时代发展的主旋律，是推进生态文明建设的关键举措，是坚持以人民为中心、实现高质量发展和高品质生活的重要手段，是促进国家治理体系和治理能力现代化的必然要求。

2019年5月，《中共中央 国务院关于建立国土空间规划体系并监督实施的若干意见》明确了国土空间规划的框架体系，按照国家空间治理现代化的要求进行的系统性、整体性、重构性构建，标志着国土空间规划体系顶层设计基本形成。国土空间规划体系总体框架简单归纳为"五级三类四体系"，行政空间层级不一、各类规划功能定位与内容也各有侧重。"五级"对应我国的行政管理体系，分别是国家级、省级、市级、县级、乡镇级；"三类"是指规划的类型，分为总体规划、详细规划、相关的专项规划；"四个体系"即规划编制审批体系、实施监督体系、法规政策体系、技术标准体系（图6-1）。

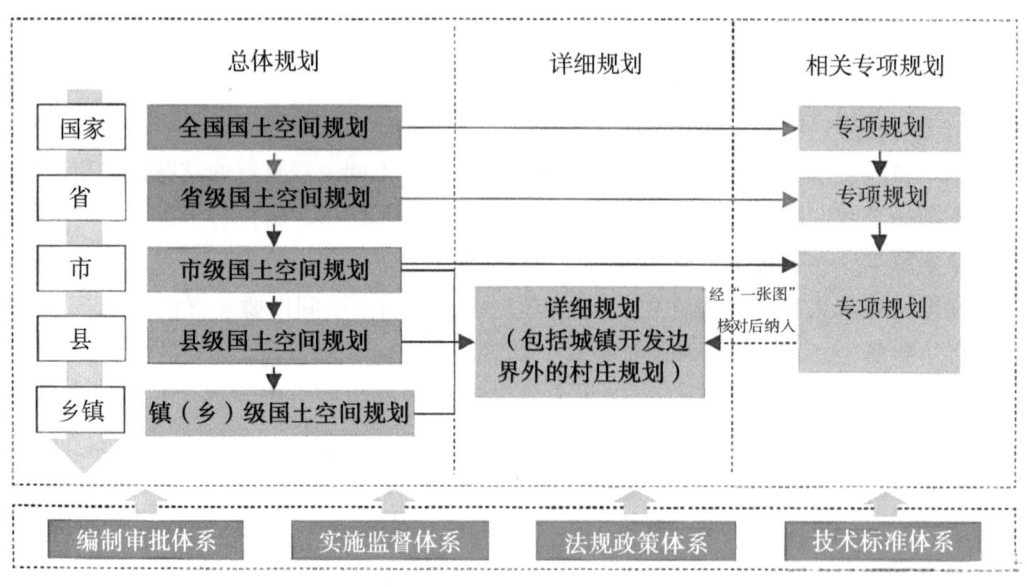

图6-1 "五级三类四体系"国土空间规划体系总体框架

（三）现代乡村规划体系关键时期

纵观乡村规划的发展历程，尤其是现代化乡村的发展，应该说21世纪的前20年是现代乡村规划体系的关键磨合期和成型期，一方面乡村振兴进入了一个新的阶段，从城乡统筹、城乡一体化，到新型城镇化和乡村振兴战略的提出；另一方面是全国各地对"多规合一"的理念探索、自发实践和国家试点的逐级推进。在两条主线的不断演进发展以及磨合改革的进程中，现代乡村规划体系逐渐成熟（图6-2）。

二、国土空间治理成效

20世纪50年代以来，德国、荷兰、日本等发达国家依据各区域板块环境资源承载力、社会经济发展实情等的差异性，以统筹发展与分工协作为发展原则，谋划多元主体功能分区，并实施具有针对性与差异化的发展战略与政策，形成了一系列成功的借鉴经验。

（一）国外经验

1. 德 国

德国是联邦制国家，在空间规划上，行政区划不是界定空间规划基础单元的划分标准，而是根据实地需求，一个辖区及其所辖的部分区域均可为空间规划基础单元，同时其政策落实也十分灵活。德国在推进空间规划中形成了以下经验。

规划层级系统化 德国从全盘统筹与依据专业规划、负责机构及公共利益要求的角度出发，制定与联邦、州、区域及地方相适应、联系紧密、职能区分清晰、具体有垂直连贯性的规划层级体系。

配套法规完备化 受宪法相关规定，德国城市规划又称"地方性规划"，主要法律依据为《建设法典》。此外，还存在一系列区域规划、州域规划及空间秩序规划用于引导国家、州和各区域层面空间发展，国家层面的有《联邦空间秩序规划法》，州级层面的有《州国土空间规划法》。

注重多层级沟通 德国允许利益相关方参与区域规划制定的各个阶段，且空间规划生效和实施的前提是各利益相关方均参与规划编制。因而德国重视联邦机构间、不同利益集团间的沟通，此外，还成立了联邦建设和空间规划办公室，发挥空间规划引领作用，完善空间规划体系。

遵循对流性原则 德国空间规划体系是由联邦、联邦州、地方社区3个层级互动构建起来的。联邦政府和地方政府分别在"跨地区规划"和"地方性规划"中发挥主导作用，联邦政府通过立法优先对整个空间规划的制度和体系进行调控。

2. 荷 兰

荷兰是君主立宪制的复合国，其国家行政体制分为"核心政府"、省政府（议会）和市政府（议会）三级。自1960年，荷兰开始编制全国空间政策（规划），是最早开展空间规划的国家之一。空间规划的主要工作由荷兰规划部（2010年以后的基础设施和环境部）来负责，在推进空间规划中形成了以下经验。

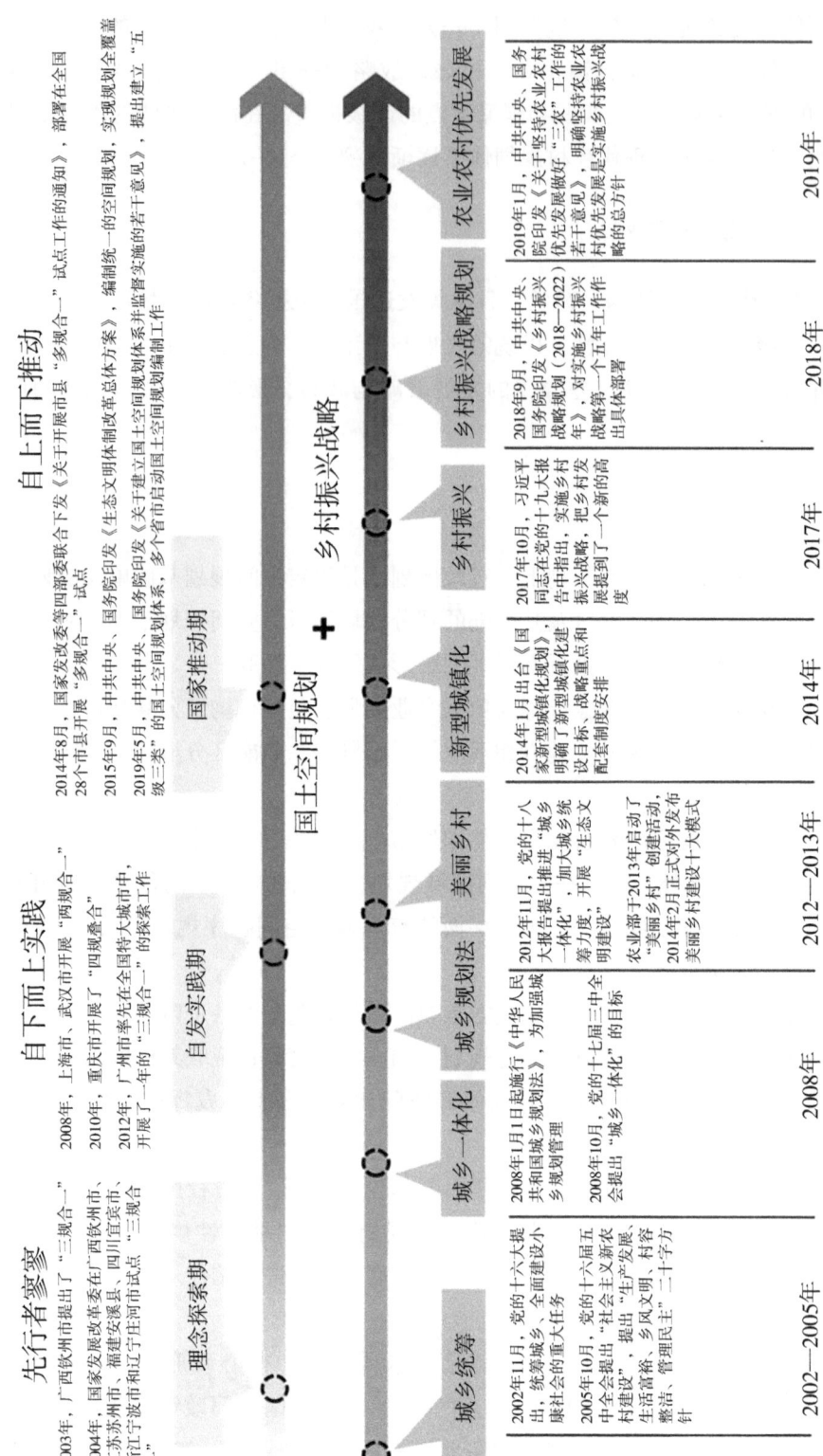

图6-2 现代乡村规划体系关键时期演进

分层级推进 荷兰空间规划分为国家、省、市三级,每一级都有权利(义务)编制"建设愿景"。国家与省政府的空间政策主要由一个或多个建设愿景决定。国家建设愿景约束国家政府本身,省级建设愿景对各省自身具有约束力,市级层面的建设愿景是市政府首要的空间政策框架,是联结不同建设项目的空间关联工具。市级编制和实施的空间规划由建设愿景、土地利用规划和管理条例组成。

保持空间差异性,聚焦核心战略要素 规划强调要在保证社会公平的前提下,保持城乡间、城市间与乡村间的空间差异以提升规划质量。此外,在通盘考虑各空间要素的基础上聚焦核心战略要素,让政府和市场发挥各自的作用。荷兰新一轮发展意向是构建"城市网络"各个城市之间互补增援,平衡区域发展,增强荷兰在欧洲的核心竞争力。

3. 日　本

日本是君主立宪制下三权分立的高度发达国家,早在1950年就立法确定了国家国土空间规划编制体系,是亚洲较早实施国土规划的国家之一,其在推进空间规划中形成了以下经验。

法律政策保障 日本通过国土规划法律体系的建立,促进国土开发有法可依,降低国土开发过程中人为因素的干扰。日本每一轮国土规划均经国会批准并配合详细的行政机制与配套法律,在保障规划约束性的同时推动其强制执行。日本自《国土综合开发法》颁布实施后,陆续从开发规划制定、大型项目决策立项等角度出发制定了30余部配套法律。

(二) 国内成效

为全面推进改革,坚持整体推进发展思路,我国于2015年6月5日率先批准海南开展"多规合一"试点工作,2016年4月18日批准宁夏回族自治区开展"多规合一"试点工作。海南与宁夏作为全国最早的省级空间规划改革试点省(区),已取得阶段性成果。2016年12月27日,中共中央办公厅、国务院办公厅印发《省级空间规划试点方案》,标志省级空间规划试点工作全面正式开展。其中,浙江、福建、广西等7个省份纳入省级空间规划试点范围。

1. 海　南

2015年6月5日,海南被赋予率先开展省域级"多规合一"改革试点工作的使命。2016年6月习近平总书记主持召开十八届中央全面深化改革领导小组第二十五次会议,审议通过《关于海南省域"多规合一"改革试点情况的报告》并肯定了海南"多规合一"改革工作。2018年4月3日,海南省第六届人民代表大会常务委员会第三次会议审议通过《海南省人民代表大会常务委员会关于实施海南省总体规划的决定》。作为全国首个开展省域"多规合一"改革试点的省份,在实践过程中形成了以下可供推广借鉴的经验。

深化合作提高效率 在编制方法上,部省合作,省委、省政府直接领导,各部门和市县深度参与,拧成一股绳推进"多规合一"编制。在工作开展过程中,坚持生态底线不突破、功能结构要优化、各类规划能衔接与行政审批要加快。

一张蓝图引领海南科学发展　贯彻落实中共中央"多规合一"改革精神，以空间布局为主体，以"发展战略、空间布局、实施策略"为发展思路，通过"定性、定量、定界、定策"综合集成，统一"发展目标、技术指标、空间坐标、图例标准、实施平台"，形成"一张蓝图"指引海南发展。

保障规划落实　将《海南省总体空间规划（2015—2030）》上升为法定性规划，启动修订城乡规划、海域使用管理、土地和林地管理等法规。出台《海南省总体规划督查办法》，以规划权威性的塑造确保一张蓝图实施到底。

2. 浙　江

2014年浙江省部署编制省域国土空间总体规划。2016年，浙江省省级空间性规划"多规合一"研究报告与工作方案为全力推进省级空间试点规划，构建结构合理、生态文明、功能优化、产城融合的空间格局，打下了坚实基础。浙江省作为全国第二批开展省域空间规划改革试点的省份，在实践过程中形成了以下可供推广借鉴的经验。

率先探索"多规合一"　浙江省嘉兴市、开化县、德清县被国家发展改革委确定为"多规合一"试点市县。其中开化县按照"边探索、边推进、边完善"的思路，采用构建空间规划体系、破除技术壁垒、落实分区管控、保障规划实施等方式方法，以主体功能规划为基底，全盘考虑各类空间性规划，形成了"一本规划、一张蓝图"指导全县发展，裨益省级国土空间规划。

直面问题聚焦目标　浙江省勇于直面顶层规划缺失、现行规划衔接不足、规划编制各自为政与互为矛盾的问题，通过形成一本省域空间全覆盖的战略性总体规划、形成一张复合各类要素于一体的数字化蓝图、形成一套务实管用与依法度高的规划管控和实施机制，疏通浙江省推进国土空间规划工作过程中的障碍。

挂图作战稳步推进　基于前期工作，浙江省按照《省级空间规划试点方案》要求，进一步细化工作任务和工作目标，深化改革举措，实行挂图作战，稳步推进。提前明确全省空间开发保护布局与各市县主体功能定位、空间管制原则，并针对有意愿、有条件的市县率先开展空间规划编制，由小及大、逐层递进地推动全省空间管控，形成"一本规划、一张蓝图"。

分层分类共绘蓝图　编制《浙江省空间规划》《浙江省空间规划管理平台技术规程》等多项标准规范，形成一本省域空间全覆盖的战略性总体规划、一张集各类规划要素为一体的数字化蓝图以及一套务实管用、依法高效的规划管控和实施机制。

3. 广　西

2014年8月，广西贺州市入选国家发展改革委等四部委于全国范围内开展的市县层级"多规合一"试点工作并取得较好成绩。2015年起，广西在全区范围内对111个县级行政区开展空间划分工作，形成城镇、农业与生态三类空间，并基于此绘制了

"一个市县一张空间功能区划图",同时将"十三五"建设任务落到空间布局上,明确空间落地导向。2017年5月,《广西壮族自治区空间规划试点工作方案》印发实施,并于同年召开空间规划试点工作领导小组第一次会议,对试点工作进行部署。广西在推进"多规合一"试点工作中,提出了"布棋盘、落棋子、编规划、建平台"工作思路四部曲,形成了以下可推广经验。

以主体功能区规划为基础,区别对待 《省级空间规划试点方案》明确广西国土空间主体功能区,统筹各类空间规划有效衔接,建立健全统一衔接的空间规划体系。基于全区111个县(市、区)条件与主体功能定位的差异,广西以主体功能定位为基础,因地制宜地科学划分"三区三线"。城区和重点开发地区以及城镇空间和城镇开发边界的比例与开发强度要适当高一些,农产品主产区适当预留一些,重点生态功能区则要适当控制,充分体现各地区主体功能定位发展的要求。

打破各自为政局面,通盘考虑 因城市规划、国土规划、林业规划等空间规划数量庞杂、衔接不足与互相打架,致使规划权威性不足、实施管控不力等问题突出。例如,在城镇建设用地规模上,贺州市城市规划安排386千米^2,土地规划安排186千米^2,相差200千米^2;在人口规模上,柳州市与各县(区)的城市规划汇总数据达612万人,与按正常人口增长趋势预测的463万人存在显著出入。此次国土空间规划试点从全盘的角度统筹兼顾,弥合此前顶层设计的缺失。

基于多项基础要素共谋"一张蓝图" 《贺州市空间规划(2016—2030年)》以主体功能区规划为基础,摸清"家底""人情""市情",将产业布局、交通网络、生态保护等各类空间要素与规定的三大控制线与三类空间相融,通过编制模式、目标模式、接口设计模式、空间发展模式、空间管控模式、管理模式与行政审批平台的创新,形成了发展与布局、开发与保护于一体的一张市域空间"蓝图"。

"四个一"成果体系的形成 一是研究制定全区三类空间比例、开发强度方案并分解到市县,明确全区空间发展战略和格局,提出优化空间综合管控措施,构建广西空间规划框架,形成一套规划成果。二是以"三区三线"划定、资源环境承载力等技术规程为内容,推进国土空间网络化,明确空间规划编制办法,形成一套技术规程。三是依据2000坐标系的规划基础数据转化办法,形成一个集空间开发管控数字化、投资项目布局审批核准及联动运行的信息管理平台。四是形成一套法律法规改废释(修改、废止、解释)与规划管理体制机制改革创新的体系。

三、国土空间治理研究热点

2019年,《中共中央 国务院关于建立国土空间规划体系并监督实施的若干意见》提出,2035年全面提升国土空间治理体系和治理能力现代化水平的目标。如何深入推进该目标的实现已然成为当前国土空间治理在理论和实践中面临的重大议题。当前关于国土空间治理的研究主要集中在以下几方面。

国土空间规划 严金明等引入"治理均衡器"和"电路图"对国土空间规划与土地要素市场化改革进行具象化分析，探讨规划和市场的互动机理，构建两者互动的协同机制，以便更好地发挥有为规划和有效市场的作用；刘彦随等系统回顾了中国空间规划的演变历史及其面临的关键问题，分析了国家采取的主要措施和潜在挑战，提出了促进国家领土空间规划（NTSP）建立和实施的对策和建议。

国土空间保护修复 白中科等从中国地理结构出发，总结反思了以往国土空间在黑土地、盐碱地、流域开发利用与保护等工程实践中存在的问题，提出了国土空间"整体保护、系统修复和综合治理"的解决办法，并从要素、认知、原理、修复、管理等层面捋顺了其逻辑关系及思想内涵。傅伯杰等从"是什么，为了谁，为了什么目的"3个层面阐述了生态修复，提出了"景观格局—生态系统"服务可持续发展的协同进化框架。

自然资源资产管理 黄贤金针对国土空间开发中因产权制度残缺导致的发展权、耕作权、开发权错配及人地失调问题，从空间公平、空间优势、空间正义3个维度，揭示自然资源要素发展权、财产权与管制权三者之间的关联性及其在国土空间规划编制、实施以及监督管理过程中应发挥的重要作用。进而提出通过自然资源产权制度改革及治理创新来推进国土空间治理和人地协调发展。严金明等从个案中研究中国农地"三权分立"的问题，实证了适当的模糊土地产权和期限限制是必要的，有利于控制禀赋效应。

央地关系博弈 林坚等从交叉学科的研究视角出发，探讨了国土空间治理领域中央政府和地方政府互动的基本逻辑与纵向体系建构的核心问题，提出理顺央地事权关系、搭建现代化国土空间治理体系的关键在于"区域—要素"统筹，进而提出央地协同机制和央地事权分工方案。

科技创新体系 张衍毓等人通过专家咨询、文献研究和案例分析等研究方法，提出了以"一核六系"为主体的新时代国土空间治理科技创新体系，"一核"指建立国土空间系统科学理论，"六系"指国土空间综合监测与评估、优化开发、关键区带协同与融合、动态诊断与预警、整治修复与功能提升、智能优化与管控技术体系。

数字化智慧治理 甄峰等提出基于海量多源地理信息数据和城市感知数据，建立数据驱动的城市空间治理，明确城市空间发展基本框架，构建城市安全格局和功能格局，利用城市智脑平台形成空间监测、评估、模拟和决策全流程的智慧化治理，实现城市空间的高质量、协调、公平发展。

第三节 现代化国土空间治理发展趋势

一、国土空间体系层面

党的十八大以来，我国国土空间开发保护取得显著成绩，特别是在开发保护战略框架构建、农业发展布局优化、区域开发格局与生态安全格局形成四大格局，这意味着我国国土空间治理进入了重构性创新发展的新阶段，但也面临着国土空间治理法律工具缺乏、国土空间治理规划尚无体系、国土空间治理标准尚无体系、国土空间治理用途管制尚未成熟、国土空间治理基础能力薄弱等突出问题。为推动国土空间治理持续向高质量与现代化方向发展，未来将着重在以下4个方面发力。

（一）增强国土空间治理法治保障力度

国土空间治理工作需有法可依，在做好《中华人民共和国土地管理法》《中华人民共和国城乡规划法》等关联国土空间法律的立改废释（新立、修改、废止、解释）衔接工作的同时，加快推进"国土空间开发保护法""国土空间规划法""区域协调发展法"立法以及国土空间治理相关法律法规建设工作，明确国土空间规划与各级各类规划间的关系，界定各部门、各级政府的责任，并增强统一执法与执法监督力度，提高各地区统一执法水平。

（二）理顺国土空间治理体制关系

为解决如国土空间规划与区域规划间责任等问题，国家发展改革委等相关主管部门将重点明确国土空间治理体系中的责任与事权事宜，同时，为全面推进我国国土空间治理，将强化国家与区域层面的国土空间治理统筹，分步推进国土空间治理中的管理体制改革，并建设国土空间治理决策与协调机制，发挥其组织、统筹、协调与协同作用。

（三）创新国土空间治理机制

为持续推动国土空间规划的精准落地性与可实施性，相关政府部门将围绕各级各类国土空间规划编制体系，建立健全各类国土空间规划传导机制并推动形成综合传导体系。根据国土空间规划实施评估结论，适时开展规划动态修编工作与建立防"频调"机制。针对城镇、农业、生态等各类国土空间的不同主体功能建立健全差异化绩效考核指标测评体系，形成指标考核对应责任主体。根据评价考核结果，及时进行相应的奖励或问责，奖惩机制将逐步完善。此外，专业机构、非政府组织等多元治理主体与公众参与机制将趋向完备。

（四）加强国土空间治理基础性工作

为满足推进国土空间科学、高效治理及"一张图"平台建设中的数据支撑需求，亟须建立"全面覆盖、全程监管、实时预警"的监测预警机制。为实现国土空间治理基础数据、信息动态更新和各部门互联互通与开放共享，基于数据、云计算等现代信息技术和手段而建起的国土空间数据信息系统与信息平台将孕育而生。人才是推动建设的重要资源，未来将不断深化定向人才培养，提升国土空间治理领域管理、技术类从业人员的业务素质和工作能力，并充分调动政府、研究机构、高校、行业协会、企业等各方力量，加强对国土空间规划编制、资源用途管制、空间管制等相关主题的理论、方法研究，加强国土空间治理的科学支撑。

二、国土空间规划方法层面

国土空间规划，即整体安排国土空间的形态结构，系统引导其景观生态、历史文化、特色风貌、区域意象和场所精神，并对其进行创意性的开发利用。国土空间规划依据人的需求和感受，运用设计思维和手法构建起生活、生态、业态、文态、形态相融合的场所，满足人们更高的精神和物质追求。国土空间规划的核心价值在于人与自然共生、空间环境品质提升、特色创意展现、空间生命活力焕发及空间治理有序。

国土空间规划既是一门技术，也是一门艺术。技术性体现在重视空间特征、比例尺度、韵律节奏等，艺术性体现在国土空间规划需要体现地域特色、历史文化、人文背景等因素，通过国土空间规划满足人内心的需求和感受。一座城市应该安全，同时应该让人感到愉悦。安全属于技术层面，要求国土空间规划要运用自然科学的方法；愉悦属于对艺术的赏析和体验，因此国土空间规划还要运用人文科学的方法。

总体而言，国内外国土空间规划的研究方法主要经历了4个发展阶段，具体如下：一是起始阶段，为19世纪至20世纪20年代，该阶段以描述性研究方法为主，主要研究了聚落空间形态与类型、聚落空间内部结构、空间与自然地理环境的关系；二是发展阶段，为20世纪20—60年代，该阶段主要从小规模实地考察出发，总结所考察聚落的区位特征、支持发展的条件、城市形成过程和城市空间规划等；三是变革阶段，为20世纪60—80年代，地理计量在这一阶段发挥了重要作用，使得定性和定量研究在国土空间规划中广泛运用，建筑学、景观生态学、地理学、城乡规划学、3S（GIS、RS、GPS）技术、景观模型等综合运用于国土空间规划研究中，这一阶段中自然科学方法在国土空间规划中占首要地位；四是重构阶段，为20世纪80年代至今，这一时期的空间规划为满足人类社会文化需求的影响，受人文地理学影响较大，国土空间规划开始向社会和人文方向倾斜，研究内容主要涉及人口迁移、空间冲突、空间重构、可持续发展、社区类型与活力、老人适住区等，这一阶段中随着人文科学方法的注入，使得国土空间规划更加充满人文关怀，是社会发展的必然趋势。

三、国土空间规划数字技术层面

国土空间规划是一项复杂而重要的任务，近几十年，随着移动互联网、"数字地球""智慧城市"及人工智能日益发展，数字化新技术在这个领域中扮演着重要的角色。信息化带来的大数据，覆盖广、精度高、更新快，巨大体量数据反映的是人群的行为、交流、移动等活动的方式和丰富信息，与新时代国土空间规划"以人为本""自下而上""存量更新"等设计理念不谋而合。目前应用于国土空间规划中的新技术如下。

地理信息系统（GIS）分析　利用 GIS 技术，可以收集、存储、处理、分析和展示与国土空间相关的各种数据，包括地形、土地利用、资源分布等。例如，通过 GIS 分析，可以确定城市发展的最佳区域，或者制定灾害风险管理策略。

遥感技术应用　遥感技术可以获取大范围、高分辨率的地表信息，包括土地覆盖、植被状况、水资源等。通过遥感图像分析，可以监测土地利用变化、资源分布情况等，为国土空间规划提供数据支持。

大数据挖掘　利用大数据挖掘技术，可以从海量数据中发现隐藏的规律和信息，为国土空间规划提供决策支持。例如，通过分析交通流量数据、人口流动数据等，可以优化城市交通网络布局和人口分布规划。

空间数据可视化　通过空间数据可视化技术，可以直观地展示国土空间的各种信息和特征，帮助决策者更好地理解和分析数据。例如，利用地图、三维模型等可视化手段，展示城市土地利用结构、环境质量等情况。

空间数据挖掘　空间数据挖掘是针对空间数据的特点和规律进行挖掘和分析，包括空间关联分析、空间聚类分析等。例如，通过空间关联分析，可以发现城市不同区域之间的关联性，为城市布局和规划提供参考。

模拟与预测分析　利用数学模型和计算机仿真技术，可以对国土空间的发展趋势和变化进行模拟和预测。例如，通过城市增长模型，可以预测未来城市扩张的方向和速度，为土地利用规划提供科学依据。

多源数据融合　将不同来源和不同领域的数据进行融合分析，可以更全面地了解国土空间的特征和问题。例如，将地形数据、气象数据、人口数据等进行融合分析，可以综合评估城市的生态环境和社会经济状况。

空间优化算法　利用优化算法对国土空间进行优化设计，以实现最佳的资源配置和利用效率。例如，通过遗传算法、模拟退火算法等优化方法，可以优化城市布局、交通网络设计等。

实时数据监测与反馈　利用实时数据监测技术，及时了解国土空间的变化和动态，为规划决策提供。例如，通过传感器网络监测城市环境污染情况，可以及时调整环境保护政策和规划措施。

数据安全与隐私保护　在数据采集、存储、处理和共享过程中，要重视数据安全和隐私保护，合理规划数据的使用范围和权限控制。例如，在使用个人移动轨迹数据进行城市交通规划时，需要保护用户隐私，确保数据使用的合法性和安全性。

综上所述，数据思维在国土空间规划中逐渐扮演着至关重要的角色，通过充分利用各种数据资源和技术手段，可以更科学、更有效地进行规划决策，实现国土空间的可持续发展。

第四节 重点领域及案例

一、国土空间智慧规划

(一) 智慧国土空间信息管理平台

1. 设计思路

设计主线 以国土空间规划总技术路线为主线。
设计基础 以国土空间规划各项成果为基础。
设计原则 标准化,精准化,便捷化,协同化。
总体思路 以国土空间相关数据为核心,以数据集成为重点,以数据共享为前提,以数据应用为目标,以提供数据服务为宗旨。
总体要求 国土空间规划管理更加直观,国土空间管控更加精准,政务服务更加高效。
平台内容 规划分析系统,规划编制系统,智能评价系统,规划管理系统,规划应用系统,数据管理系统,监测管理系统。
建设目的 国土空间信息管理平台的统一、衔接、管控作用,建立健全空间规划体系,有力支撑提升国土空间治理能力和效率,推进国家生态文明建设和城市治理能力现代化水平,最终实现智慧化管理。

2. 架构结构

国土空间基础信息平台建设应在整合各部门空间性规划成果、全域数字现状等信息资源的基础之上,实现横向部门协同、纵向信息联动,从而提供服务。

横向部门协同 依据政务信息化工程相关规划,充分对接其他系统,确保信息共享和功能交互。
纵向信息联动 建立贯穿国家级、省级、市级、县级、乡镇级国土空间基础信息平台的信息交换体系,利用多级数据交换中心实现信息传输、存储和监控,形成上下互通的业务协同网络。
提供服务 国土空间基础信息更好地服务于政府相关部门、企事业单位、社会公众。

3. 主要内容

(1) 数据库建设

数据库是国土空间信息管理平台的一项基础性和核心工作,是链接信息管理平台和国土空间规划成果的纽带。

首先,资料收集,收集各类图形、图像、文本数据和规划成果数据;其次,数据转换，针对各部门规划数据、各种类型的数据、不同坐标系的数据，进行必要的数据转换工作，统一坐标系统并尽量保持原始数据的信息量；再次，数据编辑，对空间数据进行数据的编辑和数据属性表的录入；然后，数据质检，针对在数据转换中出现的各种问题，如属性表字段问题、空间实体的拓扑问题等，进行修改和修正；最后，数据录入，在进行完上述工作后，把满足"多规合一"一张图标准数据库的数据导入数据库。

(2) 平台功能建设

结合国土空间信息管理平台的功能需求，平台建设主要从6个方面进行，即规划分析系统、智能评价系统、规划编制系统、规划管理系统、规划应用系统、监测监管系统。

规划分析系统 该系统包含空间现状数据，如土地利用现状、地理国情普查、矿产资源现状、基础地质等；空间规划数据，如国土空间规划、控制性详细规划、专项规划等；空间开发管理数据，如土地审批、土地供应等；社会经济数据，如人口普查情况、宏观经济等。该系统的主要作用是为决策的制定提供庞大详细的现状资料，可在平台上进行数据查看、编辑、更新和导出，实现对各类数据的实时管理与更新。

智能评价系统 利用平台信息，在该系统中进行资源环境承载能力评价、国土空间适宜性评价，实现双评价，并展示各类评价条件下的数据图形及最终评价成果。资源环境承载能力评价包含土地资源评价、水环境评价、环境评价、生态评价，国土空间适宜性评价包含适宜性评价、约束性评价。与此同时，该系统能够对国土空间规划的编制过程提供智能化辅助服务，提高规划编制的效率，增强其科学性。

规划编制系统 展示各阶段国土空间规划编制的成果图层。工作底图阶段，展示负面清单数据、地表覆盖数据、现状建成区数据、过渡区数据、空间开发评价数据，形成空间规划工作底图；规划底图阶段，展示功能适宜性评价、三条控制线划定、规划分区划定；图层落入阶段，展示重大基础设施层、城市建设层、乡村发展层、生态保护层、产业发展层……最终形成空间规划总图；规划文本阶段，展示基础评估、空间发展战略、规划分区与控制线划区、基础设施布局、生态环境保护治理……最终形成"一本规划"和"一张蓝图"。

规划管理系统 利用该系统实现国土空间规划从实施到修订和评估各阶段的在线管理，保障规划的顺利实施。成果管理：完成各类数据检查、修改、入库及动态更新管理等；规划监管部分，规定的权责事项的审批流程、投资项目审批权限，利用信息平台对业务的并联审批工作、规划指标体系、规划实施情况等进行监督、检查。规划修订：当空间规划或者其他规划需要修订时，通过信息平台严格执行修订审核流程，实行在线审批。规划评估：定期对区域发展建设情况与规划进行评估，评估发起部门在信息平台上在线申请评估，各部门按流程审批组织评估工作。

规划应用系统 利用该系统，实现项目合规监测、项目辅助选址、项目管理、并联审批等应用功能，提高政府服务效率，同时延伸到移动服务、数字城市，最终实现智慧城市的建设功能。

监测监管系统 通过该系统对国土空间资源进行实时监察、动态比对、目标跟踪和监测预警。实时监察主要通过遥感、卫星、无人机等手段进行；动态对比主要是对国土空间现状与规划要求进行动态比对；目标跟踪主要是对违法、违建等项目进行实时跟踪；监测预警主要通过系统自动化定期比对，对可疑情况进行预警。

（二）案例：海南农垦土地大调查和"一张图"平台建设

为深入贯彻习近平总书记对海南农垦改革发展作出的重要指示精神，切实落实海南省委、省政府《关于持续深化海南农垦改革 推进农垦高质量发展的若干意见》工作部署，海南省农垦投资控股集团有限公司（以下简称海垦集团）开展海南农垦土地大调查和"一张图"平台建设工作，旨在全面摸清垦区土地资源家底，彻底解决监管信息不全面、数据利用基础薄弱、管理精细化和时效性不足的问题。

1. 工作做法

数据采集 注重调查过程的质量管理，制定了详细的调查计划和质量控制标准。一是外业调查，引入先进的技术手段，如遥感技术、GIS 系统、无人机航拍、倾斜影像等，对土地数据进行精确测量和分析。二是内业整理，汇总归纳外业采集的数据，确保数据的规范性和完整性。

数据核验 一是数据审核，严格执行分阶段、分层级检查验收制度，采用"两下两上"工作方法，即"检查-反馈-整改-再检查"，确保各个环节的数据质量可控。二是成果质检，通过督查督办、引入第三方抽检以及专家研判等方式，实现全程跟踪、外部审核及专业把关的综合评估，保障数据的真实性和准确性。

先进引领 通过分享标杆单位的先进经验做法，进一步加压、鼓劲、鞭策，带动土地大调查工作进程。组织开展劳动竞赛，鼓励员工超越自我，提高工作效率和质量。

2. 主要成效

摸清家底，掌握农垦土地资源真实情况 土地大调查全面查清了当前垦区土地利用状况，掌握真实准确的土地基础数据，这对于了解垦区土地资源的分布、数量、质量以及后续产业可持续发展至关重要。

建成"一张图"平台 针对垦区土地看不清、管不住等痛点问题进行了功能设计和梳理，结合垦区土地管理需求，建设应用功能 95 项、垦地数据互联互通 6 项，建成"一张图"数据平台。当前结合土地业务需求打通了租地、征地一站式办公自动化（OA）审批渠道，提高了工作效率和透明度，实现业务管理"全程在线"。同时，研发"一张图"手机 App，提供了精准的定位，有助于现场核查信息，有利于业务办理的随时随地性，极大地提高了工作效率。

3. 成果运用

通过"一张图"数据平台，用好"大调查"数据成果，创新土地资源运营管理的新模式。

推动未规范管理土地专项整治 针对土地调查发现的未规范化管理土地，将深入剖析问题根源，制定处置措施，推动未规范化管理土地专项整治，防止新增违法使用农垦国有土地行为。同时，有效结合政府管理界限，明确违法用地情况，为逐步消除历史违法因素降低了成本。

运用大调查的数据成果 一是明确了可保障区域范围，对并场队、土地换就业等垦区群众提供基础生活保障，提高垦区群众对农垦企业的向心力；二是明确了可增加有偿使用土地的范围，既能规范管理土地，又能每年为企业提供营收和利润。

运用调查成果和平台分析的功能 一是提高了项目选址的可行性，用好每一亩农用地，调查包含了土地上种植和使用人身份情况，既能有效分析收回土地用于产业的难易度，又能估测成本，同时，也可以为谋划规模化的产业整合提供经济分析依据；二是结合"1+2+N"体系创新，用好每一亩建设用地，调查包含了房屋情况和使用人，能有效分析保障住房的需求，以及就地入市和跨区域调剂的可行性等内容。

运用"一张图"平台 统一了土地资源统计口径的标准，有效监管土地利用和经营的变化，为各经营管理、项目开发提供数据底座，通过数据产权保护、数据交易等，增加营收新模式。

4. 下一步考虑

以用促建，拓展"一张图"平台功能 为巩固提升土地大调查成果，每半年开展一次无人机低空航拍工作，不断更新"一张图"平台数据，结合垦区产业发展和管理需求，以"一张图"平台作为数据基底，为政企、经管、法务、人力、财务等业务预留数据融合接口，逐步建设完善一站式审批多功能平台；引入土地管理业务的 AI 人工智能技术，通过 AI 智能影像分析算法对垦区违法用地、违法建筑行为及时预警，提升土地管理效能，降低人工管理成本；持续推进垦地数据互联互通，促进垦地融合数据应用，确保数据安全运行流通。

构建数据安全运营体系 搭建数据互联互通体系，研究编制《海南省垦地数据互联互通工作方案》，明确数据应用层级，开通数据使用专线，确保"国土三调"、国空规划、林地规划等涉密数据的保密性、完整性，保障数据在"一张图"平台安全可用。

二、全域土地综合整治

（一）全域土地综合整治主要内容

面对国土空间区域性的多维度问题，以及综合村庄开发保护、建设修复等多项规划需求，需要转变分板块割裂的低效治理理念，以系统理念和系统方法解决城乡空间问题，进行区域内全域资源要素的整体科学规划，以促进国土空间治理的整体效能水平提升。

全域土地综合整治以县域为统筹单元、以乡镇为基本实施单元，是实现县域国土空间治理现代化的重要顶层设计，是落实村庄用地布局规划的重要手段，也是塑造提升村庄景观风貌的重要手段。全域土地综合整治得到各地高度重视和积极实践，2019年自然资源部启动了全域土地综合整治试点工作，共支持25个省份实施了356个以乡镇为单元的试点以及56个片区不同尺度的试点，积极探索形成了一系列可推广、可复制的宝贵经验。

全域土地综合整治通过"山水林田湖草沙"全要素治理整体推进农用地整理、建设用地整理、乡村生态保护修复和历史文化保护等系统性工程，综合运用耕地占补平衡、城乡建设用地增减挂钩、农村集体经营性建设用地入市等政策工具，系统性重塑国土空间的空间治理活动。一是优化农村地区国土空间布局，促进城乡资源要素双向流动和融合发展，拓展农民多元化增收途径；二是改善农村生态环境和农民生产生活条件，实现耕地保护和土地集约节约利用，提升农业现代化生产能力，尤其是利用新质生产力提升农业农村现代化水平，为农村三产融合提供用地保障；三是适应美丽乡村建设需要，强化建设用地整治，因地制宜推动新型城镇化进程，促进城乡融合发展，协同推进农村人居环境整治，助力建设宜居宜业和美乡村，助推乡村全面振兴。

1. 治理关系要点

全域土地综合整治是国土空间治理现代化体系中不可或缺的一环，以农用地整理、建设用地整理、生态保护修复和历史文化风貌保护为核心内容，创新了全域土地综合整治技术流程，通过盘活乡村土地资源、优化国土空间布局、改善农业生产条件、提升村庄人居环境和维护自然生态平衡引导村庄有序发展。

2. 农用地整理

农用地是进行农业生产的主要空间，农用地的整治是维系农业生产和农民生活的基石。农用地整理包括低效农用地整治、农田基础设施建设、耕地提质改造、沟渠疏通整治、改善农田生态等内容。

（1）耕地整治与修复

耕地整治与修复是农用地整理的核心内容，分为一般耕地的整治与基本农田的整治。其中，一般耕地的整治内容主要有耕地土壤改良、耕作田块修筑、耕地用途整治等。基本农田的整治主要有基本农田用途整治、基本农田耕地提质、基本农田配套设施的整治等内容。原则上禁止占用耕地从事非农生产和非农建设，因国家重大项目或其他原因确需占用耕地的，应在县级或市级层面实现"耕地占补平衡"。对在村庄建设过程中已经受到破坏的耕地，应采取相关的工程措施或土壤土质改良措施，修复受损耕地。对已完全丧失生产功能的耕地或复垦后无法用作农业生产的土地，可用作耕地附属配套设施及其他设施农用地的建设。为实现村庄现代化农业生产的需要，对农田进行输配电工程的整治与建设，实现供电可靠、安全，并适应农业现代化、农田信息化管理的要求。

高标准农田的整治应以耕地土壤质量提升为核心，对其中基础设施的配置、耕作表层的厚度、灌溉方式及灌溉率、田间道的宽度和通达性以及耕作作物的施肥方式、病虫害防治措施等提出详细的措施，尤其是对高标准农田的用途进行严格的管控，严禁高标准农田上种植与粮食生产无关的农作物。

（2）其他农用地的整治

其他农用地的整治主要包括设施农用地、沟渠、坑塘水面等用地的整治。其中设施农用地的整治应结合农业、牧业、林业等农业生产规模进行空间布局和用地整治优化。对条件较差、设施配套不完善的设施农用地应在完善相应设施的前提下，对设施农用地的风貌、内外部环境进行综合整治，同时对设施农用地的用途进行严格控制。

沟渠的整治主要以疏通渠道、修复破损沟渠为主，对于干渠的整治应结合上位国土空间规划中对于区域基础设施的布局，涉及村庄的干渠应以灌溉功能的整治为主，按照灌溉与排水并重、骨干工程与田间工程并进的要求，疏通干渠，对未硬化或破损的干渠进行整治，在疏通沟渠、修复破损的基础上，对沟渠的走向、地势影响、灌排功能等提出具体的整治措施和整治目标，完善村域范围内的沟渠体系；各类渠系建筑物应配置完善，做到引水有门、分水有闸、过路有桥（涵）、管理方便、运行良好。

坑塘水面的整治主要以用途整治为主，并结合相应的整治修复充分发挥农业灌溉、水产养殖和生态景观等功能。对部分环境质量较差的坑塘水面进行清淤、疏浚并进行生态修复，对于质量较好的坑塘水面可结合景观设计对驳岸进行景观化处理，为村民提供基本休闲服务。对于大型的坑塘水面鼓励提升水质，提倡农用地的复合利用，改造为生态养殖坑塘。

（3）农业景观格局

农业景观格局的构建是农用地整理的目标和重要方向，包括耕作田块修筑、田间道路规划和高标准农田建设等，从田、水、路、林、村全域角度对村庄的农业景观进行构建。优化农田结构布局，实现田块适度、田面平整、规模连片、灌排有序的农田，满足农业规模化生产和机械化作业要求。耕作田块、排灌沟渠、农田防护林带等工程应紧密结合，优化机耕路、生产路布局，合理确定路网密度、路面宽度、路面材质和荷载等建设标准，方便农业机械、农用物资和农产品运输通行。

3. 建设用地整理

村庄建设用地整理是优化村庄国土空间格局和改善村庄整体风貌的主要途径，主要内容是对利用效率不高的村庄用地、城镇用地、独立工矿用地、交通和水利设施用地进行综合整治，运用工程技术及调整土地产权等措施，促进土地利用合理化、科学化，提高土地节约集约利用，以改善农民生产、生活条件和农村生态环境。

（1）腾退建设用地

腾退建设用地的整治主要为废弃、零散宅基地、废弃或多余公共服务设施用地、废弃或多余基础设施用地、废弃工矿用地等建设用地的复垦、复绿。腾退的建设用地指标优先用于村庄宅基地的布局，其次在考虑村庄产业发展的前提下进行集体经营性建设用地的布局。

废弃宅基地的腾退为村庄部分居民点或村域范围内常年无人居住、房屋破损严重、基础设施与公共服务设施无法进行配置的宅基地，在充分遵循村民意见的前提下进行腾退，并在村庄集中居民点周围或村域范围内重新规划集中安置区域。腾退的用地根据周围农用地或生态用地的布局进行复垦、复绿。

废弃或多余基础设施和公共服务设施用地为常年闲置、不符合村庄现有建设用地功能布局且在规划期内无其他用途的设施用地，在规划期内有序退出。废弃工矿用地的治理主要是矿山整治及其附属建设用地的腾退，应结合生态保护与修复首先对矿山进行生态修复，对腾退后的用地进行适宜性复垦、复绿。

（2）存量建设用地

存量建设用地的整理是建设用地整理的主要内容，对于村庄内部部分不符合村庄发展需要的建设用地（如小学、广场）等，可在村庄规划允许的范围内进行村庄建设用地的功能置换，使其能够充分发挥存量建设用地的功能。

存量宅基地的整治，应根据村庄宅基地确权和宅基地管理规定，对宅基地的面积、户型风貌及宅前屋后空闲地进行统一整治。面积过大的宅基地原则上须腾退多余宅基地面积，确实无法腾退的，在规划期内宅基地进行改建、翻修时对宅基地面积作出管控。宅基地面积过小的宅基地原则上需要补足不足的面积，近期确实无法落实的，可在规划期内进行宅基地改建、翻修时进行面积补足。存量公共服务设施、基础设施、公用设施等设施用地，应在村庄规划时，对风貌、类型及面积进行统一的整治。在结合村庄实际需求、合理预测村庄人口规模的基础上，对各类服务设施和公用设施的服务半径进行测算，提升存量公共服务设施、基础设施及公用设施的利用率。存量集体经营性建设用地的整治，应充分考虑村庄产业发展的需要，对商业、工矿及仓储等集体经营性建设用地的建筑高度、建筑密度、用地范围等控制性指标作出相应的规定，对风貌、色彩等作出引导。

（3）新增建设用地

在村庄原有建设用地基础上，根据村庄宅基地布局、基础设施、公共服务设施布局以及产业发展布局，新增部分建设用地。进行新增建设用地布局时应优先利用村庄内部的空闲地，在建设用地不足时，优先使用村庄居民点内部的未利用地（如其他草地、裸土地等），原则上新增建设用地禁止占用耕地等具有重要农业用途的土地，确需占用耕地的，应报上级相关部门进行备案，由上位国土空间规划统筹实现耕地占补平衡。

新增宅基地按照宅基地管理规定对宅基地面积进行管控。新增公共服务设施和村庄基础设施时，应综合考虑村庄人口规模、区位条件、服务半径等基础条件，保障村庄用地集约高效。新增产业等其他集体经营性建设用地时，应对产业类型进行研判，村庄集中居民点内部禁止布置三类工业用地，其他工业、商业、仓储设施的布局应充分考虑对村庄的影响。

4. 乡村生态保护与修复

生态保护与修复是构建村庄生态安全屏障、维护村庄生态安全格局、体现村庄生态价值的重要途径。村庄层面的生态保护与修复,强调从村域角度出发,构建全域、全要素保护与修复措施,重点以山、水、林、湖、草、沙等要素的保护与修复为主,突出生态优先的基本思路,为村庄生态环境保护与修复提供科学路径。

(1) 山

山体的生态保护与修复以矿山生态修复为主。对历史遗留矿山的生态修复,以实施地质环境治理、重塑地形地貌、重建生态植被为主,同时加大对矿区崩塌、滑坡、泥石流、采空塌陷、岩溶塌陷等地质安全隐患的治理,逐步恢复矿山生态。对于废弃矿山,按照其规模和受损程度制定不同的生态修复策略,针对规模较小、山体损坏程度较低的废弃矿山,可采用以自然恢复为主、人为干预为辅的生态修复策略,依靠生态系统自我调节能力逐步恢复。

(2) 水

水域生态保护与修复主要指湿地、河流、水源地的保护与生态修复。其中,对于湿地的保护与生态修复以保护为主,对具有重要生态功能的湿地实行最严格的保护策略,保护源头湿地,改善野生动物栖息环境,恢复和重建植被,连通水系,控制水位,湿地生态补水,连通岛屿化、破碎化湿地,改善水生环境。建立多水源补水机制,加强与周围水系的连通治理,通过退耕还湿、水系疏浚、水生植被保护与修复等举措,增强湿地功能。对于河流、水源地的保护与生态修复要落实上位国土空间规划中的相关保护与生态修复措施。

(3) 林

林地的生态保护与修复应结合山体、水域的生态修复,对部分水土流失区域进行综合整治。防护林、生态林(公益林)、保育林、森林公园、自然保护地的保护与生态修复遵循相关的专项规划。加强森林生态系统的综合保护,停止天然林商业性采伐,加强天然林和公益林管护,开展自然保护地植被恢复和生境保护,连通生态廊道,强化重点区域及自然保护地的保护与管理,推进退耕还林、水土流失治理,提升区域生态系统功能的稳定性。

(4) 湖

湖泊的生态保护与修复以湖泊水质提升、用途管制及规模控制为主。根据不同的地理区位条件及生态功能制定不同的生态保护与修复策略。加强河道治理,优化水资源配置,提高江河湖泊连通性。对湖泊的用途进行严格管控,对湖面规模、大小进行管控,在保护湖泊生态功能的基础上提升整体生态质量。

(5) 草

牧草地的生态保护与修复重点是保护草原生态系统,修复退化草场或有退化趋势的牧草地。加强草原综合治理，全面推行草畜平衡、草原禁牧休牧轮牧政策，推进重点区域荒漠化和沙化土地等退化草原的治理，提高草原的生态功能。根据不同草原类型制定不同的生态保护与修复策略，加大对草原生态系统的保护力度，健全草原生态补偿措施。

（6）沙

开展沙化土地综合整治，对宽浅沙化河段实施生态治理。加强水土流失治理，恢复退化草场及退化湿地生态功能。部分地区可划定封禁保护区，重点加强荒漠生态系统的保护，对荒漠化地区的沙地、天然荒漠草原灌丛植被进行生态保护与修复，科学营造防风固沙林、水土保持林，修复退化防护林。

5. 乡村历史文化与风貌保护

全域土地综合整治试点中乡村历史文化保护重在对文物古迹、文化遗产、传统文化和古桥井塘树藤的保护。通过划定保护范围和建设地带，保护村庄的传统选址、格局、风貌以及文物古迹历史建筑、传统民居等传统建筑。在新建、扩建、改建房屋建筑时，建筑的色彩、高度、体量及材质等应与核心保护范围内的建筑相协调，新建设项目不得破坏村庄原有格局与乡村景观风貌。

（1）古建筑

包括传统民居、古庙宇、古祠堂、古桥等具有历史、艺术和科学价值的古代建筑。这些建筑是历史文化的重要载体，反映了不同时期的建筑风格和社会生活。通过对结构进行加固、修缮维护，保持其原有的建筑风貌和特色，对古建筑进行保护。

（2）古遗址

如古代的城池遗址、墓葬遗址、窑址等。这些遗址蕴含着丰富的历史信息，对于研究古代社会、经济、文化等方面具有重要意义。保护古遗址主要是划定保护范围，禁止在遗址范围内进行破坏性行为，同时进行考古发掘和研究，以更好地了解历史。

（3）历史文化街区

具有一定规模的历史风貌且保存较为完整的街区，通常包括传统的街道、店铺、民居等。历史文化街区是城市历史文化的集中体现，具有较高的历史价值和文化价值。保护历史文化街区需要进行整体规划，保持街区的传统风貌和空间格局，同时对街区内的建筑进行修缮和改造，使其适应现代生活的需要。

（4）非物质文化遗产

包括传统技艺、民俗、民间艺术等。非物质文化遗产是历史文化的重要组成部分，反映了人们的生活方式、价值观念和审美情趣。通过建立传承基地、培养传承人、开展文化活动等方式，使非物质文化遗产得以延续。

（二）案例一：浙江省杭州市西湖区双浦镇全域土地综合整治项目

杭州市西湖区双浦镇，是浙江省开展全域土地综合整治中"全域土地综合整治+城郊低效建设用地整治"的典型例子。

一是编制全域土地整治规划，统筹布局生产、生活、生态空间，以项目为基础保障开发建设和空间布局的精准定位。二是通过拆违控违、治水剿劣、矿山治理、垦造水田等工程建设，充分发挥土地整治"1+N"综合效益，统筹推进土地综合整治，实现对不合法、不合理的土地利用结构和方式的调整和重划，实现耕地连片程度的大幅提高并构筑了优质产能保护格局，同时，通过现代农业产业园建设实现土地经济产出效益的有效提高。三是充分发挥以奖代补政策效用（对整治出的优质耕地被纳入永久农田整备区长期管护的，按永久基本农田600元/（亩·年），一般耕地200元/（亩·年）给予鼓励），增强了耕地保护动力。

2021年，双浦镇实施全域土地综合整治后耕地连片块数下降至170块，下降率达75%，耕地地块片均面积达到194亩，较原片均面积扩展了5倍，并与高标准基本农田和粮食生产功能区连成片，形成"田成方、渠相通、路相连、旱能灌、涝能排"的优质耕地产能保护格局。同时，双浦镇将2万余亩分散的承包经营权分为3期进行流转集中，再进行统一招商，打造集农业生产、农事体验、农业观光、农业科普为一体的现代农业产业园。2万余亩土地涉及20个村、6 000余个农户，分别引进蓝城农业、浙江园林文化等企业，总投资超过15亿元。

（三）案例二：海南农垦西联农场全域土地综合整治试点项目

海南农垦西联农场全域土地综合整治试点项目，是海南省开展全域土地综合整治中"全域土地综合整治+农垦经营性建设用地入市"的典型例子。

1. 编制全域土地综合整治实施方案

西联农场全域试点区土地总面积5.66万亩，涉及西联农场新盈片区二区、三区、四区、五区等25个生产队、场部。项目实施期3年（2022年1月至2024年12月），包括农用地整治项目3个、建设用地整治项目2个（其中复垦项目分3期实施）、生态保护修复项目3个、历史文化保护项目1个。谋划海南自贸港海垦一体化创新母山咖啡工厂、新盈橡胶厂保障性租赁住房、新盈红树林湿地高端乡村客栈、新盈现代冷链物流中心、海垦畜禽肉食品加工项目、动物饲粮加工建设项目、巨菌草与魔芋推广示范基地7个产业项目。

2. 垦区经营性建设用地入市

根据《海南省农垦经营性建设用地入市试点办法》，对依据儋州市国土空间总体规划编制的详细规划（含控制性详细规划及村庄规划）中确定为工矿、仓储、商业服务业以及租赁性住房等经营性用途的农垦国有划拨建设用地和国有划拨农用地进行入市安排。谋划海南自贸港海垦一体化创新母山咖啡工厂、橡胶厂安置区、新盈红树林湿地高端乡村客栈、新盈现代冷链物流中心4个产业项目作为经营性建设用地入市，入市总面积532.86亩，推动农旅融合，带动职工就业和增加收入，推进乡村振兴。2023年3月，海垦西联农场全域土地综合整治试点项目首宗存量建设用地已纳入"土地超市"交易，成为全国首例农垦国有经营性建设用地入市的交易。入市地块位于儋州市新盈农场橡胶厂、新兴、新乐、新豪和新秀5个生产队村庄规划B-03地块（局部），面积6 666.70米^2（折合10.00亩），交易金额近600万元。

三、城乡与垦地协调发展

（一）城乡与垦地协调发展的内在要求

垦地一体化融合发展的内在要求主要为四个"一体化"，即空间规划一体化、土地利用一体化、公共基础设施建设一体化、产业发展一体化。

1. 空间规划一体化

（1）健全规划的利益共享机制

按照现行政策规定，国土空间规划编制的主体是各级人民政府，为推进城乡及垦区一体化协调发展，实现城乡与垦地空间规划一体化，各市县政府须统筹城乡及垦地在资产、资源和公共服务等方面的权责，推动农垦集团、乡村农户与市县政府三方协调发展，同时，强化对农垦生产经营行为的监督管理，引导职工农户发展订单式农业、标准化种植、规模化经营，将农垦集团、职工农户与市县政府利益捆绑，真正形成利益共享、风险共担的良性发展机制。

（2）推动村庄规划应编尽编

以国土空间规划为引领，将乡村及垦区村庄规划应编尽编纳入考核，进一步提高村庄规划覆盖率，形成区域协调统筹开发的布局。同时，农垦集团应积极与属地政府对接，把垦区国土空间规划专题研究纳入属地政府国土空间规划成果，并协调各市县政府启动垦区农场公司、生产队居民点的规划编制工作，推进各重点核心区域控制性详细规划和各生产队村庄规划编制。各市县政府通过与农垦集团建立沟通协调机制，定期开展联席会议，研究解决城乡及垦地间的"堵点""难题"等，共谋区域发展实施方案，推动区域内资源要素合理流动、优化配置，推进信息互通、项目共建、资源共享、利益共享、问题共治，实现区域统筹高质量发展。

2. 土地利用一体化

（1）加强用地计划指标管理

各市县政府统筹考虑城乡及垦区的用地需求，对用地计划指标进行列表管理，每年向省自然资源和规划部门提出下年度项目建设用地需求，充分利用土地资源禀赋大力发展旅游业、现代服务业、高新技术产业和热带高效农业，并围绕乡村及垦区特色产业用地进行指标倾斜。

（2）创新用地制度

持续深化"三块地"改革试点，稳步推进集体经营性建设用地入市。加快制定全域综合整治实施方案，科学合理划分城乡及垦区土地用途，稳妥实施经营性建设用地入市试点。探索实施土地有机更新，依法依规将规划建设用地指标在市县行政区域内统筹调剂和安排，探索将低效利用的规划建设用地向重点产业建设区域调剂，盘活和高效利用土地资源，优化各市县范围内规划建设用地布局。继续推进农垦土地资产化资本化，结合农垦"十四五"发展规划及产业用地开发利用情况，适时推进土地资产化、资本化工作。

3. 公共基础设施建设一体化

各市县政府分类制定城乡及垦区基础设施建设和公共服务设施建设规划，推进区域基础设施和公共服务设施共建共享，促进区域乡村及农场场部的"五网"基础设施建设提质升级，补齐基础设施和公共服务设施短板。进一步理顺各村集体和农垦集团在基础设施和公共服务设施建设上的角色定位，市县政府出台相关指导性文件，明确垦区建房管理办法和解决垦区居民建房的实施细则，推进垦地"一衔接两覆盖"政策，推动垦区集中居住、生产队合并和老旧小区改造，完善城乡及垦地人居环境整治，缩小垦地间的差距。

4. 产业发展一体化

（1）统筹优化产业布局

按照"一村一品、一镇一业"的原则，探索"公司+职工承包户+农户"模式对接市场，通过股权合作、引导种植、订单农业等方式建立长效合作机制，以标准化种植推动大基地建设，突出种植养殖产业规模化、智能化发展，提升农业产业化经营水平。发挥农垦集团的组织化、规模化优势，统筹整合城乡及垦区存量种植资源，优化热带高效农业产业布局。结合热带作物生产种植现状和市场需求，合理布局种植产业空间分布，保障农产品全年稳定供应，推动热区农产品保供稳价稳步开展。

（2）落实农垦社会化服务助力区域融合发展

深入实施"农垦社会化服务+地方"行动，发挥农垦在土地、产业、人才、技术等方面的优势，探索"公司+农户""公司+基地"模式，通过返租、入股等方式整合连片土地，为周边居民提供代耕代种、代管代收、全程托管等农业社会化服务，促进区域农产品的集中收购与销售，构建以资本为纽带的垦地融合新模式，通过"全域土地综合整治+城镇更新+产业导入"模式，加快垦地产业融合项目建设，推动规模化、现代化农业生产，为市县经济社会发展作出贡献。

（3）强化资金政策保障

统筹省、市县层面关于农村人居环境整治、农村户用厕所改造、美丽乡村、农村人居环境示范村建设、农村危房改造项目等涉及"三农"建设的相关财政资金，推动城乡及垦区公共设施和人居环境有根本改善。积极落实中共中央乡村振兴战略，拓宽融资渠道，充分运用金融机构投入的资源及支持，逐步提高对乡村及垦区产业可持续发展的金融支持。

（4）统筹城乡及垦地人才交流补充

建立城乡及垦地政企的干部职工双向交流挂职制度和人才评价制度，推动农垦集团各级企业与属地市县政府及部门双向挂职交流，定期集中研究解决垦地间融合发展等主要问题，促进垦地双方深入了解并彼此认同。

(二) 案例一：黑龙江农垦垦地融合发展新机制的探索

1. 基本情况

黑龙江农垦探索了工业化进程中的互补效应、社区建设中的协同效应、农业组织体系和农业经营管理体制的升级效应、基础设施建设中的共享效应等多重效应下的垦地共建共赢新机制，并取得良好成效。

2. 主要做法

(1) 完善利益分配机制，发挥产业发展互补效应

汤原农场属黑龙江农垦宝泉岭农垦管理局管理，位于黑龙江省佳木斯市汤原县。近年来，该农场与汤原县共同投资，基于"农场出地、基础共建、共同招商、利益共享"的原则，共建新型工业园区，对入驻园区的企业统一实施"三减两免"的税收优惠政策，双方对园区企业的税收进行分成。汤原农场的探索，为农垦和地方共同推进地区产业发展提供了金融资本、土地、技术和人力资本整合问题的解决思路——建立垦地市场化合作机制，依托各自优势资源，优势互补，共同推进当地的产业发展。

(2) 立足毗邻城镇一体化发展，发挥社区建设协同效应

汤原农场还与汤原县共同开展小城镇建设，对区域内的建筑风格、产业发展、政策实施等进行统筹规划，协同推进，模糊场县边界，促进场县双方共融共和。此外，对双方交界区的废弃地进行开发再利用，共同投资建设园林式公园，农场负责公园主体建设及排污管道铺设，汤原县负责园外路面拓宽和绿化美化等。汤原农场与汤原县的共建经验，为农垦和地方实现城镇一体化发展提供了解决思路，即建立规划引领的垦地社区建设合作机制，打破场县隔离的空间界限，更好地解决因隔离导致城镇建设混乱无序的问题，使双方居民同等享受区域内的城镇设施和社区服务，促进垦地均衡化发展。

(3) 着力生产协作，谋求农业组织体系及经营管理体制升级效应

黑龙江农垦尖山农场与嫩江市前进镇联合创建"为民"种植业合作社，进行两级管理，实行"合作社+农场企业+社员"的经营模式和"九统一"的管理模式，探索以"农场种植、规模组织、合作社运营、市场运作"为主要特征的场县共建机制。尖山农场的经验为农垦和地方共同推进地区产业共融发展提供了解决思路，即建立垦地生产协作机制，充分发挥自身体制、组织和管理优势，促进小农户和现代农业发展有效对接，对地方农业生产方式和经营体制进行了有效改造，更好地促进了小农经济对接现代农业。

(4) 强化基础设施建设协作，发挥基础设施共享效应

黑龙江鹤山农场深入贯彻"大区域"和"大格局"的发展观念，将场区内双山镇作为农场发展大棋盘的一部分进行统一规划。例如，在交通和道路绿化方面，对于双山镇至111国道的绿色通道进行了高标准绿化。又如，在水土流失综合治理方面，农场管

理局与地方税务局进行充分协作，共同规划建设老莱河流经九三局直及双山镇段左右岸堤防护坡绿化工程，对相邻流域的水土流失综合治理起到了积极作用。鹤山农场的经验是要在基础设施建设中秉承均等化和全覆盖的理念，建立垦地基础设施建设协作机制，优势互补，共同推进区域的经济社会发展。

（三）案例二：四川省点状用地政策创新

1. 基本情况

点状供地起源于浙江，初衷在于破解传统片状供地方式灵活性不足的问题，通过散点或带状供给建设用地，建多少、批多少，以保障产业发展用地项目的落地，具备较强的灵活性，并在四川、广东、上海等地得以实践。

2. 主要做法

四川省点状用地政策在操作性和落地性方面有突出优势，可为进一步探索点状用地政策实践应用，强化产业用地供应保障提供思路参考。四川省主要做法如下。

（1）明晰国土空间规划过渡期的应用指引

四川省自然资源厅《关于印发规范实施"点状供地"助推乡村振兴指导意见（试行）的通知》及《实施"点状用地"助推乡村振兴操作细则》中针对国土空间规划尚未正式获批实施的现状，按"国土空间规划批准前""国土空间规划批准后"两大时期，从点状用地的内涵界定和规划保障两方面提出清晰指引，提高了点状用地政策落地实施性。

（2）细化点状用地规划保障

提出根据土地利用总体规划、"多规合一"的乡村规划、国土空间规划等规划类型分类精准保障点状用地以及相关规划修改调整指引，并对各类规划调整中审批权限、申报材料、审批程序等审批要点提出明确要求，进一步强化了点状用地的规划保障。

（3）创新点状报批

专注于指引要求细致化，对涉及的农用地转用、土地征收、前期工作实施、征收批后实施等工作提出审批权限、申报材料、审批程序等要点要求。

（4）优化用地差别化供应

立足于集体建设用地占用、国有建设用地划拨以及国有建设用地出让等点状供地方式的差异，进一步细化提出供应土地范围、审批权限、供地程序、相关材料编制要求，并明确出让供应中地块规划为非建设用地的规划设计条件确定模式，实现项目精准供地的同时，也进一步提高了点状供地政策操作性。

（四）案例三：广东省高州市农村建设用地拆旧复垦

1. 基本情况

广东省高州市农村建设用地拆旧复垦项目是广东省粤西地区第一个拆旧复垦项目，项目区地块规划复垦为园地，新增园地面积约58亩。该项目为广东省腾挪出了76亩建设用地指标,使高州本地获得约 4 000 万元收益,为镇村、农户带来约 2 800 万元净收益,也推进落实了镇村"三清三拆三整治""美丽乡村"工作。

2. 主要做法

该项目在摸清拆旧复垦潜力的基础上,结合农户拆旧意愿,根据相关规定提交有关材料并落实拆旧经费后,对拆旧地块实施拆除,并由镇政府核发退出证,注销权属登记证,登记造册复垦范围;在合并立项后开展勘测设计,经批准实施后通过竣工验收。项目将农村旧住宅、废弃宅基地、空心村等闲置建设用地复垦腾退出来的建设用地指标在优先保障所在村建设需要后,节余部分以公开交易的方式在省内流转用于城镇建设。主要创新做法:一是创新操作模式,不需要挂钩建新区,允许耕地占补平衡另行落实;二是探索扩大了节余指标流转范围,复垦指标可在省内公开交易平台流转用于城镇建设,并设置了最低保护价;三是构建了以农户、农村建设为主的利益分配机制,明确交易净收的 75% 直接返现于农民,增加了农民财产性收入,深度契合了精准扶贫的政策要求;四是审批层级下沉,由县级人民政府及其有关部门统筹负责、组织审批和验收复垦,地方决策自主权更大;五是明确了不同拆旧复垦主体的分配机制,实施涵盖国有农场、国有林场实施拆旧复垦的分配机制。

第五节 海南农垦国土空间治理体系发展思考

海南农垦是我国第三大垦区,也是我国热区最大的垦区,土地面积约占海南省陆地面积的 1/5,人口约占海南省的 1/9,在海南省经济社会发展中占有重要的地位。经过 70 多年的发展,海南农垦在屯垦戍边、支援国家经济建设、保障粮食和重要农产品安全稳定等方面作出了重大贡献,具有组织程度高、规模化突出、产业体系健全等突出优势,是创新实践国土空间现代治理体系的重要载体。

2020 年 6 月,中共中央、国务院印发的《海南自由贸易港建设总体方案》提出"积极探索建立适应自由贸易港建设的更加灵活高效的法律法规、监管模式和管理体制""强化用地用海保障。积极推进城乡及垦区一体化协调发展和小城镇建设用地新模式,推进农垦土地资产化。支持海南在全省深入推进农村土地制度改革"。海南省也出台了《关于海南自由贸易港统筹区域协调发展的若干意见》《关于进一步推进垦地融合发展的若干措施》《关于持续深化海南农垦改革推进农垦高质量发展的若干意见》等系列制度措施。

海南要建立与自由贸易港政策制度体系相适应的区域协调发展体制机制,这也对海南农垦国土空间治理体系的创新发展提出了新要求。进一步深化农垦改革,积极推进海南农垦土地政策创新,深化促进城乡与垦地协调发展,既是新一轮海南农垦改革发展的重要目标任务,也是海南自由贸易港建设中推进"全省一盘棋、全岛同城化"区域协调发展理念的关键内容。海南农垦将为我国热区国土空间现代化治理提质升级提供经验样板,为促进热区乡村振兴和农业农村高质量发展提供国土空间保障。

一、用好盘活存量建设用地的政策组合拳

在当前国土空间政策背景下,盘活存量建设用地"以存量换增量",成为解决乡村空间发展问题的必然选择。结合各地开展存量建设用地盘活的相关实践情况来看,通过全域土地综合整治、城乡建设用地增减挂钩以及"三旧"改造3种方式探索存量建设用地盘活,取得了良好的成效及实践经验。

(一) 全域土地综合整治

深化实施全域土地综合整治,通过创新土地制度供给和要素保障,合理配置农村土地资源要素,加强农村建设用地盘活利用,解决农村土地利用碎片化、无序化和低效化突出等问题,提高农村土地综合整治的集成性、系统性。

海南农垦土地范围分布在海南岛多个市县,传统的属地管理制度难以满足海南农垦土地集约高效管理利用的实际需求。考虑到存量建设用地盘活的长期性和复杂性,海南农垦可充分借鉴浙江省在全域土地综合整治的有益经验,着眼于规划引领、实施模式创新、指标配置优化以及激励机制完善4个方面,推动存量建设用地有效盘活。首先,在开展存量建设用地盘活过程中,海南农垦应秉持"全域规划、全域设计、全域整治"理念,以"规划统筹和系统推进"为基础,突出规划引领作用,统筹布局生产、生活、生态空间,实现以项目为基础保障开发建设和空间布局的精准定位。其次,在工作思路方面,可借鉴杭州市分类实施全域土地综合整治的经验,充分结合区域资源禀赋和发展需求开展分类分批实施的探索,破解单一实施模式难以满足不同资源禀赋区域存量盘活的困境。再次,可借鉴指标管理的创新实践,在满足原区域建设发展的前提下,探索实现用地指标在省内的合理化配置,提高指标的流动性和灵活性,提高土地资源配置效率。最后,在保障措施方面,海南农垦可从主体、资金、动力三大核心要素着手,通过构建完善激励机制,稳步推进存量建设用地盘活工作开展,促进实现盘活效益最大化。

(二) 城乡建设用地增减挂钩政策

城镇建设用地增加与农村建设用地减少相挂钩作为一项超常规政策,是在满足项目区内耕地面积不减、建设用地规模不增、建设用地布局优化、土地节约集约利用的前提下,进行区域存量土地盘活利用。

面对当前突出的建设用地供需矛盾和新增建设用地指标紧缺的现实,探索开展建设用地规模内部平衡,有利于盘活存量建设用地。结合海南农垦土地利用效率现状,海南农垦一方面可充分借鉴增减挂政策思路,探索建设用地规模内部平衡,并以海南农垦为单位纳入增减挂钩在线监管系统,实现海南农垦范围内的增减挂钩项目区在线报备。通过设置项目区,在不减少耕地的大前提下,采取建新拆旧和土地整理复垦等措施,实现农垦内部建设用地的调整平衡,优化建设用地布局,提升土地节约集约利用水平。另一

方面，可采取指标市场化交易、健全利益分配机制以及设置保护价等政府调控手段，推动建设用地规模内部平衡的有序开展。

（三）"三旧"改造

低效用地再开发模式最早出现于广东、浙江等沿海发达省份，"三旧"改造是广东省在推进城市更新中持续开展的创新实践，通过对城市内部旧城镇、旧村庄、旧厂房改造，对存量土地进行资源整合和存量挖掘，实现城市土地功能转换和二次开发，成为提升存量盘活内生动力的重要途径。

发挥市场在土地配置中的基础作用，是现行土地制度改革的重要方向。相对于其他存量建设用地再利用政策，"三旧"改造土地政策灵活性更强，市场主体参与度较强，注重发挥参与主体的积极性。结合海南农垦的土地资源配置实际情况，建议借鉴广东省"三旧"改造的经验，构建系统性的激励机制，通过协议出让、完善收益分配、补偿安置、财政奖补、税费优惠等配套政策，形成涵盖被改造主体、市场主体、政府多方参与主体的"造血"机制，探索土地增值税补助等支持政策，完善收益分配机制，进一步降低实施主体的改造成本，促进存量土地的资源整合和存量挖掘，实现土地资源的有效配置。

二、探索建设用地定额留用

在人地关系愈发紧张的客观情况下，提高土地利用集约度、转变土地利用方式，尤其是收回国有土地使用权的方式，是目前农垦要面对的现实问题。广东省明确了农垦国有土地使用权收回适用征地留用地政策，规定"农垦国有土地使用权确需收回的，要经原批准用地的政府批准，并事先征求省农垦部门意见，参照农村土地征用标准予以补偿，落实留用地补偿政策"，明确"农垦土地被依法收回后再出让的，其出让收入实行收支两条线管理，市县分成的相应土地出让收入要按规定积极用于农垦农业土地开发、农田水利建设以及公益性基础设施建设"。江苏省则对农垦土地收回安排留用提出"收回农场土地进行开发利用的，可划出一定面积，在纳入市县土地供应年度计划并依法履行供地手续后，由农场进行开发，促进农场可持续发展"。

立足于海南农垦土地使用权收回规范性有待提升的现实困境，结合当前农垦土地收回相关规定效力较低、统一性较差的现状，建议结合海南农垦实际，借鉴广东、江苏等地农垦土地政策创新实践成果，在科学研判农垦土地收回定额留用适用性的基础上，在《海南省征地安置留用地管理办法》等集体土地征地留用地政策成果基础上进行创新，通过出台政策落实规范农垦土地收回留用定额建设用地的做法，明确留用比例、具体用途以及后续开发利用管理等内容，进一步规范农垦土地使用权收回，实现土地转化中原权利人的未来发展保障以及留用土地落地兑现，保障垦区产业发展、城镇化建设合理用地需求。

三、加强农垦产业用地保障

推动农业现代化进程中,深化农垦土地集约高效利用是新时代农垦土地政策创新的重要内容,不仅是保障乡村产业用地需求,也是保障地区可持续发展的持续动力。

"带方案出让"方式 该方式最早源于工程建设项目审批制度改革,是政府在土地出让前,将城市设计、建设工程方案、功能运营、基础设施建设等相关条件作为土地出让的前提条件。广州市南沙区 2018 年试行土地"带规划设计方案"出让,实现"交地即开工",通过相关规划设计方案审批前置,实现审批环节压缩,加快用地项目落地开发建设。

"点状用地"方式 该方式起源于浙江,通过散点或带状供给建设用地,以保障产业发展用地需求,具备较强的灵活性,并在四川、广东、上海等地得以实践。海南也于 2020 年出台了《关于实施点状用地制度的意见》为"点状用地"实践提出制度性指引。还应该看到,"点状用地"还需要明晰国土空间规划过渡期的应用指引,细化和完善点状用地规划保障及审批程序,进一步优化用地的差别化供应。

设施农用地使用方式 设施农用地是指直接作为生产设施用地及其相应附属设施用地,是农业生产和乡村产业全产业链经营发展的重要保障。广东省实行了"优化乡村旅游和休闲农业用地供给"政策,提出充分利用设施农用地有关措施,在农地农用、不破坏耕地层的情况下,允许建设相关配套设施,鼓励按规定使用设施农用地进行乡村旅游和休闲农业项目相关设施建设,保障乡村产业发展设施用地需求。

产业用地供应是产业发展落地实施的重要保障,要充分发挥"带方案出让"、"点状用地"、设施农业用地等政策在保障产业用地发展需求方面的支撑作用。通过产业用地保障政策创新实践,解决农垦产业发展中存在的产业项目发展用地的开发经营主导权以及项目落地问题。一是可借鉴广州市南沙区"带项目设计方案"供地经验,缩短产业用地供地周期,并结合合理设置地块竞买申请人主体资格的行业类别、产业类型限制,实现"带产业项目"挂牌出让,保障项目顺利落地。二是借鉴四川省、广东省"点状用地"制度实践经验,立足于海南省《关于实施点状用地制度的意见》《关于进一步明确"只征不转""不征不转""只转不征"有关问题的通知》等有关政策,推动相关实施细则出台,提高制度操作性和落地性,强化产业用地保障。三是可参考广东省创新使用设施农用地的思路,结合海南省《关于规范设施农业用地管理促进现代农业健康发展的通知》规定,用好用活设施农用地政策,保障农业基础设施建设,助力农业现代化发展,为推动乡村旅游和休闲农业发展提供用地保障,促进一二三产业融合发展。四是用好《关于持续深化海南农垦改革推进农垦高质量发展的若干意见》中关于"只转不收"政策,探索通过"只转不收+作价出资"实施土地资本化,或采取"只转不收+协议出让"盘活农垦土地资源,促进垦地经济高质量发展。

四、优化土地资产配置

垦区土地空间分布与地方政府管理区域参差交错,土地资源管理也存在一定的复杂性。此外,农垦与地方隔离的"二元体制",深刻影响了要素和资源的有效合理配置,造成农垦与地方社会服务的不均衡结构,不利于地区统筹协调发展。

黑龙江农垦探索了产业互补、经营管理、社区及基础设施建设等多重效应下的垦地共建共赢新机制,并取得了良好成效。海南农垦集团首创南繁、中坤垦地融合发展新模式,借鉴黑龙江农垦等地经验,进一步探索"垦地协同"机制,促进"垦地共赢"。一是探索城乡及垦区一体化协调发展运营模式,探索由政府主导、垦地共建,由政府及海垦集团合作成立平台公司,双方以"土地作价出资+现金"等形式入股运营。二是注重市场机制的创新建立,可参考黑龙江农垦共建工业园区思路,明晰税金分成的模式,实行科学合理的成本分摊和利益共享。三是合作机制的常态化以及长期化,完善建立沟通协商机制、公共服务共享机制、基础设施共建机制等。四是组织上的共建共融机制,通过构建联席机制,系统搭建垦地共建的组织协同体系。此外,还可以探索土地资源资产委托代理模式,通过政府将特定自然资源资产作价出资或入股、政府购买服务等方式,行使农垦范围内土地资源资产的部分所有权管制职责,实现农垦土地资源的统筹管理。

在探索"三块地"改革方面,浙江义乌、佛山南海以及上海松江等"三块地"改革试点区域,开展了宅基地有偿使用制度先行先试,并在宅基地超标准有偿使用、市场化配置以及退出机制方面形成了实践经验。结合海南农垦实际,探索有偿使用制度,对破解垦区居民住宅用地超标准等历史遗留问题有参考意义,按自住类型、投资经营性质类型等不同类型实行分类处理,并进一步完善住房退出机制。其中,存在历史遗留问题的自住类型住房,探索实行超标准有偿使用制度,按照超标准面积,参考所在区域住宅用地片区基准地价,允许居民在缴纳超标使用费后,补办相关用地手续和报建手续。而存在历史遗留问题的投资经营性质类型住房,由海南农垦主导,采用收购、统租、托管等方式规模化经营,建立完善收益共享制度,推动住房盘活利用。

五、优化农垦国土空间格局

按照国家构建国土空间规划体系相关要求,针对海南农垦与地方政府协同难、规划管理被动等难题,强化海南农垦主动对接地方政府,深度参与各级国土空间规划编制工作,积极开展农垦国土空间规划专题研究,探索详细规划编制权限下放制度,构建"垦地协同"的国土空间开发保护制度,优化农垦国土空间总体开发格局,助推海南农垦实施乡村振兴。

开展海南农垦国土空间规划专题研究 推动国土空间总体规划中农垦专题研究的延续与落实,结合农垦发展开展规划动态调整的专题研究,统筹协调纳入省和市县国土空间总体规划中。建立农垦与地方政府在产业发展、基础设施建设方面构建良性沟通协调机制、利益连接机制，促进优势互补，共同推进当地的产业发展和基础设施建设，从而促进当地经济社会发展。在规划实施阶段，探索农垦范围内建设用地统筹配置机制，探索在海南农垦全域范围内统筹使用建设用地，从全域土地管理角度谋空间、挪指标、保发展。

探索创新农垦详细规划编制权限委托下放制度 根据中共中央、国务院《关于建立国土空间规划体系并监督实施的若干意见》的要求，针对农垦土地覆盖范围广、涉及市县多、详细规划编制任务重等现实问题，在海南省开展"全民所有自然资源资产所有权委托代理机制试点"的基础上，探索创新农垦详细规划编制权限委托下放制度，即市县政府委托并指导农垦编制辖区控制性详细规划及村庄规划，并按程序报市县政府审批实施。

探索创新农垦村庄规划管控模式 鉴于农垦居民点在"三调"地类中属于城镇住宅用地的特殊性，有条件探索创新垦区村庄规划管控模式。针对开发边界内的生产队居民点，编制控制性详细规划，不再编制村庄规划，按城镇进行规划管控；针对未划入开发边界的生产队居民点，编制村庄规划，参照乡村区域进行规划管控。其中，开发边界外的生产队居民点与周边乡村用地毗邻、集中连片且具备集中配套公共服务设施和基础条件的，可由乡镇政府联合农场将生产队居民点与周边乡村用地一并编制村庄规划。通过控制性详细规划和村庄规划的编制实施，实现农垦范围内详细规划全覆盖，进一步完善和丰富垦地一体化的海南农垦国土空间发展格局，为海南农垦推进乡村振兴和高质量发展提供国土空间保障。

参考文献

白中科，周伟，王金满，等，2019. 试论国土空间整体保护、系统修复与综合治理[J]. 中国土地科学，33（2）：1-11.

曹爽，贾春，陈光建，等，2022. 适应新时代新需求的四川省城镇开发边界管理政策浅议[J]. 资源与人居环境（11）：24-27.

曹宇，王嘉怡，李国煜，2019. 国土空间生态修复：概念思辨与理论认知[J]. 中国土地科学，33（7）：1-10.

陈前虎，2024. 全域国土空间综合整治助力县域国土空间治理现代化[J]. 小城镇建设，42（4）：1.

党安荣，田颖，李娟，等，2022. 中国智慧国土空间规划管理发展进程与展望[J]. 科技导报，40（13）：75-85.

邓钰，2023. 海垦集团与保亭举行座谈[N]. 海南日报，2023-05-31（008）.

樊杰，2020. 我国"十四五"时期高质量发展的国土空间治理与区域经济布局

[J]．中国科学院院刊，35（7）：796-805．

樊杰，郭锐，2021．"十四五"时期国土空间治理的科学基础与战略举措［J］．城市规划学刊（3）：15-20．

樊森，2020．国土空间规划研究［M］．西安：陕西科学技术出版社．

方相，2021．土地综合整治对农村产业转型的影响研究［D］．武汉：华中农业大学．

冯广京，王睿，谢莹，2021．国家治理视域下国土空间概念内涵［J］．中国土地科学，35（5）：8-16．

戈大专，2023．新时代中国乡村空间特征及其多尺度治理［J］．地理学报，78（8）：1849-1868．

戈大专，陆玉麒，2021．面向国土空间规划的乡村空间治理机制与路径［J］．地理学报，76（6）：1422-1437．

戈大专，陆玉麒，孙攀，2022．论乡村空间治理与乡村振兴战略［J］．地理学报，77（4）：777-794．

郝庆，彭建，魏冶，等，2021．"国土空间"内涵辨析与国土空间规划编制建议［J］．自然资源学报，36（9）：2219-2247．

黄贤金，2021．自然资源产权改革与国土空间治理创新［J］．城市规划学刊（2）：53-57．

蒋林军，2024．土地综合整治规划设计方法与要点探讨［J］．农业与技术，44（14）：44-47．．

李红举，苏少青，翟刚，等，2024．全域土地综合整治技术模式研究［J］．中国土地（7）：50-54．

林坚，赵晔，2022．国土空间治理与央地协同：基于"区域—要素"统筹的视角［J］．中国人民大学学报，36（5）：36-48．

刘燕，2022．省级国土空间规划"一张图"实施监督信息系统建设研究［J］．测绘技术装备，24（2）：120-124．

裴新生，钱慧，杨韫萍，2024．国土空间协同治理的关键要素识别与策略研究［J］．城市规划，48（5）：30-39．

王福全，2023．国土空间规划背景下的"多规合一"信息平台设计与实现［J］．测绘与空间地理信息，46（4）：89-91，95．

王曙光，2019．农垦体系与地方发展：市场机制下的垦地共生模式［J］．新疆农垦经济（2）：1-4．

吴次芳，王嘉琪，王梦婧，等，2022．国土空间设计［M］．北京：地质出版社．

向文武，2023．全域土地综合整治潜力评价与整治模式研究［D］．南昌：江西农业大学．

严金明，冯思远，夏方舟，2024. 国土空间治理体系和治理能力现代化的思考［J］. 中国行政管理（4）：129-140.

严金明，张东昇，夏方舟，2022. 国土空间规划与土地要素市场化改革：引入"治理均衡器"和"电路图"的具象化协同机制设计［J］. 中国土地科学，36（10）：1-12.

张晋晋，韩克勇，黄征学，2024. 中国式现代化国土空间体系的内涵把握与实践方略［J］. 江苏社会科学（3）：178-186.

张衍毓，张晓玲，邓红蒂，2021. 新时代国土空间治理科技创新体系研究［J］. 中国土地科学，35（4）：9-16.

甄峰，李智轩，2023. 数据驱动的中国城市空间治理框架设想［J］. 经济地理，43（5）：26-35.

中共海南省委办公厅，2022. 海南省人民政府办公厅印发《关于进一步推进垦地融合发展的若干措施》的通知［J］. 海南省人民政府公报（14）：2-7.

朱从谋，王珂，张晶，等，2022. 国土空间治理内涵及实现路径——基于"要素—结构—功能—价值"视角［J］. 中国土地科学，36（2）：10-18.

FU B, LIU Y, 2023. Meadows M E. ecological restorationfor sustainable development in China［J］. National Science Review, 10（7）.

LIU Y, ZHOU Y, 2021. Territory spatial planning and national governance system in China［J］. Land Use Policy（102）. DOI：10.1016/j.landusepol. 2021.105288.

YAN J, YANG Y, XIA F, 2021. Subjective land owner-ship and the endowment effect in land markets：A case study of the farmland "three rights separation" reform in China［J］. Land Use Policy（101）.

第七章 总结与展望

第一节 研究总结

一、新质生产力赋能热区数字乡村的重大意义

数字乡村是乡村振兴的战略方向,也是以信息化驱动中国式现代化的具体行动。发展新质生产力是推动高质量发展的内在要求和重要着力点,新质生产力是科技创新发挥主导作用的先进生产力质态,将其应用至我国热区乡村和热带农业领域,能够为全面推进乡村振兴和农业农村现代化提供强大动力。深入把握以新质生产力推进热区数字乡村建设的内在逻辑与现实路径,具有重要的理论和现实意义。新质生产力具有高科技、高效能、高质量特征,能够优化资源配置,加强产业急需、先进适用技术研发和成果转化推广,提升全要素生产率,进而为推动农业农村高质量发展、推进中国式现代化持续注入强劲动力。

新质生产力助推热区数字乡村产业数智化。新质生产力在热区农业领域的应用,最直观的体现就是助推农业产业数智化,极大地解放和发展农村生产力。智能农机设备、智能灌溉系统、农情智能监测系统以及物联网基础设施的应用和推广,有效降低热带农业种植环节的人力成本,大幅提高农业生产效率,明显提高农作物的产量和质量,还有助于减少资源浪费、环境影响和作物损失,对提升我国农业的核心竞争力具有重要作用。新质生产力还助推了农村产业的数字化转型,利用人工智能技术可以对智能农机进行自主驾驶和智能控制,提高农机作业效率;利用大数据、智能算法技术对产业链进行全面管理和优化,预测市场变化,指导行业主管部门、农户及时调整生产策略,实现市场营销的精准化;更加智能化的现代生产技术手段和设施装备,也将有助于提升农业社会化服务信息化水平,促进科技创新成果转化。

新质生产力助力热区数字乡村生活便捷化。应用新质生产力,打造一个智能且人性化的数字乡村服务系统,能够带来更高的乡村生活品质。在实践中,加强对乡村传统基础设施的数字化、智能化改造,在保障应用功能的基础上,提高基础设施运行效率和智

能化管理水平。加大对新兴产业的支持力度，强化农业科技支撑，鼓励不同领域的跨界合作，推动技术创新和产业融合，开发农业多种功能、挖掘乡村多元价值，有助于推进乡村产业园区化、集群化发展；培育具有新兴产业特色的新业态、新模式，让农民获得多元化的增值收益；依托完善的互联网体系，发展乡村土特产网络销售，拓宽农民增收致富渠道。

新质生产力实现热区数字乡村环境更优化。新质生产力倡导绿色、低碳、循环的发展模式，既注重经济效益，又注重人与自然的和谐共生，提升乡村环境的整体质量。在人们切身可感知的乡村景观环境领域中广泛实践和推广数字景观规划技术，塑造更人性化、智慧化、科学化和精细化的乡村景观空间；加强乡村数字基础设施建设，加大区域性乡村治理与服务信息化平台的建设力度，使乡村生活更加便捷；信息化技术在乡村治理中赋能基层党建、乡村政务管理、乡村公共服务、公共安全，实现了乡村管理与安防一网协同、精细管理，优化了乡村人文环境；充分发挥数字化技术在乡村建设和资源优化配置的优势，促进资源环境协调、城乡生产要素双向流动，提升乡村建设和空间资源优化配置水平。

二、热区数字乡村建设的理论建构

我国热区乡村和热带农业是实施数字乡村战略的重要平台和生动范例，本研究在系统梳理了数字乡村发展脉络以及基本内涵的基础上，围绕热区数字乡村，认识到热带地区是国家乡村振兴战略的重点区域，热带农业是促进农业农村现代化和服务国家外交战略的重要内容，热区乡村是建设美丽中国的重要展示窗口，数字乡村建设既是乡村振兴的战略方向，也是解决"三农"问题的历史机遇和时代要求。当前，数字技术正在加速渗透、扩散和广泛应用到热区农业农村各个领域中，势必会改变热带农业的生产方式、热区农村的生活方式、乡村社会运行及乡村治理方式乃至热区农民的思维方式。

本研究认为，面对数字乡村发展的新形势新要求，要抓住新一代信息技术为特征的科技革命和产业变革机遇，以数字技术服务人民美好生活为根本遵循，以智慧赋能热带农业高质量发展为主要目标，以发展新质生产力提升农业全要素生产率为主攻方向，在我国热区乡村和热带农业高质量发展的进程中探索出数字乡村的生动实践范例具有重要意义。

本研究提出，要科学搭建热区数字乡村"2+4+3"学科研究架构，按照"理论创新—技术突破—场景搭建"的逻辑，创新推进热区数字乡村发展。

热区数字乡村需要抓住"两条主线"，即"智慧赋能（AI）产业升级"和"数字孪生（DT）城乡融合"。把握新质生产力科学内涵，以数字科技创新驱动先进生产要素为目标，聚焦热带特色高效农业高质量发展，促进提升全产业链生产力，通过智慧赋能热带农业产业，实现智慧农业升级；用好用活"千万工程"经验，以建设宜居宜业和美乡村为总抓手，以数字信息化技术助力优化村庄布局、整治人居环境、完善基础设施、强化公共服务、健全乡村治理，实现城乡高质量协调发展。

热区数字乡村需要做好"四篇文章"。宜业：产业发展数智化。围绕数智农业开展研究，聚焦数智赋能热带农业转型升级、主要热带作物数智生产关键技术创新、数字化赋能农业社会化服务等创新领域。宜游：乡村旅游智慧化。围绕乡村旅游开展研究，聚焦乡村旅游智慧升级、乡村农旅融合发展、热带植物园内涵提升等创新领域。宜居：乡村建设信息化。围绕乡村建设开展研究，聚焦乡村数字基础设施建设、数字化技术辅助乡村景观设计、乡村信息化人才、乡村数字治理等创新领域。宜发展：国土空间治理现代化。围绕国土空间治理开展研究，聚焦国土空间智慧规划、全域土地综合整治、城乡及垦区一体化协调发展等创新领域。

热区数字乡村需要构建"三大基座"。智慧中枢，构建支撑数字乡村研究的决策支撑系统、数据共享平台、数字技术赋能等智慧中枢底座；支撑体系，构建支撑数字乡村研究的科创引领体系、成果转化体系、产业互促体系等支撑体系底座；保障机制，构建支撑数字乡村研究的统筹推进机制、共建共享机制、循序渐进机制等保障机制底座。

三、热区数字乡村建设的实践路径

热区乡村产业发展数智化 主要包括加速布局热带农业生产智慧化、加快热带农业全产业链数字化转型、加强关键技术装备集成创新、打造典型应用场景、提升农业社会化服务信息化水平等内容。技术创新主要包括大数据和人工智能技术、智能决策和智慧管理技术、农业机器人技术、农业装备自动驾驶技术、智能农机装备、数字化赋能农业社会化服务等领域。应用场景如数字农业创新中心体系、热带农业大数据平台、特色热带作物智慧化平台、智慧农机创新与应用、数字化赋能农业社会化服务等。需要注意，热区农业数智化生产应重点关注以下几个领域：一是促进数据资源整合共享，加快构建"天空地"一体化数据资源采集体系，把农业物联网作为数据采集最重要的渠道，夯实数字化基础支撑，同时，注重建立健全数据要素管理机制，在确保数据安全的前提下做到开放共享；二是加强主要热带作物（如天然橡胶等）数智化生产关键技术，围绕主要热带作物的全产业链、通用关键技术、专用关键技术开展科技攻关，加强智能农机装备研发与应用推广力度，促进农机农艺融合创新；三是积极推进农业社会化服务数字化发展，创新服务模式和组织机制，加强数字农业专业人才培育，培养既懂数字技术又懂农业生产管理的复合型人才。

热区乡村旅游智慧化 主要包括乡村旅游智慧升级（包含深化数字化平台开发、加强数字化设施建设、提升数字化技术应用、加大数字化人才培育）、数字化乡村休闲度假、数字化特色乡村民宿、乡村植物园数字化提升等。其发展路径：整合农旅融合产业链，塑造乡村旅游目的地品牌形象；完善村民参与制度，融入区域旅游发展；创新乡村旅游投融资模式，推动乡村智慧景区建设；采用"外引内培"方式，不断夯实乡村旅游人才队伍；"特色文化+智慧旅游"相结合，赋能乡村文旅高质量发展。

热区乡村建设信息化 主要内容有乡村数字基础设施建设、数字化技术辅助乡村景观设计、乡村信息化人才引进与培育、乡村数字治理。乡村数字基础设施建设主要从通信基础设施数字化、农村公路设施数字化、农村水利设施数字化、农田设施建设数字化、农村电网设施数字化、农产品设施数字化等方面进行实践;数字化技术辅助乡村景观设计主要从数字化立地环境分析、数字化景观方案设计、园林管理智慧化等方面进行;乡村信息化人才引进与培育主要从加强农业信息化创新人才培养,鼓励人才下乡返乡从业或创业两个方面进行;乡村数字治理主要从信息化技术赋能基层党建、乡村政务管理、乡村公共服务、乡村公共安全等方面进行。

热区国土空间治理现代化 现代化国土空间治理是乡村建设与发展的落地基石,国土空间治理现代化能为数字乡村的落地提供了重要的条件支撑和技术支持。需要加快国土空间智慧规划,深化推进全域土地综合整治,促进城乡与垦地协调发展,提升国土空间治理的数字化水平,从而提高乡村空间治理的效率和效果。加快推进国土空间智慧规划的应用进程,借助数字技术来促进空间治理手段转型升级,实现对国土空间规划的全过程管理与监督,构建适应现代化发展需求的国土空间规划体系和国土空间治理体系。深化推进全域土地综合整治,以农用地整理、建设用地整理、乡村生态保护修复和历史文化保护等为核心内容,落实村庄用地布局规划,塑造提升村庄景观风貌,为宜居宜业和美乡村建设提供支撑。促进城乡与垦地协调发展,加快部署以人为本的新型城镇化战略,促进垦地一体化融合发展,为热区乡村空间体系建设提供创新发展的思路。

第二节 热区数字乡村发展展望

一、夯实热区数字乡村建设基础

完善建设数字基础设施,有利于保障数字乡村稳步建设,弥合城乡"数字鸿沟"。虽然我国一直在加大力度推进数字乡村的基础设施建设,但由于建设周期长、投入规模大、回报率低等因素,当前,乡村信息化基础设施与城镇相比还存在不小差距,发展相对滞后,尤其是偏远农村地区的数字基础设施建设水平和普及率仍然较低,数字基础设施亟待升级。

加强数字农业建设统筹规划 把数字农业农村建设作为推动农业高质量发展和乡村全面振兴的重要内容,在数字乡村建设统筹协调机制框架下,重点解决数字乡村建设过程中面临的跨部门、跨行业的问题,整体谋划数字乡村发展重点,统筹协调各部门资源,整合各部门数字乡村相关配套政策和建设项目,形成工作合力,加大财政集中投入力度。

推进乡村信息基础设施优化升级 针对目前部分偏远村庄的宽带、无线网络的短板,大力推进城镇与乡村地区"同网同速",优化提升农村网络的质量及普及率,将网络基础设施建设覆盖乡村生活场景和生产运营场景,根据实际情况,利用移动通信网络、宽带网络、卫星网络、窄带物联网等多样化方式,使网络覆盖农业生产、加工、流通等领域,满足农业农村对网络的需要。

加快农业农村生产生活基础设施数字化改造 面向广大农村地区和农业生产运营场景,主要从通信基础设施数字化以及农村公路设施、农村水利设施、农田设施、农村电网设施、农产品设施等方面加强乡村数字基础设施建设以及智慧化改造,为对接数字乡村各类项目、融合农业资源数据搭建数字化平台。

二、加快数智热带农业发展进程

大力推进智慧农业,利用现代信息技术装备对热带农业尤其是热带特色高效农业进行全方位的改造升级,叠加大数据、人工智能、物联网等智慧化技术手段,利用数据、模型、算力等进行精准调控、精准作业、精准管理。

完善构建热带农业领域数字农业创新体系 围绕主要热带作物品种,聚焦天然橡胶、木薯、香蕉、甘蔗、热带水果等典型热带作物种植业应用场景的差异化需求,针对不同品种和专业领域数字农业产品和技术应用,开展基础性、关键性、引领性技术研究,研发先进适用、特色专用的数字农业技术产品,形成特定品种数字农业集成解决方案;针对热区应用场景的差异化需求,对先进数字技术与产品进行本地化调试、改造,研发适用本区域特色品种的数字技术与产品;围绕创新链与产业链衔接发展,聚焦热带种植业、热带设施农业、热带畜牧业及热带渔业,建设一批具有特色的国家热带数字农业创新应用基地,实现相关技术产品集成应用、中试熟化、标准验证、示范推广等,推动探索热带作物重点品种产业数字化转型路径,助力培育热带农业领域信息化企业,建立产学研用一体化的热带数字农业发展生态,为热区提供可复制可推广的应用模式。

丰富热带农业农村大数据监测预警体系 以数据为关键生产要素,以数据采集与分析、信息共享、预警决策、技术接入、科技服务等板块为核心内容,进一步挖掘与利用我国热区热带农业产业、农业机械、现代科技服务、新型农业经营主体等热区农业农村数据资源,系统汇聚生产、加工、储运、销售、消费、贸易、成本收益等数据资源,加强数据安全保障,完善建立健全智能设备、数据采集等建设标准及数据规范等,形成标准统一的热区农业农村基础数据资源体系,推进数据信息资源开放共享;加强热带农业灾情虫情、作物长势、土壤墒情、耕地资源、农产品市场信息的智能动态监测预警处置,强化数据汇聚、分析和应用能力,实现产量预计、市场预测、资源管理、病虫害预警、舆情分析等功能,提高热带农业农村领域管理服务能力和科学决策水平。

加强关键技术装备集成创新 围绕主要热带作物的生产、采收、加工等全产业链,加快突破智慧热带农业在关键技术、核心零部件、成套智能装备等重点领域瓶颈,加强智慧农机装备及自动作业、精准作业和农机智能运维管理等关键装备技术研发,加快农业人工智能研发应用，积极推进具备智能决策的新一代农用无人机、普适性机器人及专用机器人；优化改进农机农艺，促进在应用中持续优化迭代、适应适配智慧农业技术；超前布局前沿技术、颠覆性技术，加强新一代人工智能、智能计算、大模型智能服务、虚拟现实深度融合等新技术的基础研发和前沿布局；提高对数智农业智能农机装备关键技术研发集成与孵化、数智农业智能农机装备新产品创新研究及集成应用示范的政策扶持和资金补助力度。

创新搭建典型示范应用场景　在热区因地制宜建设一批智慧农业引领区，率先在农业现代化示范区、现代农业产业园、优势特色产业集群、农业产业强镇等平台上推进数字技术，稳步探索建设一批高水平的智慧农场、智慧牧场、智慧渔场，打造一批全产业链数智农业示范基地，形成具有热区特点的区域性整体性解决方案。发挥龙头企业在产业数字化中的重要作用，鼓励农业龙头企业在物联网软硬件设备、决策分析智慧辅助两大方面的应用，带动新型农业经营主体与上下游企业融入智慧化应用场景和产业生态。

三、促进乡村特色产业智慧转型

数字技术赋能乡村特色产业向智慧化转变是推进农业农村现代化、建设现代化产业体系的任务要求，引导创新要素向特色产业智慧转型领域聚集，以产业智慧发展转型驱动，提升乡村特色产业体系整体效能，实现农业农村高质量发展。

促进热带农业全产业链数字化转型　加快推进农机农艺配套的重要智能终端和装备，提升精准种植和数智管理水平，促进大面积提单产实现增产能、现代设施生产实现提效能、精准测报管理实现降风险，构建更有效率、更有效益、更可持续的热带农产品生产体系。推进农产品可溯化，加强质量安全管控全程智慧化管理，解决生产端与销售端信息不匹配问题，畅通农产品从田头至餐桌的全链化信息道路，不断深化完善农产品线上销售体系建设，补短强弱提升农村端、物流端、渠道端、市场端等关键环节。加强重要农产品和主要热带作物全产业链监测预警体系，巩固加强农产品市场价格监测、分析、调度和发布工作，形成产销精准对接和互动反馈的良性机制，发布实时生产数据、价格指数及市场预测等信息。加快推进"智慧+"农业社会化服务，鼓励社会化服务组织提供各类信息技术服务，提升面向现代农业生产服务体系的智慧化水平，加快建设农业农村用地"一张图"、农事服务"一张网"、农业数据资产"一张表"。

数字技术助推产业融合营造新业态　新质生产力发展加快推动了新型生产方式和生产关系，数字赋能加快从传统单一产业向一二三产业的多元化深度融合发展，加强乡村资源开发与利用，乡村多种生产要素和产业链条交叉融合形成的新产业、新业态和新模式，构建形成多元化的复合应用场景和产业生态系统，将数字经济与实体经济深度融合，不断催生新的经济效益和社会效益。进一步实施"互联网+"农产品出村进城，加强农业农村电商普及，围绕成规模的新型农业经营主体，用好平台电商、直播电商等新模式，进一步普及区域特色农产品的线上销售，促进农资农具、生产经营服务的线上服务。

推进乡村旅游智慧化发展 乡村旅游智慧化助推乡村振兴，是城乡融合发展的必然方向和重要趋势。乡村旅游智能化建设和智慧化发展过程中，现代化互联网、人工智能和VR等虚拟技术被广泛运用于各类场景中，这就要求各级主管部门、乡村旅游相关企业、各级村委会和村民要牢固树立智慧化发展的理念与建设意识，制定相应的管理及运营制度。对拥有独特地域特色和人文风情的乡村，要积极开展智慧化设施建设，促进乡村旅游智慧化管理和服务、智慧化运营等能力的提升，并将智慧乡村旅游与特色农产品销售有效融合，使乡村旅游更智能化、更现代化。通过以上努力，提升乡村旅游吸引力，为乡村带来新的经济活力，促进乡村可持续发展。

四、完善丰富乡村现代治理体系

以国家数字乡村试点为契机，推进信息化、数字化与乡村建设深度融合，加快深入实施数字治理能力提升行动，促进城乡基本公共服务均等化，缩小城乡间的"数字鸿沟"，助力数字中国战略实施。

乡村治理方式的数字化创新 国家对农村地区信息化建设的投入持续增加，乡村信息基础设施不断完善。乡村治理数字服务平台的建设和使用将成为未来一段时间乡村治理工作的重点，以促进基层治理主体的服务能力和水平的提升。乡村综合治理智慧化程度提高，稳步构建"互联网+网格治理"体系并不断完善服务管理模式，推广"一张图"式乡村数字化治理模式，推进农村地区的智慧化法律援助、公共安全、气象灾害预警等信息技术深度融入乡村治理的场景应用，提高乡村治理的科学性、便捷性和有效性。

乡村治理结构大幅优化 信息化技术的引入，重构了乡村治理主体之间的关系，使得未来乡村治理从"等级式治理"向"多元共治"转变。村民表达意愿的渠道更加通畅，与村干部的对话更加平等，参与乡村治理的积极性更加高涨，实现村民平等治理村务，从而推进乡村自治、法治、德治的有机融合。此外，信息化建设将乡村经济治理、政治治理、文化治理、生态治理等各领域整合在同一信息化平台，帮助乡村干部走出治理误区，更好地意识到乡村治理各部分紧密相连、不可分割，促进乡村治理各项工作的统筹部署和协调推进，深化村务、政务、商务、党务之间的高度融合。

乡村治理程序不断简化 办事服务效能提升是乡村治理现代化的重要标志之一，得益于大数据、云计算、物联网等信息化技术的应用，乡村治理的流程将朝着数字化、标准化、精简化的方向发展。"互联网+政务服务"向乡村拓展延伸，实现网上政务服务五级（省、市、县、乡、村）全覆盖，提升政务服务"网上办、掌上办、一次办"全程网上办理效率，提升政务、商超、医疗、教育、养老等综合服务功能，做好乡村服务"最后一公里""最后一百米"。

五、提升全民数字素养与现代技能

数字技术与服务已经与人们日常生活密不可分，作为数字社会发展进程中公民学习、工作、生活应具备的数字素养与技能，预示着生产方式和生活方式的数字化转变。提升数字素养与现代技能是农村居民享受数字红利的关键。

多层培育乡村数字化人才 在顶层设计层面，要强化乡村数字人才的有效供给，通过涉农高校、科研机构、企业等多主体合作，共同搭建人才培养平台，大力培育高层次数字乡村人才；在农民层面，加大数字农业农村业务培训力度，针对农民特别是新型职业农民、农村信息员、基层农技人员等群体，开展现代信息技术田间培训和生产一线实训等，重点提升信息素养、网络素养和互联网综合应用能力，培育一批具备互联网思维和信息化应用能力强的"新农人"；在乡村干部层面，着力提升基层政府工作人员"数字化政务"的使用技能和服务意识；在农业生产经营主体层面，提高行业龙头企业、专业合作社、家庭农场主等农业新型主体的数字化生产经营的技能，提高数字技术及装备应用普及率，让网络真正能为农所用，成为农民增收致富的重要工具，激发乡村振兴发展活力。

引导外来数字人才"为农所用" 聚焦乡村数字化发展需求，精准定位、提升乡村数字人才的实用性和匹配度。建立多元化数字人才引进机制，吸引多层次、多领域的人才向农村聚集，形成乡村数字人才的"集聚效应"。同时，构建完善的乡村人才保障体系，让人才"进得来"也"留得住"。

提高广大农民接受和使用信息化服务的水平 抓住信息网络打通农村地区"山水相隔"地理区域制约、实现"弯道超车"的良机，拓展农产品上行、农业生产资料下乡渠道，实现群众不出村享受公益服务、便民服务和农村电商等服务，搭上互联网致富和提升生活水平的快车。

六、构建现代化国土空间体系

乡村具有空间资源、生产要素和经济社会等内涵属性，是城乡区域协调发展、资源要素优化配置和满足人民美好生活需要的关键抓手。现代化国土空间体系是乡村建设与发展的重要保障，为促进数字乡村高质量发展提供条件支撑和技术支持。

加快推进国土空间智慧规划 进一步完善构建数字化平台，不断丰富平台功能，打通平台交互堵点，借助数字技术促进空间治理手段转型升级，实现国土空间数字化治理，提升空间治理能力现代化，进而促进乡村空间数字化发展。

深化推进全域土地综合整治 通过盘活乡村土地资源、优化国土空间布局、改善农业生产条件、提升村庄人居环境和维护自然生态平衡，引导村庄有序发展，通过全域土地综合整治构建起现代化国土空间治理体系，全面落实好现代化国土空间规划体系中的村庄一环,建设宜居宜业和美乡村。

因地制宜促进城乡与垦地一体化融合发展 促进城乡区域之间的要素流通、空间衔接、产业互促,弥合城乡"数字鸿沟",以数字技术服务人民美好生活,为发展新质生产力提供城乡空间平台,在我国热区乡村和热带农业高质量发展的进程中,探索出数字乡村的生动实践范例。

参考文献

成燕,2024. 江苏建设"数字融合强省"路径研究 [J]. 唯实(6):65-69.

杜姿霖,2024. 济宁加速培育新质生产力"多点开花" [N]. 山东商报,2024-08-09(A11).

郭红东,曾亿武,曲江,2023. 数字乡村建设理论与实践 [M]. 杭州:浙江大学出版社.

金台资讯,2024. 以新质生产力推进农业农村现代化 [EB/OL]. 中国农业农村信息网.(2024-07-22)[2024-08-20]. http://www.agri.cn/sj/scdt/202407/t20240722_8654366.htm.

蓝鹭辉,黄鲜萍,童秋萍,等,2022. 革命老区上杭县数字乡村发展的路径探讨 [J]. 台湾农业探索(1):52-56.

李玉萍,王丹阳,邓春梅,等,2024. 数字科技促进海南热带特色高效农业发展实践与探索 [J]. 热带农业科学,44(4):96-102.

梁小雨,2022. 贺兰县:缩小城乡"数字鸿沟"促全民共享发展成果 [N]. 银川日报,2022-09-30(001).

评论员,2023. 强国必先强农 [N]. 经济日报,2023-02-14(001).

石建勋,徐玲,2024. 加快形成新质生产力的重大战略意义及实现路径研究 [J]. 财经问题研究(1):3-12.

谭耀华,2023. 守好"三农"基本盘 勇攀科技新高峰 [N]. 团结报,2023-03-09(004).

徐红,2022. 金土地集团:描画"数字乡村"新版图 跑出乡村振兴"加速度" [J]. 中国测绘(7):52-55.

徐旭初,2020. 把握数字乡村发展趋势,促进农民合作社数字化发展 [J]. 中国农民合作社(7):16-18.

徐旭初,吴彬,金建东,2022. 数字赋能乡村 数字乡村的理论与实践 [M]. 杭州:浙江大学出版社.

袁国风,2023. 民进中央:加快农业数字化进程 [N]. 中国食品报,2023-03-10(004).

岳美华，2022. 云南新型职业农民教育供给探究——基于供给侧结构性改革的视角［J］. 广东蚕业，56（7）：145-147.

赵福君，孙立华，2023. 数字技术赋能特殊教育高质量发展——基于省级"十四五"特殊教育发展提升行动计划的政策分析［J］. 中国特殊教育（8）：3-10.